Burkhard
Hickisch
und Renate
Spieckermann

Ich
war
Ötzi

Die Botschaft
aus dem Eis

Burkhard Hickisch · Renate Spieckermann

Ich war Ötzi

Die Botschaft aus dem Eis

Mit fünf Abbildungen

HERBIG

Gedruckt auf chlorfrei gebleichtem Papier

©1994 F. A. Herbig Verlagsbuchhandlung GmbH, München
Alle Rechte vorbehalten
Umschlag: Wolfgang Heinzel
Satz und Illustrationen: Filmsatz Schröter GmbH, München
Gesetzt aus: 12.5/14 Adobe Garamond in QuarkXPress
Druck und Binden: Mohndruck,
Graph. Betriebe GmbH, Gütersloh
Printed in Germany
ISBN 3-7766-1875-2

Inhalt

Teil II

Bericht aus der Steinzeit
oder
Wie wir wurden, was wir sind 57

Teil III

**Voran zum Ursprung
oder
Wir überwinden das, was uns trennt   241**

Anhang 285

Zur Form des Buches

Der Inhalt dieses Buches ist das Ergebnis unserer gemeinsamen Forschungsarbeit mit dem Ziel, Licht in die Vergangenheit zu bringen. So ungewöhnlich unser Vorhaben war, die Zeit vor über fünftausend Jahren anhand der Erinnerung an ein früheres Leben zu rekonstruieren, so ungewöhnlich wurde auch die Form der Darstellung.

Der Titel »Ich war Ötzi« soll die Authentizität des Geschilderten unterstreichen. Alle Informationen, die dieses Buch enthält, basieren auf persönlichen Erlebnissen. Daß es dennoch nicht in der Ich-Form geschrieben ist, möge Sie nicht verwirren. Die Einzigartigkeit des Inhalts und die Komplexität des Stoffes haben einen neutralen, sachlichen Stil für uns zwingend werden lassen.

Wir sind nicht die Urheber, sondern nur die Übermittler der »Botschaft aus dem Eis«. Wiedergeburt ist in unserem Fall nur das Fenster, durch das wir einen Blick in jene Wirklichkeit werfen können, die wir vergessen haben. Dahinter liegt weit mehr, als lediglich eine private Angelegenheit.

Ötzis Leben hatte eine große historische Bedeutung, und er hat gewußt, daß er einmal wiedergeboren werden würde. Die Zeit ist gekommen, darüber zu berichten, was damals wirklich passiert ist. Erst aus der Distanz zu den Ereignissen vor über fünftausend Jahren wurden wir in die Lage versetzt, den allgemein gültigen Gehalt einer individuellen Erinnerung zu erfassen und den Versuch zu unternehmen, ein breiter aufgefächertes Bild der damaligen Zeit zu entwerfen.

Wir beschreiben also nicht nur ein »einfaches« Leben aus der Steinzeit, vielmehr nehmen wir die persönlichen Erfahrungen aus einer anderen Zeit zum Anlaß, um einen Blick auf das entstehende Metallzeitalter zu werfen und damit zu den Wurzeln unseres europäischen Selbstverständnisses vorzudringen.

Noch nie gab es die Verbindung einer archäologischen Weltsensation und gleichzeitig auftauchender Wiedergeburt. Niemand erinnert sich so heftig und detailliert an ein längst vergangenes Leben, wenn sich dahinter nicht eine Absicht verbergen würde. Immer wieder wurden wir im Laufe unserer Arbeit darauf gestoßen, sie zu entschlüsseln. Zum Schluß waren wir selbst überrascht, daß eine »Botschaft« dabei herauskam. Unser Bemühen ist dann erfolgreich, wenn es uns gelingt, sie Ihnen ans Herz zu legen. Vielen Dank für Ihr Interesse an diesem Buch!

Renate Spieckermann und Burkhard Hickisch
Im Juni 1994

TEIL I

Ötzis Ankunft
in der Gegenwart
oder
Eine Frau beginnt
sich zu erinnern

Der Ausgangspunkt

Am 19. 9. 1991 wurde in den österreichisch-italienischen Alpen unweit des Similauns eine phantastisch erhaltene Schneeleiche gefunden. Da ihre Habseligkeiten – unter anderem ein steinzeitlich anmutendes Kupferbeil – auf ein hohes Alter schließen ließen, wurde von einer nahegelegenen Berghütte aus das österreichische Fernsehen benachrichtigt. Der Fund war eine Sensation, und so gingen die aufregenden Bilder von der Bergung des »Mannes aus dem Eis« um die ganze Welt. Genauso war es geplant.

Wir haben es bei dem Geschehen rund um »Ötzi«, wie der lebensecht erhaltene Tote sogleich liebevoll nach seinem Fundort (Ötztal) genannt wurde, nicht mit einem Zufall zu tun. Ötzi wurde dort oben gefunden, weil er gefunden werden *sollte*. Wir sind Zeugen eines Ereignisses, das weit über unser normales, auch wissenschaftliches Denken hinausgeht. Wir möchten Sie mit diesem Buch zu einem geistigen Abenteuer einladen, das es in dieser Form noch nicht gegeben hat. Als unmittelbar Beteiligte des Geschehens möchten wir Sie an unseren Entdeckungen teilhaben lassen, denn wie sich beim Lesen noch zeigen wird, geht Ötzi uns alle an. Er ist zurückge-

13

kommen, um seine Geschichte allen Menschen zu erzählen.

Nun haben Sie sicherlich recht, wenn Sie meinen, eine Schneeleiche sei unmöglich in der Lage, über ihr Leben zu plaudern. Die Natur besitzt für Raum und Zeit übergreifende Informationen subtilere Methoden. In unserem Fall bedient sie sich eines immerwährenden Gesetzes des Lebens, dem der Wiedergeburt. Das Bewußtsein, dessen Teil Ötzi einmal war, kehrt nicht in seiner damaligen physischen Hülle zurück, sondern in einem neuen Körper, der auf ganz normale Art und Weise in unsere heutige Zeit hineingeboren wurde, so wie wir alle. Ein anderer Aspekt dieser geistigen Einheit lebt heute in Renate Spieckermann.

Wir wollen an dieser Stelle nicht über »Wiedergeburt« debattieren. Über dieses Thema ist an anderer Stelle schon viel geschrieben worden. Wer den Gedanken der Wiedergeburt nicht in sein Leben hineinlassen will, hat sicherlich seine guten Gründe dafür. Wer jedoch neugierig ist, sich selbst kennenzulernen und seine eigenen geschichtlichen Wurzeln wieder aufzuspüren, der sei herzlich eingeladen, auf Ötzis Spuren Zeuge wunderbarer Ereignisse zu werden.

Wie alles anfing

Nachdem Ötzis Körper erfolgreich aufgetau(ch)t war und in der Innsbrucker Anatomie eine neue, tiefgekühlte Bleibe gefunden hatte, ging es nur noch darum, das

dazugehörige Bewußtsein zum Leben zu erwecken. Wie
ließ sich der Inkarnation mitteilen, daß es an der Zeit
war, sich zu erinnern? Fund- und Lebensort lagen immerhin tausend Kilometer voneinander entfernt. Die
einzige Möglichkeit bestand also darin, um die am besten erhaltene Mumie seit Menschengedenken einen
derartigen Medienrummel zu veranstalten, daß auch
Renate Spieckermann im fernen Norddeutschland die
Kunde einer »archäologischen Sensation« vernahm. Und
genauso geschah es.
Es war ein Artikel in ihrer Tageszeitung, der sie zum erstenmal auf den Fund aufmerksam machte. Ohne zu
ahnen weshalb, schnitt sie ihn aus und heftete ihn ans
Küchenregal. Der Fundort in der Nähe von Bozen
weckte in ihr eine Wehmut.
»Bozen? Hier war ich doch immer so gerne! Jedesmal,
wenn ich über den Brenner gefahren bin, habe ich mich
zu Hause gefühlt!«
Sie spürte tief in ihrem Innern, daß der Fund etwas mit
ihr zu tun hatte. Nur über Ausmaß und Inhalt machte
sie sich keine Vorstellungen.
In der Zeit Oktober/November 1991 verdichteten sich
die Nachrichten über den »Mann aus dem Eis«. Medien
und Wissenschaft veröffentlichten Wahrheiten, Halb-
wahrheiten und Spekulationen über ihn, die Renate aus-
nahmslos interessierten. Unter einem inneren Zwang
sah sie die Fernsehberichte und las die Artikel, bis sich
schließlich der »Schleier« lüftete und die ersten konkreten Erinnerungen hochkamen.
Zu jener Zeit half Renate ab und zu einer Freundin in

15

einem Lokal. Eines Abends hatten Bekannte die Zeitschrift »Stern« vor sich auf dem Tisch liegen und diskutierten heftig. Es ging um eine Fotoreportage über Ötzis Bergung. Renate warf im Vorbeigehen einen flüchtigen Blick auf die Fotos, die den Leichnam zeigten. Sofort spürte sie wieder diese unerklärliche Anziehungskraft. Während die anderen die Abbildungen eher »gruselig« fanden, war sie von der Schönheit der Mumie fasziniert.

Sie ging dann wie gewohnt ihrer Arbeit nach.

In der Küche mußten Baguettes für die Gäste vorbereitet werden. Sie machte sich daran, diese nach und nach aufzuschneiden – da geschah etwas Unglaubliches! Plötzlich fand sie sich in einer Höhle wieder! Sie trug Fellbekleidung und war nicht allein. Schemenhaft konnte sie im Feuerschein noch andere Gestalten erkennen. Wärme umgab sie. Ein Gefühl des Wohlbehagens breitete sich in ihr aus. Sie war vollkommen einbezogen in die Gefühle der Anwesenden. Sie befand sich offenbar mitten in einem Ritual. Eine der Gestalten gab einzelne Laute vor, deren Schwingungen sich von Mensch zu Mensch ausbreiteten und ein gemeinsames, von allen empfundenes und weitergetragenes Gefühl erzeugten. Renate nannte diese Art der Kommunikation »Hellfühligkeit«. Die gemeinsame Orientierung fand ausschließlich telepathisch statt. Sie spürte wenig Ichbewußtsein und war überrascht, von der Hüfte abwärts keine Körperempfindungen wahrzunehmen.

Während dieses Geschehens muß Renate ihre Arbeit in der Küche fortgesetzt haben, denn als sie sich wieder im

Jetzt befand, lagen die Baguettes aufgereiht im Grill. Sie verdrängte das Erlebte und setzte ihre Arbeit fort.

In den darauffolgenden Tagen wiederholte sich das »Höhlenerlebnis«, allerdings war sie diese Male allein in der Höhle. Wenn sie sich dann wieder in der Gegenwart befand, ließ sie allmählich die Dinge zu, die sie nicht aufhalten *konnte*. Ihr wurde klar, weshalb sie die Informationen über Ötzi mit solch großer Akribie verfolgt hatte. Sie hatte nicht nur viel mit der Sache zu tun, sie besaß einen direkten, wie auch immer gearteten »Draht« zu Ötzi. Auffallend war für sie nur, daß es ihr nie gelang, sich vollständig als Mann zu fühlen. Jedesmal nahm sie einen gefühlsmäßig nicht existenten Unterkörper wahr. Die Erlebnisse in der Küche hatten Renate zwar neugierig gemacht, aber irgendwie war ihr die Angelegenheit nicht ganz geheuer. So blieb denn auch ihr hautnahes Erlebnis in bezug auf den »Mann im Eis« bis Weihnachten 1991 isoliert in ihrem Bewußtsein stehen. Sie stellte ihre diesbezüglichen Wahrnehmungen noch in keinen größeren Zusammenhang. Eigentlich fand sie ziemlich normal, was geschehen war. Die Erklärung hierfür liegt in ihrer jahrelangen Vertrautheit im Umgang mit übersinnlichen Fähigkeiten. Sie war gewohnt, auf diese Art und Weise wahrzunehmen. Renate ist in der Lage, sich in den Gefühlszustand anderer Menschen einzuschwingen, um zu erfahren, wie es ihnen geht. Sie hatte es in unserem Fall zwar nicht mit lebenden Personen zu tun, aber mit dem toten Ötzi funktionierte es anscheinend ebensogut.

Mit dem »Kontakt in der Küche« war es gelungen, die Verbindung von damals zu heute herzustellen. Was aber hatte Renate konkret mit Ötzi zu tun? In dieser Phase war ihr noch nicht klar, daß sie selbst es war, die vor über fünftausend Jahren in eben dem Körper, dessen Bilder jetzt durch die Medien gingen, gelebt hat. Sie brauchte noch eine Reihe weiterer innerer Wahrnehmungen, bis sie die Ungeheuerlichkeit des Geschehens begriff: Es gab eine Zeit, in der sie einmal er gewesen war! Nur – was hatte das alles zu bedeuten? Ihr war klar, hier handelte es sich nicht um »Zufall«. Es mußte einen Zusammenhang geben zwischen dem Fund und ihren Erinnerungen!

Je mehr Informationen in ihr auftauchten, desto mehr geriet sie sich selbst gegenüber in »Beweisnot«. Gab es Übereinstimmungen zwischen ihren Wahrnehmungen und den Erkenntnissen der Innsbrucker Ur- und Frühgeschichtler, die mit dem Fall befaßt waren? Kurzentschlossen schrieb sie einen Brief an Prof. Dr. Konrad Spindler, den federführenden Wissenschaftler in Sachen Ötzi. Als die Antwort auf sich warten ließ, griff sie zum Telefon. Statt seiner erwischte sie »zufällig« Herrn Dr. Walter Leitner an dessen Apparat. Er hörte ihr zuerst skeptisch, im weiteren Verlauf des Gesprächs jedoch sehr interessiert zu. Obwohl er ihre Aussagen nie direkt bestätigte und ihren konkreten Fragen auswich, genügten Renate seine nonverbalen Reaktionen, um sich der Richtigkeit ihrer Angaben zu vergewissern. Zum Schluß bot Herr Leitner ihr an, ihn jederzeit anrufen zu können, falls sie neue Informationen erhielte. Sie hat im Verlauf des Jahres 1992 noch mehrmals mit ihm gesprochen und in ihm zu jener Zeit, als sie noch allein mit ihren Erlebnissen war, einen Menschen gefunden, bei dem sie ihre psychische Spannung durch Erzählen loswerden konnte. Er war ein faszinierter Zuhörer, der ihr das Gefühl gab, daß ihre Wahrnehmungen nicht aus der Luft gegriffen waren. Und das war gut so, schließlich mußten sich alle Informationen erst Stück für Stück zusammensetzen. Es gehört zu den Besonderheiten der Ereignisse, daß Renate sich ihr Bewußtsein selbst rekonstruieren mußte. Die »Botschaft aus dem Eis« fiel uns nicht in den Schoß, die Erinnerung kam in ihrer sinnhaften Totalität nicht schlagartig. Zwei Jahre haben wir gebraucht, um sie zu begreifen und unsere Rolle in dem ganzen Geschehen anzunehmen. Immerhin ist Renate kein Medium und ich nicht nur ihr Schreiber, der irgendwelche Durchsagen schriftlich fixiert. Sie ist Ötzis Wiedergeburt und erinnert sich aus sich selbst heraus.

Natürlich waren wir während unserer Rekonstruktionsarbeit nicht auf uns allein gestellt. Wir erhielten vielseitige Unterstützung aus der Geistigen Welt, denn wir sind alle Teil eines Großen Plans, zu dessen Verwirklichung wir beitragen. Eine solche Vorstellung hat nichts mit wilden Verschwörungstheorien oder obskurem Mystizismus zu tun. Im weiteren Verlauf des Buches werden Sie nachvollziehen können, warum diese Annahmen für uns zwingend wurden. Sie werden erkennen, wie hilfreich es ist, den Begriffsrahmen nicht zu eng zu stecken und von einem übergreifenden Erklärungsmuster auszugehen.

Nachdem Renate im Frühjahr 1992 Kontakt mit den Innsbrucker Wissenschaftlern aufgenommen hatte, stieg ihr Selbstvertrauen. Ihre inneren Wahrnehmungen hatten offensichtlich Hand und Fuß. Sie konnte damit beginnen, die über sie immer massiver hereinstürzenden Empfindungen zu sortieren und nach einem roten Faden Ausschau zu halten. Dr. Leitner hatte sie in der Idee bestärkt, ein Buch über ihre Erinnerungen zu schreiben. Eine Ermutigung, die sie dankbar aufnahm, zwang die Form eines Buches sie doch dazu, ihren bis dato bruchstückhaften Informationen systematisch auf den Grund zu gehen. Die erste Zeit ist für Renate sehr anstrengend gewesen. Es war ja nicht so, daß sie sich in irgendwelchen meditativen Mußestunden aus eigenem Antrieb erinnerte. Ihrer Art nach waren sämtliche Wahrnehmungen gezielte Anstöße, sich dem Geschehen zu öffnen. Zu jeder Tages- und Nachtzeit brachen Erinnerungsfetzen in ihr Bewußtsein durch. Sie brauchte nichts anderes zu tun, als sie zuzulassen. Sie hatte zeitweise Angst, die Kontrolle über ihren Alltag zu verlieren, so heftig und real waren ihre Empfindungen. Wie beim ersten Kontakt in der Küche, hatte sie noch wiederholt direkte körperliche Wahrnehmungen. Sie war er! Es war das kräftige Gefühl eines jugendlichen Körpers, der mit einem Tuch bekleidet war, das sich wunderbar sinnlich anfühlte. Einmal hatte Renate Lederhandschuhe ohne Finger an, mit Stulpen hoch bis zum Ellenbogen. Ein andermal sah sie seinen Bart in ihrem Gesicht und bemerkte, daß die

Oberlippenhaare länger als die restlichen Backenbarthaare waren.

Neben den sinnlichen »Verkörperungen« waren es anfangs hauptsächlich Bilder, die ihr Einblick in ihren damaligen Lebensablauf verschaffen sollten. Sie überfielen Renate im normalen Wachzustand, niemals befand sie sich während ihrer Wahrnehmungen in Trance oder dergleichen. Die auf das Wesentliche konzentrierten Inhalte der Bilder unterstreichen einmal mehr, daß ihr gezielt dabei geholfen wurde, sich zu erinnern. Dennoch gab es Phasen, da hätte Renate alles gegeben, den Ötzi in sich wieder loszuwerden. Das ganze Geschehen schien ihr um einige Nummern zu groß, und sie wußte zu diesem Zeitpunkt noch nicht, wie sie damit umgehen sollte.

Obwohl es letztlich ihre eigenen Erinnerungen waren, kamen sie von Anfang an wie »von außen«, damit sie gezwungen wurde, sich mit ihnen auseinanderzusetzen. Sie war es offensichtlich, die Ötzis Geschichte erzählen sollte. Wer sonst wäre dazu in der Lage?

Zu diesem Zweck mußten ihre inneren Wahrnehmungen sowohl gezielte Schlüsselerlebnisse darstellen als auch so beschaffen sein, daß sie die empfangenen Bilder bleibend im Gedächtnis behalten konnte. Die Art und Weise ihrer »Eingebungen« trug diesen Erfordernissen Rechnung. Die Bilder, die in Renates Bewußtsein traten, lassen sich in zwei Kategorien einteilen. Schwarzweiß erlebte sie vor ihrem inneren Auge – aus weiter Ferne herankommend – kompakte Szenarien und Handlungsabläufe. Es handelte sich dabei um geschlossene Situationen mit Anfang und Ende. Der Eindruck war wie von einem Theaterstück, das zu ihrer Überraschung immer wieder angehalten wurde, damit sie das Gesehene in sich aufnehmen konnte. Sie erlebte kurze Episoden, lange Episoden, alles ohne Zeitgefühl, wie im Zeitraffer – vielleicht nur für Sekunden auf unserer Uhr, vielleicht Minuten. Sobald Details wichtig wurden, kamen die Bilder nach vorne und wurden groß. Oft kam Farbe zusätzlich ins Spiel. Je informativer die Einstellungen wurden, je persönlicher sie ihr damaliges Leben betrafen und dokumentierten, desto farbiger wurde Renates Wahrnehmung. Nur diese Bilder waren zusätzlich verbunden mit dem Erlebnis intensiver Gefühle. Sie halfen ihr, ihre Erinnerungen zu konkretisieren und das Wesentliche dauerhaft im Bewußtsein zu halten.

In diesem Zusammenhang gab es anfangs ein großes Problem: Die Erinnerungsschübe kamen nicht chronologisch, wie wir es aus unserem linearen Denken heraus gewohnt sind. Es dauerte eine Weile bis Renate dahinterkam, daß die Zeitabfolge in ihren inneren Bildern zirkulär verlief. Ihr damaliges Leben bildete einen Kreis. Einem Erlebnis an einem beliebigen Punkt folgte eine Sequenz auf der gegenüberliegenden Seite. Auf Bilder von ihrem Tod folgten Szenen von ihrer Geburt. Lebensanfang und Lebensende lagen sich auf dem Kreis direkt gegenüber. Die erinnerten Ereignisse sprangen auf der Kreisbahn also immer hin und her. Renate war dadurch gefordert, selbst zu kombinieren und ihren eigenen Erinnerungen nachzuspüren. Es war zwar die eigene, weit entfernte Vergangenheit, deren sie sich bewußt wurde, dennoch kam der Anstoß wieder und wieder

scheinbar »von außen«, damit sie auch ja nichts übersähe
oder gar vergesse.

Der Geburtsort

Wesentlich erleichtert wurde Renates Überblick über
ihre eigenen Erinnerungsfragmente, als sie herausfand,
wo sie als Ötzi geboren worden war. Die Schwierigkeit
lag nämlich nicht nur in der zirkulären Zeitabfolge der
inneren Wahrnehmungen, sondern auch darin, daß es
offensichtlich zwei gänzlich unterschiedliche Schauplätze in den damaligen Ereignissen gab. Außerdem lag das
erinnerte Geschehen über fünftausend Jahre zurück. Die
vollkommen andere Kultur damals machte das unvorbe-
reitete Verstehen nicht gerade leichter. Obwohl Renate
sich mehr und mehr auf die neue Situation einließ und
dementsprechend intensiver registrierte, was da von ihr
wahrgenommen werden sollte, wäre sie auch an diesem
Punkt ohne die Hilfe aus der Geistigen Welt nicht ans
Ziel gelangt.
Es war immer der gleiche Ort, der ihr im März 1992
permanent vor das innere Auge geführt wurde. Sie erlebte mehrere Geschichtsabschnitte, wobei sich die Darstellung des Ortes immerfort änderte, sich jeweils in einer
anderen Zeit präsentierte. Wo zuerst ein Steinbruch war,
standen zum Schluß Einfamilienhäuser. Eine Holzstele
und eine Hütte auf einem Hügel wurden in einer anderen Zeit zum Wäschehof eines Klosters, das später mit
Stallungen zu einer Art Burg erweitert wurde, die sich

wiederum zu einer Schloßanlage in der Gegenwart wandelte. Auf halber Höhe der Erhebung befand sich zuerst eine mit Steinen umsäumte Einfriedung mit einer dachlosen Steinbehausung. Auch diese Örtlichkeit änderte sich durch die Zeiten ständig. Noch in der Gegenwart war der Hang mit groben Steinen abgestützt, nur eine Steintreppe führte jetzt mit einem stabilen Eisengeländer hinunter. In allen Wahrnehmungen quer durch die Zeiten war Wasser zu sehen, was anscheinend darauf hindeuten sollte, daß der gesuchte Ort an einem See oder einem Fluß lag.

Renate erlebte die Zeitrafferstudien ungefähr eine Woche lang fast täglich. Nach weiteren sieben Tagen relativer Ruhe begann sich das Rätsel zu lösen. Renate hatte an einem Sonntagnachmittag das Fernsehgerät eingeschaltet. Nachdem sie einige Programme durchgesehen hatte, blieb sie bei einem Bericht mit dem Thema »Weine in Deutschland« (oder so ähnlich) hängen. Aufmerksam folgte sie dem Geschehen auf dem Bildschirm. Es tauchte die Aufnahme eines Klosters, einer Kirche oder Burg auf, und zwar genau auf dem Hügel, den sie in ihren inneren Bildern bereits gesehen hatte. Auch den gesamten Gebäudekomplex, den sie nicht eindeutig in seiner Funktion identifizieren konnte, kannte sie aus den Visionen der letzten Wochen. Ehe sie so richtig realisieren konnte, was geschah, war der Bericht auch schon zu Ende. Lediglich eine Impression der Rüdesheimer Drosselgasse blieb ihr noch im Gedächtnis haften. Sie suchte in einem Atlas nach »Rüdesheim« und fand die Stadt im heutigen Rheingau gelegen. Telefonische

Nachforschungen beim dortigen Fremdenverkehrsamt und ein Ferngespräch mit dem ehemaligen Kellermeister vor Ort ergaben, daß es sich bei dem gesuchten Ort um das Schloß Johannisberg bei Geisenheim handelte. Renate war nicht schlecht erstaunt, als sie realisierte, daß Ötzi offensichtlich aus dem heutigen Deutschland stammte, vom Mittellauf des Rheins! Die Identifikation seines Geburtsortes motivierte sie sehr. Es war ihr also möglich, von sich aus Grund in das innere Chaos zu bringen. Ein wesentlicher Schritt auf dem Pfad der Erinnerung war getan. Die beiden Schauplätze, auf denen sich das Leben des Mannes aus dem Eis vollzog, waren wieder bekannt. Doch damit nicht genug. Das Wissen um seine Herkunft hatte den Kreis der Erinnerungen geschlossen. Endlich – nach über einem Vierteljahr – spürte Renate in bezug auf Ötzi so etwas wie Boden unter den Füßen. Sie konnte sich auf den Weg machen, ihr damaliges Leben aus eigener Kraft zu rekonstruieren.

Wieder erhielt sie dabei hilfreiche Unterstützung aus der Geistigen Welt. Eine Bekannte erzählte ihr eher beiläufig, daß sie ein »Rückführungsseminar« an einem Wochenende im April mitmachen wollte. Renate erfuhr, daß bei derartigen Veranstaltungen über bestimmte Methoden Erinnerungen an vergangene Leben in den Teilnehmern geweckt würden. Voller Begeisterung wollte sie sogleich mitfahren, worauf ihr die Bekannte die Unterlagen zur Anmeldung gab. Weil sie aus ihnen nicht schlau wurde, rief sie den Veranstalter an und fragte, was sie sich unter dem Seminar denn vorzustellen hätte. Auf diese Art und Weise sprach sie zum erstenmal mit jemandem, der ebenfalls ein heftiges Erlebnis mit einem früheren Leben gehabt hatte. Nachdem Renate ihm ihre Geschichte erzählt hatte, bot er sich an, sie zum Johannisberg zu begleiten, damit sie feststellen konnte, welche Erinnerungen vor Ort noch in ihr auftauchten.

Bevor sie zusammen in den Rheingau fuhren, besuchte Renate ihren verständnisvollen Gesprächspartner, um ihn vorher kennenzulernen. Obwohl sie viel über Reinkarnation hätten sprechen können, unterhielten sie sich mehr über ihre persönlichen Lebensinhalte, unter anderem auch über ihre Kinder. Was nicht ohne Folgen bleiben sollte, denn im Zug nach Hause wartete eine neue Überraschung auf sie: Ötzi sprach sie unvermittelt an!

»Du hast Deine Kinder ja lustig erzogen«, waren seine ersten Worte.

Er sprach im klarsten Hochdeutsch und erzählte seiner Wiedergeburt, daß er selbst gerne Kinder gehabt hätte. Im Nachhinein wundert sich Renate, wie gelassen sie die Situation aufnahm, obwohl sie nie zuvor in ihrem Leben innere Stimmen vernommen hatte und sich in einem solchen Fall bei anderer Gelegenheit sicherlich für verrückt erklärt hätte. Gefühlsmäßig war ihr schlagartig klar, daß »er« es war, der da mit ihr redete. Renate hörte ihm wie gebannt zu und nahm sich vor, beim nächstenmal zu versuchen, ihm von sich aus Fragen zu stellen.

Gemessen an dem bereits Durchgestandenen gestaltete sich der Besuch auf dem Johannisberg eine Woche später ziemlich eintönig. Entgegen den Befürchtungen stürzten keine Erinnerungslawinen über sie herein. Fast war sie enttäuscht, wenn sie sich auch klarmachte, daß fünftausend Jahre einfach eine zu große Zeitspanne darstellten, um noch irgend etwas »von damals« wiederzuerkennen. Vielleicht hätte sie auch gar nichts wiedererkannt, wäre sie nicht am Morgen mit einer Vision der Steintreppe mit dem Eisengeländer in der Jetztzeit erwacht. Diese Information konnte keine Erinnerung aus irgendeinem vergangenen Leben sein, wieder wurde Renate aus einer anderen Dimension unterstützt. Als sie die Treppe schließlich gefunden hatte, verschwand ihre Unsicherheit, die dadurch entstanden war, daß real vor Ort natürlich alles anders aussah als in den Erinnerungsfragmenten und Fernsehausschnitten. Sie war sich vom Gefühl her sicher, an ihren einstmaligen Geburtsort zurückgekehrt zu sein. Die ehemalige Steineinfriedung, auf die eine Steintreppe hinabführte, ist heute ein Friedhof. Renate sah sich mit ihrem Begleiter um. An einer bestimmten Stelle des Areals wurde sie plötzlich von einer Gefühlswolke umgeben, die sie sehr verdichtet, leidend, krank und bewußtlos umgab. Sie stand dabei vor dem Blumenmüll in einem Container und »sah« auf eine senkrecht stehende Steinplatte, die den Blick auf die Friedhofsabfälle abschirmte. Von dieser Steinplatte, die ihrer Wahrnehmung nach aus Sandstein war, wird weiter unten noch die Rede sein.

Auf der Rückfahrt sprach Ötzi Renate erneut an und erzählte ihr Einzelheiten aus seinem Leben. Da er tatsächlich ihre Fragen beantwortete, stand Renate von nun an eine ausgezeichnete zusätzliche Informationsquelle zur Verfügung, denn wie sich herausstellte, sollte der »Mann aus dem Eis« uns eine Zeitlang »persönlich« begleiten.

Der Kontakt mit Ötzi

Die Kommunikation mit dem eigenen Bewußtsein vor über fünftausend Jahren fand auf zwei Ebenen statt und gestaltete sich sehr subjektiv und emotionsgeladen. Der eine Bereich waren die Gespräche und der andere die Gefühle. Ötzis Stimme war dabei jedesmal unterschiedlich, entsprechend seiner persönlichen Reife. Wir haben es als Gesprächspartner anscheinend nicht mit einer Quintessenz seiner Existenz zu tun, die das Leben bewußt verarbeitet hat, sondern mit verschiedenen Entwicklungsstadien, entsprechend dem Zeitpunkt der Ereignisse, über die der Austausch stattfand. Die Gefühle von damals wurden dadurch wieder gegenwärtig. Darüber hinaus besaß Renate zeitweilig direkte Körperwahrnehmung, die die Vergangenheit unmittelbar in die Gegenwart holte. Auf diese Weise konnte sie seine Emotionen spüren, die er Personen gegenüber hatte, die in seinem Leben eine wichtige Rolle spielten. Sie empfand auch unserem heutigen Sprachgebrauch nach »kritische« Gedanken, die ebenfalls sehr gefühlsgeladen waren, wobei ihre eigene Vernunft jedesmal ausgeschaltet war.

Die Ebene der Gespräche war sehr schwierig. Obwohl sich der Kontakt mit Ötzi schnell herstellen ließ, war es oft nicht möglich, längere Unterhaltungen im größeren Rahmen aufrechtzuerhalten. Eine von Renate gestellte Frage wurde beantwortet, was ihr wiederum den Anlaß gab, entlang der Antwort weiterzudenken. Kurzzeitig wurde sie dadurch abgelenkt und auf sich selbst konzentriert. Wenn sie dann wieder »hinhörte«, merkte sie, daß er einfach weitergesprochen hatte. Seine Aussagen betrafen nun meistens nicht mehr die Ausgangsfrage. Manchmal gelang es ihr, ihm ohne Unterbrechung eine Zeitlang zuzuhören, bis die anstrengende Ebene für sie nicht mehr aufrechtzuerhalten war und sie loslassen mußte. Später hat sie sich angewöhnt, immer nur exakt eine gezielte Frage zu stellen, die Antwort abzuholen und dann »zurückzukommen«.

Ötzis Kommunikationsinhalt selbst bestand aus Wissen, das er Renate präsentierte. Er kannte sich offenbar in ihrem Leben aus und wußte Bescheid über Einzelheiten. Die größere Überraschung jedoch war, daß er wußte, sein Leben würde eines Tages aufgeschrieben werden. Er sprach davon, wie ihm gezeigt worden war, daß es eines Tages Renate geben und sie ein Buch schreiben würde. Ötzi wurde damit getröstet, daß er im Leben als Renate alles und soviel essen konnte, wie er wollte, daß er die schönsten Kleider tragen würde. Er erzählte von Gott als einer Kugel. Alle Menschen hätten sich aus ihm gelöst, um das Universum zu gestalten. Wer zu Gott zurück wollte, mußte erlöst sein. Er selbst wäre es noch nicht, Renate sollte darüber reden, was geschah, er hätte es damals nicht gekonnt.

Im ersten Jahr nach Auftauchen seines mumifizierten

Körpers, bis ungefähr November 1992, war die Kontaktaufnahme sehr direkt. Wenn die Kommunikation hergestellt war, gestaltete sie sich sehr intensiv, sehr nah im wortwörtlichen räumlichen Sinn. Anfangs erlebte Renate Ötzi anhand der Deutlichkeit seiner Stimme und seiner Gefühlsaussage in Energieform klar in unmittelbarster Nähe. Im Laufe der Kommunikation über Monate hinweg nahm die räumliche Erfahrung mit der Häufigkeit des direkten Kontaktes kontinuierlich ab. Die Gefühlsintensität wurde von Mal zu Mal weniger, sie erlebte ihn zunehmend weiter weg, bis etwa noch Ende Januar 1993. Danach hörte diese Art der Kontaktaufnahme auf. Es schien, als habe er alles mitgeteilt, was aus seiner Sicht mitteilenswert gewesen ist.

Während der Zeit der Gemeinsamkeit entwickelte sich in Renate ein großes, weites Gefühl der Zuneigung. Bald empfand sie eine große Liebe und ein tiefes Mitgefühl. Ötzi reagierte einmal auf eine ähnlich überschäumende Art und Weise. Er machte dabei seiner Begeisterung Luft, endlich Renate getroffen zu haben und wieder eins mit ihr zu sein.

»Ich war noch nie so glücklich wie mit Dir!«

Renate konnte seine Gefühle in bezug auf sie in ihrem eigenen Körper nachempfinden. Es war unbeschreiblich. Sie bedauert sehr, in diesem Fall auf Worte angewiesen zu sein, die das Empfundene nur unangemessen wiedergeben können.

Erwähnenswert bleibt noch Ötzis Stellungnahme zu unserem Buch. Ganz zu Anfang wollte er nicht, daß irgend etwas über ihn an die Öffentlichkeit drang. Er war voller Schuldkomplexe und der felsenfesten Überzeugung, »die Leute« würden ihn nicht mögen. Je mehr er aber einbezogen wurde in die gemeinsame Arbeit und je deutlicher der rote Faden wurde, desto mehr änderte er seine Einstellung. Einmal sprach er sogar davon, daß wir »das Aufschreiben jetzt gemeinsam meistern« und er Renate dabei »begleiten« wolle. Genau wie diese brauchte auch Ötzi anscheinend eine Weile, um die neue Situation an sich heranzulassen und zu begreifen, daß nun die Zeit gekommen war, dasjenige in die Tat umzusetzen, was vor über fünftausend Jahren (oder sogar noch länger) beschlossen und geplant worden war.

Das Team entsteht

Ein halbes Jahr war inzwischen seit dem Wiederauftauchen der Mumie vergangen. Jede Menge Erinnerungsmaterial hatte sich in Renates Bewußtsein angesammelt. Obendrein hatte das frühere Leben, dessen Einzelheiten massiv an ihre Wahrnehmungsoberfläche drängten, selbst Kontakt zu ihr aufgenommen, um die Rekonstruktion zu beschleunigen und zu präzisieren. Renate fühlte, daß etwas geschehen mußte, um nicht von den Informationsfluten hinweggespült zu werden. Sie konnte sich zwar bereits ein Bild vom groben Ablauf ihres Lebens als Ötzi machen, aber der rote Faden und vor allem das Verständnis der Ereignisse fehlte noch vollends. Zuerst versuchte sie, alles selbst aufzuschreiben, womit

31

sie allerdings nicht weit kam. Sie wußte nicht, wo sie anfangen sollte. Ihre kurzen Aufzeichnungen ergaben keinen Zusammenhang. Auch wenn die Fakten aufgeschrieben waren, verstand sie noch lange nicht den Sinn und Zweck dessen, was passierte. Renates Bewußtsein war viel zu sehr »auf Empfang« geschaltet, als daß sie gleichzeitig die begriffliche Distanz zum Geschehen hätte einnehmen können. Als Ausdruck der körperlichen Unmöglichkeit schnitt sie sich in jener Phase in den Daumen der rechten Hand; eine Verletzung, die sie endgültig am Schreiben hinderte.

In dieser Situation rief sie mich an und bat mich, ihr zu helfen. Ich kannte Renate schon länger, und sie wußte von mir, daß ich schreibe. Ich war sofort Feuer und Flamme. Erst einen Monat vor dem Beginn unserer Zusammenarbeit war ich aus beruflichen Gründen in ihre unmittelbare Nähe gezogen.

Anfangs kam ich jeden Tag nach Feierabend zu ihr und machte handschriftliche Aufzeichnungen. Auf diese Weise hielten wir erstmal fest, was bereits geschehen war. Ich übertrug das Gehörte in (meine) Sprache und gab es in den Computer ein. Schließlich waren wir soweit, die Rekonstruktion von Ötzis Zeit und seinem Leben gezielt in Angriff zu nehmen. Die Voraussetzungen waren inzwischen optimal. Wir waren zu zweit, Renate hatte Kontakt zu »ihm«, und sie besaß ein Cassettenprogramm, mit dessen Hilfe sie sich aktiv in einen Schwingungszustand versetzen konnte, in dem sie in Verbindung mit der Geistigen Welt stand. Unsere Informationsquellen waren daher nicht nur ihre (subjektiven)

Erinnerungen und Ötzis (subjektive) Erzählungen, sondern auch die sachliche Ebene ihres eigenen »Höheren Selbstes«. Letzteres verbindet unsere vielen Einzelleben auf einer bewußteren Ebene jenseits von Raum und Zeit. Auf das Höhere Selbst gehen wir weiter unten näher ein, wenn wir uns ein paar grundlegende Gedanken zum Reinkarnationsgeschehen allgemein und in unserem besonderen Fall machen wollen. An dieser Stelle geht es uns lediglich darum, unsere »Produktionsmittel« offenzulegen, damit deutlich wird, woher wir unsere Informationen haben.

Das Cassettenprogramm war im Zusammenhang mit dem bereits erwähnten Rückführungsseminar in Renates Hände gelangt. Sie führte die Entspannungstechniken und sprachlichen Anweisungen vom Tonband aus und bekam eine Antwort auf eine vorher gestellte Frage aus ihrem Leben als Ötzi. Meistens handelte es sich um ein stehendes Bild, selten stellten sich die Antworten in Szenen dar. Es war eine zeitraubende Arbeit, die wir geduldig und voller Begeisterung auf uns nahmen, um Licht in die Vergangenheit zu bringen. Oft mußte ich Renate dafür gewinnen, fehlerhafte und unscharfe Inhalte nochmals anzugehen. Alleine wäre sie nicht in der Lage gewesen, die »Sperre« zur übersinnlichen Welt ein ums andere Mal aus reinem Erkenntnisinteresse heraus zu überwinden. Im Laufe der Arbeit erreichte sie zunehmend die Ebene, auf der sie sich direkt an Ötzi wenden konnte. Wir wurden dadurch unabhängig vom zeitraubenden Cassettenprogramm und dem passiven Warten auf neue Eingebungen aus der Geistigen Welt.

Mit der direkten Kommunikationsmöglichkeit zwischen Renate und Ötzi besaßen wir neben der Quelle aus erster Hand auch ein gutes Mittel, unsere Rekonstruktion der damaligen Ereignisse zu überprüfen. Nicht mehr, aber auch nicht weniger. Es war nicht so, daß wir ihn nur hätten fragen brauchen: »Wie war das damals alles?«, und Ötzi hätte uns seine Lebensgeschichte auf Band gesprochen. Ötzi wußte und weiß natürlich nur das, was er damals persönlich erlebt hat und in der Lage war zu begreifen. Außerdem haben wir es mit unterschiedlichen Reifegraden zu tun. Sein Bewußtsein war immer auf dem jeweiligen Entwicklungsstand des Geschehens, in das wir durch ihn Einblick erhielten. Es war total subjektiv und aufgrund seiner extremen Ausnahmesituation – auf die wir im zweiten Teil zu sprechen kommen werden – nicht gerade viel, wenn es darum ging, die allgemeinen Lebensgrundlagen und kulturellen Bedingungen zu erforschen, die für alle gültig waren. Zu seinem Lebensende hin war Ötzi zudem öfter berauscht als nüchtern, beide Zustände waren deutlich zu unterscheiden.

Er hat uns am meisten geholfen, indem wir seine verbalen Aussagen immer wieder mit Renates intuitiven Erinnerungen in Einklang bringen mußten. Dadurch hat sich unsere Struktur Schritt für Schritt ausgeweitet und verfeinert, denn oft hat sich uns der Sinn seiner »Antworten« erst später erschlossen, so andersartig als erwartet waren in der Regel seine Aussagen. Das Verständnis war oft nicht von vornherein da, sondern mußte erst erarbeitet werden. Meistens stellte sich dann heraus, daß die Antworten sehr genau waren. Wenn sie etwas nicht verstand, lag es in der Regel an Renate selbst. Konnte sie ein Bild nicht deuten, mußte sie die eigene Frage rekonstruieren und sich genau vergegenwärtigen, wie sie von der Wortwahl her gestellt war, um herauszubekommen, wie wörtlich sie genommen worden war.

Zum Ende hin, als unser Überblick immer größer wurde, hat Ötzi unsere Hypothesen ein ums andere Mal bestätigt. »Du weißt es doch«, waren des öfteren seine Worte. Dadurch hat er uns ermutigt, auch auf eigene Faust die ankommenden Informationen zu kombinieren. Die Struktur dieser Aufzeichnungen und seiner Inhalte kann sowieso nur von uns selbst aus der Gegenwart kommen. Es ist unsere Sprache und unser Denken, das die Vergangenheit rekonstruiert und mittels unserer heutigen Persönlichkeiten aktualisiert. Die Auseinandersetzung mit Reinkarnation kann uns helfen, die Wahrheit nicht länger außerhalb von uns zu suchen, sondern in uns selbst.

Was sich aus der damaligen Welt nicht visuell äußerte – zum Beispiel innere Werte und Überzeugungen, auf denen das Zusammenleben basierte – kam in Form von zentralen Begriffen in Renates Wachbewußtsein. Oft ging sie tagelang mit ihnen schwanger, ehe sie sich um genauere Erklärungen aus der Geistigen Welt bemühte. Natürlich brauchten wir die Fülle der Informationen, auf denen unsere Rekonstruktion des damaligen Lebensgefühls basiert, nicht bis ins kleinste Detail erst mühsam zu erfragen. Sowohl das Cassettenprogramm als auch die direkten Informationen von Ötzi lassen sich vergleichen mit Schlüsseln, mit deren Hilfe Renate Türen in sich aufschließen konnte, um einen eigenen Blick in die damalige Zeit zu werfen. Schließlich wußte sie, was damals geschah, sie war ja dabeigewesen. Sie brauchte nur äußere Anlässe, die sie anstießen, ihr früheres Leben mit ihren eigenen inneren Augen zu betrachten. Das Cassettenprogramm und das tägliche Schreiben bildeten hervorragende Möglichkeiten, sich aktiv mit der eigenen Vergangenheit auseinanderzusetzen. Obwohl noch oft Bild- oder Begriffsinformationen unangemeldet in ihr aufstiegen, hatte sie die Phase hinter sich gelassen, wo sie von ihnen verunsichert und verwirrt wurde. An dieser Stelle sei jedoch erneut erwähnt, daß auch Ötzi nicht alles wußte. Konnte er uns keine befriedigende Auskunft geben, waren wir auf Renates »Höheres Selbst« und unsere gemeinsame Intuition angewiesen. Letztere brauchten wir allein schon aus dem Grund, weil die sprachlichen Informationen aus der damaligen Zeit nur die Funktion von Signalbegriffen hatten. Darunter verstehen wir Worte, die bestimmte Themenkomplexe bargen, auf die es unser Augenmerk zu lenken galt. »Unrein« und »Genuß« waren zum Beispiel derartige Begriffe, an denen sich unser Verständnis entlanghangeln konnte. Im Laufe unserer Arbeit, als sich das Material und die Arbeitsatmosphäre immer mehr verdichteten, gelang es Renate schließlich, ohne Hilfsmittel den Kontakt mit Ötzi herzustellen. Sie ging dazu kurz aus dem Zimmer, um nach wenigen Sekunden mit einer neuen Information zurückzukehren. Je mehr wir inhaltlich vorankamen und je größer die gedankliche Komplexität

36

wurde, desto mehr fühlten wir uns aus einer anderen Dimension heraus unterstützt, die Tag für Tag realer wurde.

Mittendrin im Großen Plan

Weitere Meilensteine auf dem Weg zum vollen Verständnis der Ereignisse waren unsere Fahrten in die Berge. Nachdem Renate den Johannisberg ausfindig gemacht und ihre Erinnerungen von seinem heutigen Aussehen hatte inspirieren lassen, wollte sie natürlich erfahren, wie die Alpen auf sie wirkten. Sie wußte bereits, daß Ötzi allein hoch oben auf den Berggipfeln gelebt hatte und seine Leute weiter unten im Tal. Sie war gespannt, ob sie die Lage der Wohnstätten würde ausfindig machen können und wir vielleicht sogar auf Siedlungsreste stießen. Zu unserer Überraschung existierte dort, wo der eine Südausläufer des Ötztales zum Similaun führt, auf halber Strecke zwischen Vent und der Martin-Busch-Hütte, eine Kaser, die noch heute als uralte Kultstätte im Bewußtsein ist. Wie sich vor Ort herausstellte, befand sich an dieser Stelle vor über fünftausend Jahren das Metallsammellager von Ötzis Leuten. Obwohl sie die Stelle aus der eigenen Erinnerung wiedererkannte, erhielt sie auch dieses Mal Hilfe aus der Geistigen Welt. Wieder erblickte sie – einige Tage vorher – in ihrer inneren Wahrnehmung das Areal im gegenwärtigen Aussehen. Sie sah weidende Pferde und eine Quelle, beides Merkmale, die die heutige Kaser aufweist. Auch in diesem Fall sollte sie sich anscheinend ganz sicher sein, einen authentischen Schauplatz aus der damaligen Zeit wiedergefunden zu haben.

Bei unserem ersten Besuch im Sommer 1992 kamen wir noch nicht bis zur Fundstelle. Renate hatte eine innere Sperre und wollte noch nicht »da hoch«. Als wir ein Jahr später dann bis zum Fundort aufstiegen, erfuhren wir voller Freude von unserem Bergführer, daß Ur- und Frühgeschichtler die Kaser archäologisch untersucht hätten und dabei auf jahrtausendealte Holzkohlenreste gestoßen seien. Da wir im September 1993 Ötzis Leben bereits erfolgreich rekonstruiert hatten, erwarteten wir keine wesentlich neuen Informationen. Der Besuch der Fundstelle diente Renate dazu, ihre Erinnerung an ihr damaliges Leben innerlich abzuschließen. Für mich war es eine Art »Wallfahrt« an die Stelle, die das Startsignal gab. Ich war überrascht, wie wohl ich mich auf dem Berggipfel fühlte. Kein Wunder, denn ich war nicht das erste Mal hier oben. Statt weiterer Erinnerungen aus der Steinzeit kamen in Renate mittelalterliche Bilder hoch. Sie zeigten uns beide als Nonne und Mönch. Wir überquerten zusammen mit anderen den Alpenhauptkamm, um Wein vom Johannisberg zum Papst nach Rom zu bringen. Eine nette Information am Rande, die unsere Vermutung bestärkte, nicht das erste Mal miteinander zu tun zu haben.

Renate wußte schon länger, daß sie zwischen ihrem Leben als Ötzi und der Gegenwart noch wiederholt auf dem Johannisberg inkarniert war, sowohl in keltischer als auch in christlicher Zeit. Vielleicht liegt der Grund darin, daß der Hügel über dem Rhein auf vielfältige Weise die Erinnerung an die damalige Zeit bewahrt hat. Immerhin war es der Ort, von dem die Ereignisse ihren Lauf nahmen. Ötzi starb hier seinen »Ersttod« und wurde wiedergeboren als »Tiergott«. In Teil II gehen wir ausführlich auf das Geschehen auf dem Johannisberg ein.

Wir erwähnen die Bedeutung dieses Ortes aus dem Grund, weil sich hier ein Überbleibsel der damaligen Ereignisse bis auf den heutigen Tag erhalten hat. Es handelt sich dabei um jene Sandsteinplatte, die Renate bei ihrem ersten Besuch auf dem Johannisberg an einer bestimmten Stelle des Friedhofs »gesehen« hat. Auf ihr hatte Ötzi nach seiner »Entmenschung« gelegen. Als ich sie im Sommer 1992 persönlich in Augenschein nehmen und fotografieren wollte, entpuppte sie sich als einfache Betonmauer. Renate hatte die Energie des Ortes, die zweifellos mit der steinzeitlichen Steinplatte zu tun hatte, fälschlich auf den Gegenstand übertragen, der sich heute an dieser Stelle befand. Unsere erste Enttäuschung war groß, hofften wir doch, die Steinplatte »als Beweis« für Ötzis Abstammung vom Rhein heranziehen zu können. Nachforschungen in der Geistigen Welt ergaben jedoch, daß die Steinplatte in der Tat existierte. Sie befände sich in einem »Garten« in der Nähe des Schlosses, und es sei bei Erdarbeiten bereits auf sie gestoßen worden. Ein Anruf auf dem Johannisberg bestätigte:

1991 (!) war beim Pfarrhaus eine alte Steinplatte beim Anlegen eines Springbrunnens aufgetaucht. Als wir sie im Städtischen Bauhof zu Geisenheim besichtigten, stellte sich leider heraus, daß von ihrer ursprünglichen Form nicht mehr viel übriggeblieben war. Sie war nur noch halb so groß und im Mittelalter mit christlichen Inschriften und Motiven versehen worden. Dr. Leitner aus Innsbruck, der versprochen hatte, sich die Steinplatte als unseren »Beweis« für Ötzis Herkunft aus dem Rheingau anzusehen, tröstete uns. Die Christen hätten in der Regel alle wichtigen heidnischen Kultobjekte für ihren eigenen Gottesdienst umfunktioniert.

Renates erster Besuch auf dem Johannisberg, die Besichtigung der Kaser im hinteren Ötztal und die Geschichte mit der Steinplatte haben alle etwas gemeinsam. In allen drei Fällen haben wir es nicht nur mit Erinnerungen zu tun. Renate empfing eindeutig Informationen aus der Gegenwart, die ihr helfen sollten, sich ihrer Eindrücke zu vergewissern. Woher kamen sie? Die Beantwortung der Frage stößt uns erneut auf die Zielgerichtetheit des Geschehens. Renate bekam im Zuge der Erinnerung nicht nur Unterstützung von ihrem Höheren Selbst und Ötzi persönlich. Auch ihre »Geistführer« halfen mit, sie »auf den Weg« zu bringen.
Unsere Erkenntnisse lassen sich wie folgt zusammenfassen: Das Höhere Selbst war die geistige Wahrnehmungsebene, die die Szenen und Bilder aus der damaligen Zeit lieferte. Ötzi selbst war als Kontaktperson integrativer Bestandteil dieses größeren Bewußtseins. Von ihm stammten die Gefühle und körperlichen Wahrnehmungen, die Renate hatte. Die übersinnlichen Informationen aus der Gegenwart kamen von ihren Geistführern.

Hierbei handelt es sich um körperlose Wesen – individuelle Energiefelder –, die ihr im konkreten Alltag, bei der Umsetzung der Erinnerungen in die Realität, halfen. Während Renate ihren Schwingungszustand aktiv anheben mußte, um mit ihrem Höheren Selbst in Verbindung zu treten, stellten die Geistführer den Kontakt auch häufig von sich aus her. Ihre Bewußtheit übersteigt wie beim Höheren Selbst unsere gewohnten Dimensionen.

Aus den angeführten Phänomenen meinen wir den Schluß ziehen zu dürfen, daß wir als Menschen offensichtlich Zugriff zu Ebenen des Seins haben, wo Vergangenheit, Gegenwart und Zukunft eins sind. Wir sind nicht die ersten, die aufgrund eigener Erfahrung glauben, daß es eine Dimension gibt, in der alles, was jemals geschah, geschieht und geschehen wird, »gespeichert« und abrufbar ist. Das Leben des Universums ist zu komplex, als daß »dahinter« nicht eine Matrix, ein Plan am Werke ist. Und ist es nicht beruhigend zu wissen, daß wir als Einzelbewußtsein aufgehoben sind in einem umfassenden, zielgerichteten Geschehen? Vertrauen und damit letztlich auch Liebe sind nur möglich in einem Universum, das auf Gegenseitigkeit und Fürsorge aufbaut. Auch innerhalb des »Großen Plans« behalten wir unsere Selbständigkeit und Freiheit, denn es ist unser aller Denken, Fühlen und Wollen, das die Wirklichkeit mitgestaltet. Im Grunde genommen ist unser Ichbewußtsein das Ergebnis eines Entwicklungsprozesses, in dem wir uns bewußt entschieden haben zu vergessen, daß wir in Wahrheit von nichts getrennt sind, sondern mit allem Leben immerzu wesenhaft verbunden. Ötzis Lebensgeschichte führt uns vor Augen, daß die Ichwahrnehmung ein »künstlicher« Geisteszustand ist, über den wir in Europa noch nicht allzulange verfügen und den wir gezielt herbeigeführt haben.

Um den »Großen Plan«, das Eingebettetsein unseres individuellen Bewußtseins in ein größeres Bewußtsein, noch ein wenig zu veranschaulichen, wollen wir im nachfolgenden kurz auf das Thema »Wiedergeburt« und seine Konsequenzen für unser Selbstverständnis zu sprechen kommen. Es soll uns helfen, die Zusammenhänge zwischen Ötzi und Renate auch von der Theorie her besser zu verstehen.

Wir sind mehr, als wir denken

Immer wieder bekam Renate auf die Frage nach dem Sinn des Ganzen von ihren Geistführern die Antwort, daß es die Aufgabe ihrer gegenwärtigen Existenz sei, über das zu reden, was damals passiert ist. Ötzi unterstrich diesen Sachverhalt, als er meinte: »Ich mußte dieses Leben führen, damit du ein Buch darüber schreiben kannst.«

Nachdem wir rekonstruiert hatten, was vor über fünftausend Jahren geschehen war, begriffen wir, daß die Geschichte keinen Schluß hatte bzw. von vornherein Raum und Zeit übergreifend angelegt war. Damit diese Behauptung verständlich wird, müssen wir unser Weltbild gewaltig erweitern. Hierbei können uns die Ausführungen des amerikanischen Religionswissenschaftlers Christopher M. Bache hilfreich sein. In seinem ausgezeichneten »Buch von der Wiedergeburt«, in dem er die Sicht der modernen Wissenschaft zur Reinkarnation aufarbeitet, äußert er sich treffend zum Stand der Dinge: »Laut Reinkarnationstheorie steht hinter unserer gegenwärtigen Identität eine kollektive Identität, die ebenso einmalig ist wie unsere kleine Identität, aber diese an Fassungsvermögen weit übertrifft. Die größte Aufgabe, die wir beim Übergang zu einer reinkarnationistischen Weltanschauung zu leisten haben, ist vielleicht die, den Begriff eines solchen Wesens und unserer Beziehung zu ihm zu verstehen.«[1]

Was geschieht mit den Erfahrungen, die wir in unseren vielen Erdenleben gesammelt haben? Sind sie Ausdruck unserer gegenwärtigen Persönlichkeit? Warum aber haben wir dann noch immer Angst vor dem Tod, obwohl wir schon oft gestorben sind? Irgendwie scheinen wir nicht die Summe unserer bisherigen Leben zu sein. Wo bleiben die früheren Leben, wenn wir uns in ein neues ICH inkarnieren? Nehmen wir einfach immer wieder den Faden auf und durchleben die nächste Existenz mit dem gleichen »Ich«, das wir jetzt besitzen? In der Phase zwischen Tod und Geburt werden wir zu »Wesen aus reinem Bewußtsein, zu Zentren der Aufmerksamkeit, die all die Erfahrungen, die wir während unseres Aufenthalts auf Erden gesammelt haben, erfassen und integrieren[2].« Dennoch können wir niemals die Summe aller Erfahrungen sein, weil eine neue Inkarnation uns physisch zu sehr begrenzt, um die kollektive Weisheit unseres körperlosen Geistes zu erfassen.

Auf der Suche nach dem Verbleib unserer gesammelten Erfahrungen aus den vielen Leben kommt Christopher M. Bache zusammen mit vielen anderen Befürwortern der Reinkarnationslehre zum Begriff der »Überseele«. Sie ist eine Erweiterung der Seele. Letztere organisiert die Erfahrungen einer einzigen Inkarnation und wertet sie aus. Als »Überseele« bezeichnet er hingegen jenes größere Bewußtsein, das die Erlebnisse aller unserer Inkarnationen sammelt und integriert. Für uns ist dieser Begriff identisch mit der von uns benutzten Bezeichnung »Höheres Selbst«. Da die Existenz einer »Überseele« in der Lage ist, die Besonderheiten von Renates Reinkarnation näher zu erklären, wollen wir eine längere Passage aus dem »Buch der Wiedergeburt« zitieren.

Alle bisher gelebten Leben »... werden als innerhalb der Überseele präsent vorgestellt, wobei jedes einzelne irgendwie seine Integrität behält, während sie sich gleichzeitig gemeinsam zu einem größeren Bewußtsein zusammenfinden. Mein gegenwärtiges Leben ist eine Ausdehnung der Überseele; es ist ein Zyklus innerhalb ihres unermeßlich viel größeren Lebenszyklus. So bin ich mit der Überseele in einem tieferen Sinne identisch als mit der Identität, die ich mit dieser Geburt angenommen habe. Durch die Überseele bin ich in einem größeren Kontext verwurzelt.

Erst die Überseele hat die Form geschaffen, die ich jetzt bin. Ich habe mir meine gegenwärtigen Lebensbedingungen nicht selbst ausgesucht, denn meine Persönlichkeit existiert erst seit dem Moment, wo diese Entscheidungen darüber getroffen wurden. Auch wurden diese nicht nur von dem Leben getroffen, das dem jetzigen unmittelbar vorausging, sondern von meiner ›vollständigen Identität‹, also von der integrierten Gesamtsumme sämtlicher Erfahrungen meines persönlichen Stammbaums, eines Stammbaums, der hinter den Horizont der Zeit selbst zurückreicht. Die Überseele hat die Komponenten meines Lebens ausgewählt, um ihr eigenes Leben zu fördern und zu bereichern. Strenggenommen bin nicht ich es, der sich viele Male inkarniert, sondern sie.«[3]

Vor diesem Hintergrund wird verständlich, wie es möglich sein kann, daß verschiedene Leben zu gänzlich unterschiedlichen Zeiten miteinander in inhaltlichem Zusammenhang stehen können. Wir inkarnieren uns anscheinend mit bestimmten, vorher selbst aufgestellten Lernprogrammen. Wieso sollten mehrere Leben nicht auf das vielfältigste miteinander verknüpft sein, wenn es die Komplexität der zu lösenden Aufgabe erfordert? Die Annahme eines »höheren Plans« wird in dem Augenblick selbstverständlich, wo wir begreifen, daß wir Zugang haben zu einem Bewußtsein unseres Selbst, das von seiner Natur her in der Lage ist, andere Dimensionen zu erfassen.

So wie unser Ich unsere natürliche Identität in der physischen Welt darstellt, so bildet die Überseele unsere natürliche Identität in der Geistigen Welt. »Die Wiedervereinigung mit der Überseele ist daher gleichzeitig die Erfahrung einer ungeheueren Ausdehnung unseres Wesens und einer Heimkehr zu einer tieferen Identität mit sich selbst.«[4] Auf diese Weise wird der Wert unseres Lebens durch das Vorhandensein einer größeren Bewußtheit nicht geschmälert, sondern gewaltig gesteigert. Laut Christopher M. Bache ist das jeweils gegenwärtige Ich das Mittel, durch welches die Überseele diejenigen Erfahrungen macht, die sie braucht, um sich zu vervollkommnen.

»Sie vervollkommnet sich selbst, indem sie uns bei unserer Vervollkommnung hilft. Wir sind der Schüler, der sie im Augenblick in der irdischen Schule vertritt, ein Teil ihrer selbst, den sie ausgesandt hat, um für das Wohl des Ganzen zu arbeiten, zu dessen Lernbedingungen es gehört, seine Verbindung mit dem Ganzen zu vergessen.«[5] Wir vergessen ihn aus dem Grund, um uns besser auf unsere Aufgabe konzentrieren zu können. »Bis zu einem gewissen Grad können wir den Schleier dieses Vergessens allerdings durchdringen, noch während wir die irdische Schule besuchen. Sobald wir einmal von der Existenz der Überseele und unserer Verbindung mit ihr wissen, können wir damit anfangen, uns für sie zu öffnen. In gewisser Hinsicht können wir eine unbewußte Beziehung bewußt machen. (...) Das scheint ein allgemeines Prinzip des Geistes zu sein – die bewußtere Dimension unseres Wesens darf der weniger bewußten Dimension nur helfen, wenn diese darum bittet. Solange wir nicht um Unterstützung gebeten haben, sind wir mehr oder weniger darauf angewiesen, allein zurechtzukommen. Da wir früher oder später mit Aufgaben konfrontiert werden, die unsere beschränkten Fähigkeiten überschreiten, sorgt das System dafür, daß wir schließlich, ob in diesem oder im nächsten Leben, die Realität dieser größeren Identität und unsere Beziehung zu ihr entdecken.«[6]

Genau das war in unserem Fall geschehen: Renate hat sich einerseits durch Ötzi selbst auf den Weg gebracht, indem ihre frühere Inkarnation mit der heutigen in Kontakt trat. Zum anderen haben wir wertvolle Hilfe dadurch erfahren, daß wir uns immer wieder an Renates Höheres Selbst und ihre Geistführer wenden konnten, um sowohl inhaltliche Klärung der damaligen Ereignisse zu erhalten, als auch mitgeteilt zu bekommen, was wir mit unserem rekonstruierten Wissen anfangen sollten.

An dieser Stelle möchten wir die Gelegenheit nutzen, den oben erwähnten »Großen Plan« näher zu erläutern. Wir haben einige Zeit gebraucht, um zu verstehen, was eigentlich mit uns vorging. Anfangs hatten wir nur das tiefe Gefühl, daß die Komplexität der Ereignisse und deren augenscheinliche Abgestimmtheit mit dem Begriff »Zufall« nicht zu erklären war. Das Konzept der »Überseele« allein reicht noch nicht aus, um unser eigenes Wesen als Menschen zu begreifen. Wir sind nicht nur Lebewesen, die ständig zwischen verkörperten und entkörperten Zuständen hin und her pendeln, um individuelle Erfahrungen zu machen, die wir in unserer Überseele integrieren und auswerten. Eine derartige Erklärung ist noch entschieden zu kurz, obgleich sie das rein materielle, auf nur eine Existenz bezogene Weltbild schon gehörig ausweitet.

47

Unsere Einzelexistenzen finden jedoch nicht nur ihre Verbindung und ihren übergeordneten Sinnzusammenhang in der Überseele. Nur in der körperlichen Begrenztheit neigen wir zu der Annahme, wir wären allein und müßten alles letztlich mit uns selbst abmachen. Aber das sind wir nicht. Auch unsere Überseelen sind Teil einer übergeordneten Gemeinschaft, in der wir aufgehoben sind und umsorgt werden. Von Anfang an sind unsere Seelen eingebettet in unterschiedliche »Seelenfamilien«. Getrenntheit ist eine Illusion, die Wirklichkeit sieht anders aus. Um ihr auf die Spur zu kommen und wirklich zu verstehen, was es mit dem Phänomen »Ötzi« auf sich hat, wollen wir aus einem weiteren Buch zitieren. Es handelt sich um das Werk »Welten der Seele« von Varda Hasselmann und Frank Schmolke. Das darin aufgeführte Material wurde direkt aus der Geistigen Welt in Form von Trancebotschaften empfangen. Es gibt einen sehr guten Einblick in völlig neue Dimensionen unseres Seins.

»So wie jeder von euch einer menschlich-biologischen Familie angehört, ist jeder von euch auch Mitglied einer seelischen Familie. Die Seelenfamilie bildet die kleinste Organisationseinheit in den Welten der Seele. Sie umfaßt aber in der Regel ein wenig mehr Mitglieder als eure menschlichen Familien. Allenfalls könnte man eine weit verzweigte Großfamilie mit vielen Generationen und vielen weitläufigen Verwandtschaften mit der Struktur der Seelenfamilie vergleichen. Eine Seelenfamilie ist dennoch nicht beliebig groß, und ihre Mitgliederzahl steht von Anbeginn an fest. Sie kann sich im Sinne einer

Verschwägerung mit anderen Seelenfamilien verbinden. Aber sie kann sich niemals durch eine andere wirklich erweitern. Die Anzahl der Mitglieder einer Seelenfamilie umfaßt zwischen 1000 und 1500 Seelen.«[7] Das Ausmaß variiert mit der Anzahl der unterschiedlichen »Seelenrollen, die sich zu bestimmten Aufgaben und Zielsetzungen zusammenschließen und gemeinsam den Weg durch alle Inkarnationen beschreiten«.[8] Auch als Einzelmenschen mit einzigartigen Körpern sind wir also ein organischer Bestandteil eines höheren Ganzen, in dessen Bewußtheit und Fürsorge wir aufgehoben sind. »Aus der Sicht der Seelenfamilie erfüllt jeder Angehörige dieser weit verzweigten Verwandtschaft genau die Aufgaben, die dem seelischen Kollektiv zugute kommen.«[9]

Wir alle stehen in ständigem Kontakt mit unseren Familienmitgliedern, sei es, daß wir zusammen inkarniert sind, um gemeinsame Erfahrungen zu machen, sei es, daß wir auf vielfältige Art und Weise aus der Geistigen Welt unterstützt werden, ob wir uns dessen bewußt sind oder nicht. Als medial begabte Person unterscheidet sich Renate nur graduell von uns »Normalen«. Wo sie Verbindungen zum körperlosen Universum herzustellen und Botschaften zu empfangen in der Lage ist, neigen wir dazu, alles was in uns geschieht, als auf unserem eigenen Mist gewachsen zu betrachten. Dabei steht jeder zu jeder Zeit im ständigen Austausch mit seiner Seelenfamilie.

Aufgrund dieser fundamentalen Beschaffenheit unseres Wesens ist es nicht weiter verwunderlich, daß uns so viele Informationen erreichten, die zusammenpaßten und uns halfen, den Inhalt dieses Buches zu erarbeiten. Wir sind von nichts getrennt und haben Zugang zu allem, wenn wir uns aufrichtig darum bemühen. So ist es möglich, daß wir uns in anderen Dimensionen verabreden, bestimmte Aufgaben füreinander zu übernehmen. In unserem innersten Wesen sind wir zutiefst mitfühlend und erfüllt von grenzenloser Liebe zueinander. Sie befähigt uns, die unterschiedlichsten Rollen in den jeweiligen Inkarnationen anzunehmen, nur um unseren gegenseitigen Erfahrungsschatz zu bereichern und miteinander zu teilen.

Renate hatte sich offenbar vor langer Zeit bereit erklärt, einmal wiederzukommen und darüber zu berichten, was damals geschah, als die Grundlagen unserer gegenwärtigen Kultur gelegt wurden. Nie war es wichtiger als heute, daß wir uns an unser eigentliches Wesen jenseits der selbstauferlegten Begrenzungen erinnern. Die Zerstörung unserer materiellen Existenzgrundlagen erfordert und fördert das Entfalten unserer verborgenen geistigen Kräfte. Zu diesem Zweck brauchen wir eigentlich nur wahrhaft mit dem Herzen zu begreifen, daß wir alle eins sind, um die universelle Lebensenergie, die uns durchströmt, auf das gemeinsame Wachstum des Kosmos anzuwenden.

Der »Große Plan« ist demnach keine autoritäre Dienstanordnung, der wir uns alle zu unterwerfen haben. Er ist eine Spielanleitung, an deren Aufstellung alle beteiligt waren und sind. Wir schließen uns Christopher M. Bache an, wenn er schreibt:
»Es tut dem Wert des gegenwärtigen Lebens keinen Ab-

bruch – wie mancher zunächst befürchten mag – , wenn wir entdecken, daß dieses mit einer Reihe anderer Leben verbunden ist. Ebensowenig verringert die Erkenntnis, daß unser gegenwärtiges Leben nur ein Zyklus im Leben eines Wesens ist, dessen Grenzen wir uns nicht einmal vorstellen können, in keiner Weise den Wert unserer gegenwärtigen Person. (...) Daß wir nur ein Teil sind, macht uns nicht unbedeutend, denn wir sind integraler Bestandteil dieses größeren Wesens. Wenn unsere Vergangenheit und Zukunft weiter reichen, als wir gedacht haben, dann entfernt uns das nicht von unserer Gegenwart, sondern läßt uns noch tiefer in sie eintauchen. Wir sind der Brennpunkt, in dem sich alle vorangegangenen Leben zu neuem Wirken in der Gegenwart bündeln. In uns trifft sich alles, was vorher war, und durch unser Handeln schaffen wir die Zukunft. Je mehr wir uns des breiten Spektrums unseres größeren Lebens bewußt sind, desto intensiver konzentrieren wir uns darauf, wie unser gegenwärtiges Leben sich hier und jetzt entfaltet.«[10]

Ötzis Wiedergeburt in Renate Spieckermann – der »wiedergeborenen Sprecherin«[11] – hat ihren Sinn demnach nicht nur darin, der Öffentlichkeit authentische Informationen einer längst vergangenen Epoche zu liefern. Sie hat auch einen ganz persönlichen Aspekt, der nicht minder wichtig ist. Ötzi war bis heute nicht »erlöst«, d. h. er hatte seine Aufgabe noch nicht erfüllt, für die er sich freiwillig und aus Liebe zu den Menschen in der Geistigen Welt bereit erklärt hatte. Aus diesem Grund, eine unerledigte Arbeit zu Ende zu führen, nahm er Verbindung

51

mit Renate auf, damit sie als ein Fragment derselben
Seele das zum Abschluß brächte, was offensichtlich
noch kein Ende hatte. Es verwundert daher nicht, daß
für sie ihre gegenwärtige Existenz und ihr Leben als Ötzi zwei verschiedene Paar Schuh sind. Sie ist sie, und er
ist er, nie hat sie das innere Bedürfnis verspürt, die
Erlebnisse vor fünftausend Jahren in der Ichform zu erzählen. Ötzis »Ich« ist nicht Renates »Ich«.
Es scheint öfter zu passieren, daß wir den Faden, den wir
in einem Leben haben liegen lassen, in einem anderen
wieder aufnehmen, um ein angestrebtes Ziel – also eine
bestimmte Erfahrung, Bewußtheit, Liebesfähigkeit – zu
erreichen. Aus diesem Grunde kann es auch sein, daß
wir uns nicht einer ganzen Inkarnation erinnern, sondern nur jener Erfahrungsbruchstücke, die noch ihrer
Einfügung in das Gesamtpuzzle harren. Da Ötzi in der
Lage war, Renate von sich aus anzusprechen, mußte diese ihre Inkarnation die ganze Zeit über bewußt im Universum existiert haben. Christopher M. Bache stellt
auch hierzu einige interessante Überlegungen an. Auf
die Frage, wo sich frühere Inkarnationen heute befinden
mögen, führt er folgendes aus:
»Viele von ihnen scheinen auf einer Art, die sich der ge-
naueren Beschreibung entzieht, in einer Umgebung zu
leben, die jener ähnelt, die sie auf der Erde gekannt haben. Das gilt besonders für noch unerlöste Inkarnationen. (...) Es ist, als seien sie ›auf Eis‹ gelegt und hätten
noch nicht den Weg ins Licht angetreten.« Sie wirkten so,
»als seien sie solange unfähig, zu ihrem Ursprung zurückzukehren, bis sie durch eine spätere Inkarnation gerettet

werden, die das, was sie nicht haben vollenden können, zum Abschluß bringt. Ich weiß nicht, ob dieser scheinbare Schwebezustand real ist, ob er auf einer Projektion unserer Psyche beruht oder ob er gar das Werk der Überseele ist, die eine produktive therapeutische Begegnung ermöglichen will. Zum gegenwärtigen Zeitpunkt können wir wohl keine dieser Möglichkeiten ausschließen.

Ich vermute, daß dieser Stillstand in der Entwicklung vergangener Inkarnationen, wenn er denn real ist, nicht immer darauf beruht, daß diese daran gehindert würden, ihr Leben zur Vollendung zu bringen, sondern daß sie einfach nicht wissen, wie sie es anstellen sollen oder Angst davor haben. Vielleicht wollen sie das, was sie bindet, nicht loslassen oder fürchten sich vor dem Unbekannten. Ihr Schmerz, ihre Erstarrung, ihre Erwartungen, ihre Glaubenssysteme – das alles kann dazu beitragen, daß sie da stehenbleiben, wo sie sind.«[12]

Es war verblüffend für uns, diese Zeilen zu lesen, nachdem wir Ötzis Leben rekonstruiert hatten und wußten, daß er es sich nicht verziehen hatte, »Verrat« begangen zu haben. Unsere eigenen Erfahrungen bestätigen Baches Ausführungen. Ötzi scheint erst dadurch Ruhe zu finden, daß wir dieses Buch schreiben.

»Wenn unsere früheren Inkarnationen durch ihre Arbeit mit uns zur Vollendung gelangt sind – entweder bewußt in der Reinkarnationstherapie oder unbewußt in einer mit dem wirklichen Leben arbeitenden ›Therapie‹ –, dann ziehen sie weiter in Seinsebenen, die wir erst sehen können, wenn wir selbst so weit sind, daß wir selbst ins Licht gehen können. Nun, da ihre Arbeit endlich abge-

53

schlossen ist, ziehen sie sich vielleicht zurück, um in den vollen Genuß der Ganzheit zu kommen, an der sie nun bewußt teilhaben. Aber das können wir nur vermuten. Und wenn sie ihren persönlichen Beitrag zur Entwicklung der Überseele nun ganz geleistet haben, für uns gilt das so lange nicht, wie wir noch auf Erden leben. Wir sind jetzt die Augen und Arme der Überseele, die durch unseren Körper die noch undeterminierten Möglichkeiten erforscht. Wir sind jetzt die neue Gegenwart, der Ort, wo sich Wandel ereignet und Zukunft entsteht. Für die kurze Zeit unseres Lebens sind wir der Vorposten des Wachstums.«[13]

Wie bereits erwähnt, kann es nicht unsere Aufgabe sein, den heutigen Stand der Reinkarnationslehre hier umfassend wiederzugeben. Wer hier weiter eintauchen will, der sei erneut auf andere Bücher zu diesem Thema verwiesen. Wir bitten die Leser lediglich, sich selbst und die Welt auch einmal von einer anderen Warte aus zu betrachten. Was Renate widerfahren ist, ist nämlich irgendwo ganz normal. Es kommt auf den Standpunkt an und die Bereitschaft eines jeden, sich selbst zu entdecken. Alle Menschen stehen vor dem Rätsel, warum sie geboren werden und warum sie sterben. Die Idee der Wiedergeburt macht uns Mut, im Tod nicht das Ende aller Dinge zu sehen. Dadurch kommen wir in die Lage, uns grundlegend von Angst, Pessimismus und einer lebensfeindlichen Gleichgültigkeit zu befreien. Wir sind weder Gestrandete noch Gefangene in einem materiellen Straflager, denn wenn wir unsere körperliche Existenz beenden, treten wir in eine höhere Bewußtheit ein, die uns ein viel größeres Gefühl der Identität vermittelt. Wir erkennen auf der geistigen Ebene, daß wir unsere Erfahrungen selbst wählen. Wir sind es, die die Entscheidungen über die Aufgaben unserer jeweiligen Inkarnationen treffen. In Wahrheit sind wir nicht allein. Wenn wir unsere flüchtige Form ablegen, vereinen wir uns wieder mit unserer geistigen Familie, in deren Schoß wir schon so viel erlebt haben und noch erleben werden. In ihr wurzeln wir auch während unserer körperlichen Phasen. Es steht jedem von uns offen, den Kontakt mit ihr auch schon zu unseren weltlichen Lebzeiten zu suchen und aufrechtzuerhalten. Zu diesem Zweck brauchen wir nur unserem Bewußtsein zu gestatten, sich zu erweitern und seine eigentliche, unbegrenzte Form anzunehmen. Nur was wir gewillt sind, als wirklich zu betrachten, hat auch die Möglichkeit, sich für uns wahrnehmbar zu realisieren.

Als wir die damaligen Ereignisse anhand der Erinnerungen und Ötzis konkreter Hilfe rekonstruiert hatten, brach der Kontakt zu ihm – zum großen Bedauern Renates – ab. Wir sind uns sicher, daß er sich deshalb von uns verabschiedet hat, weil es nichts Wesentliches mehr mitzuteilen gab und wir den Rest alleine schaffen sollten. Er hat uns dort geholfen, wo er uns zu helfen vermochte, damit er endlich seine Inkarnation loslassen und ins Licht gehen konnte, um sich wieder mit seiner Überseele, deren Teil auch Renate ist, zu vereinigen. In diesem Sinne ist Ötzi nicht vor über fünftausend Jahren, sondern erst heute gestorben.

TEIL II

Bericht aus der Steinzeit
oder
Wie wir wurden,
was wir sind

1

Ötzis Zeit

Vorbemerkung

Das aufgetauchte Wissen wirft ein völlig neues Licht auf die kulturelle Entwicklung in Europa am Ausgang der Steinzeit. Die Kultur, in der Ötzi lebte, unterschied sich von der heutigen fundamental. Und zwar auf eine so grundsätzliche Art und Weise, daß es uns selbst überrascht hat. Wir stellten sehr bald fest, daß sich die Unterschiede mitnichten auf verschiedene Entwicklungsstufen bezogen. Die Lebenszusammenhänge waren vor über fünftausend Jahren ebensowenig »primitiv«, wie die unseren heutzutage »hochentwickelt« sind. Sie waren einfach anders, und darin liegt ihre besondere Faszination.

Als Gegenstand der Erinnerungen haben wir es nicht mit einem »normalen« Leben zu tun. Wie wir im nachfolgenden darlegen werden, war Ötzis Existenz absolut einzigartig. Sein Leben erzählt den Übergang von der Steinzeit in das Zeitalter des Metalls. Wir erfahren die geistigen Zusammenhänge, die dazu geführt haben, im Herzen von Europa eine neue Kultur aufzubauen. Wir konnten viel in Erfahrung bringen über das Selbstverständnis der damaligen Menschen und über ihre inneren Beweggründe, ihre Lebensgrundlagen total zu verändern. Anhand von Ötzis Leben werden wir Zeugen der Grundsteinlegung unseres heutigen Weltbildes. Renates Erinnerung an ihr Leben vor fünftausend Jahren ist deshalb so intensiv und differenziert, damit wir einen Blick auf unsere Anfänge werfen können. In unserem Fall liegt der Sinn darin, daß wir erkennen, was wir damals aufgegeben haben, als wir begannen, uns die materielle Welt untertan zu machen. Aus diesem Grund zielen unsere Informationen in erster Linie auf die Rekonstruktion des hochentwickelten steinzeitlichen Weltbildes und der Veränderungen im geistigen Selbstverständnis durch das Aufkommen der Metallverarbeitung.

Wir sind nicht in der Lage, ein komplettes Sittengemälde der damaligen Zeit auszubreiten. Das war zu keinem Zeitpunkt Inhalt unserer Aufgabe. Es geht nicht darum, in alle Einzelheiten des Alltags einzutauchen, so verständnisfördernd derartig konkrete Informationen hier und dort auch sein mögen. Wir dokumentieren vielmehr unverfälscht dasjenige, was uns »von sich aus« erreicht hat. Die »Botschaft aus dem Eis« ist ein Spiegel, in dem wir uns selbst erblicken sollen, um unsere geistigen Wurzeln und damit unser wahres Wesen wiederzufinden.

Während der Arbeit an diesem Buch tauchten allenthalben neue Hypothesen, Mutmaßungen und Forschungsergebnisse in den Medien auf. Sie alle zielten darauf ab, der interessierten Öffentlichkeit Antworten zu liefern auf die Frage, was der Mann dort oben im Eis zu suchen hatte, wo er herkam und wohin er unterwegs war. Die spärlichen Ergebnisse haben uns erstaunt und belustigt. Der immense Zeitsprung blieb in der Regel völlig unberücksichtigt. Der Vergleich mit naturnahen Lebensweisen der Neuzeit ist irreführend. Ötzi war weder ein Bauer, der seine Herde übers Joch trieb und von einem Unwetter überrascht wurde, noch der Dörfler auf der Flucht, der sich dort oben versteckt hielt. Er war auch kein Schamane, der auf den Berggipfeln Kontakt mit seinen Göttern pflegte, obwohl diese Behauptung der Wirklichkeit schon wesentlich näher kommt.

Dennoch waren wir froh und dankbar, daß so viel über Ötzi geschrieben wurde. Die falschen Schlußfolgerungen in bezug auf sein Leben spornten uns immer wieder an. Am meisten amüsierten wir uns über die Bezeichnung »Urtiroler« für eine Zeit, in der das Alte Reich der Ägypter erst tausend Jahre später zur Blüte kommen sollte! Ganz abgesehen davon, daß der Mann aus dem Eis weder aus dem späteren Tirol noch aus dem Ötztal stammte und natürlich auch nicht »Ötzi« hieß.

Die damaligen Verhältnisse im Überblick

Sein Name war Gris. Sein Lebenslauf unterteilte sich, wie der eines jeden Mannes, in eine FER- und in eine PER-Zeit. Die Pubertät bildete die Grenze zwischen den beiden Entwicklungsabschnitten. Seine Jugend verbrachte Gris im heutigen Rheingau zwischen Wiesbaden und Bingen, in der Nähe von Geisenheim auf einem

mächtigen Hügel, auf dem heute das Schloß Johannisberg steht. Als Erwachsener lebte er am Similaun, einem
3607 m hohen Berg auf dem Alpenhauptkamm zwischen
dem heutigen Österreich und Italien. Die Fundstelle seiner
Leiche befindet sich in unmittelbarer Nähe seines damaligen Lebensraumes.

Bevor wir erzählen, warum es Gris im Laufe seines Lebens vom Rhein in die Alpen verschlagen hat, möchten
wir Sie im allgemeinen mit der damaligen Zeit und ihrer
Kultur bekannt machen, sofern wir die Grundzüge in
Erfahrung bringen konnten. Wir sind uns im klaren darüber, daß wir lediglich einen Bruchteil der Wirklichkeit
erfassen, die vor über fünftausend Jahren real war. Wir
können nur über das berichten, was für das Verständnis
von Gris' Lebensweg notwendig ist.

Überrascht hat uns die Erkenntnis, daß am Rhein damals zwei Kulturen existierten, die sich deutlich voneinander unterschieden. In bezug auf ihr Äußeres haben wir
sie die »Kleinen Schwarzhaarigen« und die »Großen
Blonden« genannt. Es handelte sich bei beiden Gruppen
um Menschen weißer Hautfarbe. Ihr unterschiedlicher
Entwicklungsstand ließ uns auf eine verschiedene Herkunft schließen. Die Kleinen Schwarzhaarigen waren die
Einheimischen, die die überwiegende Bevölkerungs-
mehrheit bildeten. Die Großen Blonden stammten aus
einer anderen Region. Ihr Kulturstandard war, im Hinblick auf eine zivilisatorische Entwicklung, deutlich höher
als der der Anwesenden. Wir stellten fest, daß die Großen
Blonden die Kleinen Schwarzhaarigen bereits mit Teilen
ihrer Kultur »infiltriert« und in ihre Lebenszusammenhän-

ge eingespannt hatten. In unserem Fall war der Schamane der Sippe der Kleinen Schwarzhaarigen, zu der Gris gehörte, ein Großer Blonder.[14] Die steinzeitlichen Johannisberger waren schon zu einer primitiven Form der Metallverarbeitung übergegangen. Sie hatten sich damit eine Technik zunutze gemacht, die erst die Großen Blonden mitgebracht hatten.

Gris lebte in einer Zeit, in der zwei völlig verschiedene Kulturen begannen, sich zu vermischen. Sein Lebenslauf diente dazu, die Vereinheitlichung unterschiedlicher Lebensweisen zu beschleunigen und den Grundstein für eine neue Kultur zu legen.

Um sie in ihrer Bedeutung würdigen zu können, möchten wir zuerst die Lebensweise in ihren Grundzügen rekonstruieren, die wir für die ursprünglich steinzeitliche halten. Sie wurde von den Kleinen Schwarzhaarigen verkörpert und beruhte auf Aspekten des Menschseins, die uns heutzutage völlig abhanden gekommen sind.

Das Hellfühlen

Wollen wir das Verhalten der Menschen, unter denen Gris vor über fünftausend Jahren lebte, verstehen, müssen wir versuchen, uns so gut es geht von unserem rationalen Denken zu befreien. Die Menschen, mit denen wir es in unserem Fall zu tun haben, betrachteten sich noch nicht als Einzelwesen, sondern empfanden und handelten als Sippe. Das alle Lebensbereiche umfassende

Verständigungsmedium bildete das von Renate so genannte »HELLFÜHLEN«. Was ist darunter zu verstehen?

Gris und seine Leute waren in der Lage, die kosmische Lebensenergie, die alle Formen von Materie schafft und durchdringt, unmittelbar wahrzunehmen. Wo wir unser Augenmerk allein auf die äußere Gestalt lenken, nahmen sie die energetischen Wirkungszusammenhänge der Dinge wahr. Die Kommunikation lief über Gefühle, deren Frequenzmuster ähnlich differenziert war wie unsere heutige Sprache. Da ein nach »innen« und »außen«, »mein« und »dein« trennendes Ichbewußtsein noch im Frühstadium schlummerte, konnte die Wahrnehmung frei zwischen den Menschen zirkulieren und von allen gleichzeitig gefühlte Schwingungen erzeugen.

Es gab nichts Getrenntes. Jede(r) hatte an allem Anteil, und niemand hielt den allgemeinen Energiefluß auf, um ihn für individuelle Absichten zu verwenden. Jedes Mitglied der Sippe empfand sich als Bestandteil eines einzigen Organismus. Die Fähigkeit zum Hellfühlen erzeugte eine übersinnliche Sensibilität, der nichts verborgen blieb. Kein Wunder, daß die Menschen mit einem dermaßen offenen Geisteszustand keine Schamgrenzen kannten. Auch Lügen und Falschheit entbehren dort jeder Existenzgrundlage, wo Menschen noch ganz natürlich hinter den äußeren Anschein blicken können. Wenn wir Verstandesmenschen der Gegenwart uns mitteilen wollen, so sind wir abhängig von verbalen oder körperlichen Signalen, die wir von uns geben müssen. Sie unterliegen Raum und Zeit und benötigen ein Übertragungsmedium, seien es Luft, Haut oder elektrische Impulse. Hellfühligkeit war unabhängig von unmittelbarer Anwesenheit oder vermittelnden Trägersubstanzen. Der Austausch fand direkt auf telepathischem Wege statt, weil die Kanäle zur nichtstofflichen, übersinnlichen Essenz aller Lebensäußerungen offen waren. Was heute nur noch einzelne vermögen, nämlich direkt mit den Schwingungsmustern hinter der äußeren Form in Verbindung zu treten, war damals Grundlage der allgemeinen Kultur. Diese gestaltete nicht nur das Verhalten der Menschen untereinander.

Als fundamentale Kommunikationsebene prägte das Hellfühlen auch die Einstellung gegenüber Tieren, Pflanzen und Mineralien und führte zu einer von unserer heutigen Betrachtungsweise gänzlich verschiedenen Anschauung. Während wir heute von außen betrachten, vermochten die Menschen damals von innen zu schauen. Hellfühligkeit beruhte auf dem Einblick in die geistigen Zusammenhänge hinter den äußeren Erscheinungen. Nicht individuelles, durch Erfahrung selbst erarbeitetes Erkennen prägte das Verhältnis zur Welt. Es war das intuitive, sich ohne vermittelnde Zwischenschritte mitteilende Verständnis, das sich der kollektiven Wahrnehmung direkt offenbarte.

Wir Heutigen wissen wenig über die verborgenen geistigen Zusammenhänge der Natur mit unserem eigenen Wesen, dafür um so mehr über unser Ich und seine Begierden. Damals war es umgekehrt. Die Menschen besaßen erst Ansätze eines individuellen Bewußtseins, hatten aber Einblick in die wesentlichen kosmischen Zusammenhänge. Da ihre Sinne sich noch nicht spezialisiert hatten, nahmen sie in jeder Teilwahrnehmung stets das Ganze wahr. Die Menschen in Gris' Sippe unterschieden zum Beispiel nicht zwischen Auge und Ohr. Ein Klang mag für sie gleichzeitig eine Farbe und eine Form gewesen sein und umgekehrt. Ihr Blick war im wahrsten Sinne des Wortes noch nicht versperrt von Vordergründigkeiten. Sie standen in direkter Verbindung mit dem Ursprung, der die Vielfalt der Erscheinungen hervorbrachte und koordinierte.

In einer Welt, in der alles miteinander verknüpft war und als Einheit empfunden wurde, gab die eine Erscheinungsform stets Auskunft über die andere, weil sie ein Teil des Ganzen war. Naturerscheinungen konnten sich daher im Verhalten der Tiere spiegeln. Durch die Beobachtung der animalischen Welt, durch die sensible Aufnahme ihrer vielfältigen Gefühlsenergien, erfuhren die Hellfühlenden etwas über Ereignisse in Größenordnungen, die ihnen sonst nicht zugänglich waren.

Ihre Fähigkeit, sich als von nichts getrennt zu empfinden, hatte für die Kleinen Schwarzhaarigen jedoch nicht nur Vorteile. Sie schienen enorme Probleme gehabt zu haben, sich ihrer eigenen Identität als Menschen bewußt zu werden. Wenn einen ständig sämtliche Lebensenergien des Kosmos durchströmen, scheint es in der Tat schwierig zu sein, sich in der ganzen Vielfalt der Schwingungen zurechtzufinden. Vielleicht waren ihnen auch nur ihre althergebrachten Rituale abhanden gekommen, die es ihnen ermöglichten, mit allen Lebensenergien nutzbringend umzugehen. Der Kontakt mit den Großen Blonden war nicht ohne Folgen für die Kleinen Schwarzhaarigen geblieben. Zu der Zeit, die Gegenstand unserer Betrachtung ist, existierte die alte Welt der Hellfühligkeit in ihrer reinen Form bereits nicht mehr. Wir stehen vor dem Phänomen, daß sich die Hellfühlenden von den tierischen Energien bedroht fühlten. Sie waren sehr darauf bedacht, alles, was an Wirkungen von den Tieren auf sie ausging, unter Kontrolle zu bekommen. Aus diesem Grunde spielte DAS WASSER für die damaligen Menschen eine herausragende Rolle. Im Verständnis der Kleinen Schwarzhaarigen unterschied das Wasser den Menschen vom Tier. Es reinigte die menschlichen Energiefelder von fremden Einflüßen, trennte also zwischen den eigenen und anderen Empfindungen. Durch das Reinigungsritual kam es darüber hinaus zur berührenden Bewußtmachung der eigenen Körpergrenzen. Die Sinne, die im Waschen den eigenen Körper wahrnahmen, schoben einen Riegel vor die unerwünschte übersinnliche Energieaufnahme. Das Bewußtsein konnte sich auf sein eigenes Innenleben konzentrieren. Obendrein bewirkte das tägliche Reinigen eine Pflege der Haut als Schutzhülle. Eine mit dem Waschen verbundene Sensibilisierung des eigenen Körpers förderte die Ichwahrnehmung. Durch das Waschen erlebten sich die Menschen als etwas körperlich von anderen Körpern Getrenntes.

Darüber hinaus waren hellfühlende Menschen natürlich auch in der Lage, die feinstofflichen Energien des Wassers unmittelbar aufzunehmen. So wie es bei einem Ohnmächtigen bisweilen hilft, ihm Alkohol unter die Nase zu halten, so mochte die Anwesenheit von Wasser die Menschen aus ihrem energetischen Gefangensein in tierischen Gefühlen befreit und sie wieder zu sich gekommen lassen haben. Wasser hieß »BA« und bedeutete gleichzeitig »außen«. Mit Hilfe des nassen Elementes gelang es, eine energetische Außenwelt zu schaffen. Erst die dadurch entstehende Verinnerlichung der Wahrnehmung bewirkte anscheinend das Selbstgefühl als Mensch.

Neben den handfesten Wirkungen des Wassers wurde auch sein geistiges Wesen verehrt, weil Hellfühlende ständig die Gesamtheit erfaßten. Ob Regentropfen, Nebel oder Fluß – immer war es DAS WASSER als solches, das wahrgenommen wurde. Sein Geist manifestierte sich im Auftrieb als diejenige Energie, die in der Lage war, die Schwerkraft auszugleichen. Wasser brachte die Energien wieder zum Geistigen und hob die in ihm gelösten Stoffe zurück zum Kosmos. In der Verdunstung wurde die Entmaterialisation augenscheinlich. Obendrein schaffte es das Wasser als Eis, das Feste aufzubrechen und wieder zum Organischen zurückzuführen. Auch in diesem Fall setzte es in der Materie gefangene Energien wieder frei. Da das Wasser für jedweden Stoffwechsel verantwortlich war, wurde es als der Stoff betrachtet, mit dem der Geist von »außen« in die Materie hineinwirkte und sie zur lebendigen Natur organisierte.

Die Bedeutung des Wassers wirft ein ganz neues Licht auf die Tatsache, daß die frühen Menschen in Pfahlbauten am und sogar auf dem Wasser siedelten. Nur durch die Anwesenheit von Wasser und seiner die Menschen von den Tieren trennenden Eigenschaften wurden unsere frühen Vorfahren möglicherweise überhaupt in die Lage versetzt, sich als eigenständige Spezies zu behaupten und nicht in ihrer kulturell schon aufgeweichten Hellfühligkeit unterzugehen.

Wie wichtig DAS WASSER für das hellgefühlte Selbstverständnis als Mensch war, zeigt der Name, den die vorzeitlichen Johannisberger dem Rhein gaben. Er lautete MA-A-BA. »MA« war die Kraft, die alles in Raum und Zeit zusammenhält, und »A« bezeichnete die individuelle Lebensenergie. Wenn wir bedenken, daß »BA« für »außen« stand, übersetzt sich der spätsteinzeitliche Name des größten deutschen Flußes als: das Wesen (der Stoff), das (der) die individuelle Wahrnehmung entstehen läßt.

Der rein körperliche Schutz in den Pfahlbauten vor Angriffen von Raubtieren erschien recht unerheblich gewesen zu sein in Anbetracht der Gefahr, selbst zum Raubtier zu werden, wenn es nicht gelang, dessen Lebensenergien von sich fernzuhalten. Körperliche Gefahren spielten für Menschen, denen ihre Wiedergeburt noch eine Selbstverständlichkeit war, eine untergeordnete Rolle in Anbetracht der spirituellen Gefahren, die darin bestanden, die eigene Seele zu verlieren und möglicherweise im nächsten Leben mit Tiermerkmalen auf die Welt zu kommen.

Der wesensmäßige Unterschied zum Tier war den Menschen damals offensichtlich bewußt, aber sie wußten auch, daß sie tagtäglich etwas dafür tun mußten, die animalische Welt mit ihren als bedrohlich empfundenen Energien auf Distanz zu halten.

Wir halten es für gut möglich, das die Großen Blonden den Einheimischen gezeigt haben, daß die tierischen Energien sich nicht nur durch komplizierte Rituale »entschärfen« und in die menschliche Wahrnehmung integrieren ließen. Mit Hilfe des Wassers war der gewünschte Effekt ebensogut, aber weitaus einfacher zu erreichen, schließlich lebten die Menschen unmittelbar am Flußufer.

Die Hellfühligkeit prägte nicht nur das Verhältnis zur Tierwelt, sondern durchdrang ebenso den Umgang mit dem Pflanzenreich. Auch hier wurden die Energien »hinter« dem äußeren Erscheinungsbild einer Pflanze direkt wahrgenommen. Für Hellfühlende war alles im Fluß, ebenso wie die Form »sahen« sie die Energien, die die Formen immerwährend erschufen. Es gab in ihrem Weltbild nichts Festes; nichts, was von sich aus, durch sich selbst Bestand hatte. Weil jeder Augenblick immerzu neu von den geistigen Energien erschaffen wurde, existierte keine Vorstellung der linearen Zeit. Alles, was jemals geschah, geschieht oder geschehen kann, ereignete sich JETZT! Zusammenhänge wurden auf diese Art und Weise immer sofort und unmittelbar erfahrbar. Die Wechselwirkungen von Energiemustern unterschiedlicher physischer Formen gaben Auskunft über wesensmäßige Übereinstimmungen oder Unverträglichkeiten. Wir sind der Überzeugung, daß sich die Menschen ihr ursprüngliches Heilkräuter- und Nahrungsmittelwissen nicht mühselig durch Versuch und Irrtum, durch Generationen währendes Ausprobieren mit hohen Verlusten erworben haben, sondern durch unmittelbares energeti-

sches Schauen der Wirkungszusammenhänge. Sie wuß-
ten einfach, was ihnen und der Natur guttat, weil sie den
Großen Zusammenhang des Lebendigen verstanden.
Jenseits der körperlichen Welt war Energie gleich Ener-
gie, egal ob sie sich auf der materiellen Ebene als Baum,
Mensch, Ameise oder Wolke manifestierte.

Es ist hilfreich, sich an dieser Stelle erneut klarzuma-
chen, daß die Kommunikation der damaligen Menschen
nicht der – wie »weit« auch immer – entwickelte Verstand war. Seine künstliche Trennung in Innen- und
Außenwelt existierte für Hellfühlende noch nicht. Es
gab noch keine getrennten Ansichten, Einzelheiten oder
isolierte Gegenstände. Auf energetischer Ebene steht
alles miteinander in Verbindung. Es ist das Wesen der
geistigen Energien, daß sie alles durchdringen können
und von allem durchdrungen werden, weil sie eben keinen physischen Widerstand leisten und nichts willkür-
lich ausschließen. Das Hellfühlen als grundlegende
Kommunikationsebene schuf nicht nur ein besonderes
Verhältnis gegenüber der Tier- und Pflanzenwelt, sondern prägte auch die Einstellung der Menschen zum Mineralreich. Steine dienten als Speicher von Energie und
wurden in Form von Menhiren an besonderen Örtlichkeiten aufgestellt, um Erdkräfte zu konzentrieren und
auf den Menschen übertragbar zu machen. Die menschlichen Gefühle wohnten in Körpern und die göttlichen
in den Steinen. Es waren ihre Schwerkräfte, die eine Existenz in materiellen Erscheinungsformen erst ermöglichten.

So wie wir Heutigen unseren Körper pflegen und schützen, weil wir ihn mit uns selbst identifizieren, so sorgten und kümmerten sich Gris' Zeitgenossen um den gesamten Kosmos, der ihren Leib darstellte. Was sie der Natur antaten, taten sie sich selbst an, denn sie waren die Natur. Das erfahrbare Sein als solches bildete einen großen Energiekörper, der als der eigene empfunden wurde. Die Wahrnehmung war zuerst übersinnlich und dann erst – in Ansätzen – sinnlich. Real war für sie in erster Linie DIE ENERGIE, nicht deren materielle Erscheinung. Was wir heute, als Preis für unser entwickeltes Ich, geopfert haben, existierte für die Steinzeitigen als das Kollektive Bewußtsein. Dieses durchdrang die gesamte natürliche Umgebung.

Die Welt war kein riesiges Rohstofflager, das die Menschen für ihre Bedürfnisse und Begierden ausbeuteten. Die Kleinen Schwarzhaarigen fühlten genau umgekehrt. Als ein Glied der Kette waren sie als Menschen da, um die Einheit zwischen Himmel und Erde zu garantieren. Eigene Wünsche – sofern es sie überhaupt schon gab – erwuchsen aus der Notwendigkeit, die ganze Welt in ihrer Ordnung zu halten. Ihr Lebensgefühl war nicht: Ich bin hier allein, und da oben sind irgendwo die Götter – sondern: Weil die Götter hier sind, sind auch wir hier, als wesentlicher Bestandteil der Einheit! Nicht ein einziger Gedanke war denkbar, ohne seinen Ursprung und sein Ziel in der Geistigen Welt zu haben. Die Menschen waren noch total durchlässig für die schöpferischen

Kräfte höherer Wesenheiten. Aus allen Dingen sprachen die Götter zu ihnen und ließen sie teilnehmen an der täglichen Neuerschaffung der Welt.

Der Kosmos gliederte sich in sieben Energieebenen. Jedem Schwingungszustand entsprach eine Daseinsform. Am besten stellen wir uns die unterschiedlichen, einander durchdringenden Seinsebenen als konzentrische Kreise vor.

Ihr Zentrum bildete YA-O, die göttliche Kugel reinster Energie, von der alles seinen Ursprung nahm. Jeder Kreis um diesen Mittelpunkt herum bedeutete einen weiteren Schritt in die Materie. Der äußerste Kreis repräsentierte die Ebene der größten Verstofflichung. Hier war das Reich NE-BETHs. Alles irdisch Feste stand unter seiner Kontrolle. Als »Wurm der Unteren Welt« bildete er den einen Pol. Der andere war jedoch nicht YA-O, weil der Schöpfer als Ursprung der Schöpfung vorher dagewesen ist und von daher auch außerhalb von ihr steht. Das höchste Wesen, das sich der materiellen Wirklichkeit selbst offenbarte, war TI-O-BETH, der Gott des Lichtes, des Raumes und des Gefühls. Er bildete im Selbstverständnis der KIR-MA den Kontrast zu NE-BETH. Zwischen diesem »Oben« und »Unten« gab es noch vier weitere Ebenen. In Richtung zunehmender Materialisation war es TI-A-MA, die Göttin der Fruchtbarkeit und der Erneuerung. Sie verkörperte die kreativen Kräfte des Kosmos. Aus ihr entsprangen die Energien, die in der Lage waren, Gestalt anzunehmen und die Vielfalt der sinnlich erfahrbaren Welt hervorzubringen. Ihr folgte auf der vierten Ebene KIR-MA als diejenige weibliche Wesenheit, die den menschlichen Bereich erschuf. Weiter nach außen hin kam YA-BETH, der Gott der Tiere. Er war verantwortlich für die animalischen Formen und Verhaltensweisen. Die sechste Ebene unterstand YI-MA. Sie war die Göttin des Pflanzenreiches. Aufgrund der eben skizzierten Hierarchie ergibt sich folgendes Bild (Abb. 1): Die menschliche Sphäre befand sich in der Mitte der sieben Energiezonen. Sowohl in Richtung Materie als auch in Richtung Geist existierten für die damaligen Menschen drei Ebenen, mit denen sie als hellfühlende Lebewesen direkt kommunizierten. Halb Geist und halb Materie waren die Menschen die Mittler zwischen der Oberen und der Unteren Welt. Den ins Tier-, Pflanzen- und Mineralreich hinabziehenden Energien der Verfestigung mußten sie genauso standhalten wie den auflösenden Kräften der höheren Geistigen Welt.

Zusammen bildeten die sieben Energieebenen jenen Ozean der Hellfühligkeit, in dem die Menschen frei umherschwammen. Ihr gesamter Lebenswandel mußte der energetischen Einheit des Kosmos zu jeder Zeit Rechnung tragen. Auch die aus unserer heutigen Sicht »niedrigste« Verrichtung stand in unmittelbarer Verbindung mit den geistigen Ursachen. Es gab noch nichts Sinnloses oder auch nur Profanes im Alltag der Hellfühlenden. Ihr Denken, Fühlen und Wollen stand in Einklang mit den sieben Energiezuständen.

Das obige Bild der sieben Energiekreise ist jedoch nur die eine Sicht. Sie geht davon aus, daß die göttliche Einheit die materielle Vielfalt hervorbringt, und suggeriert

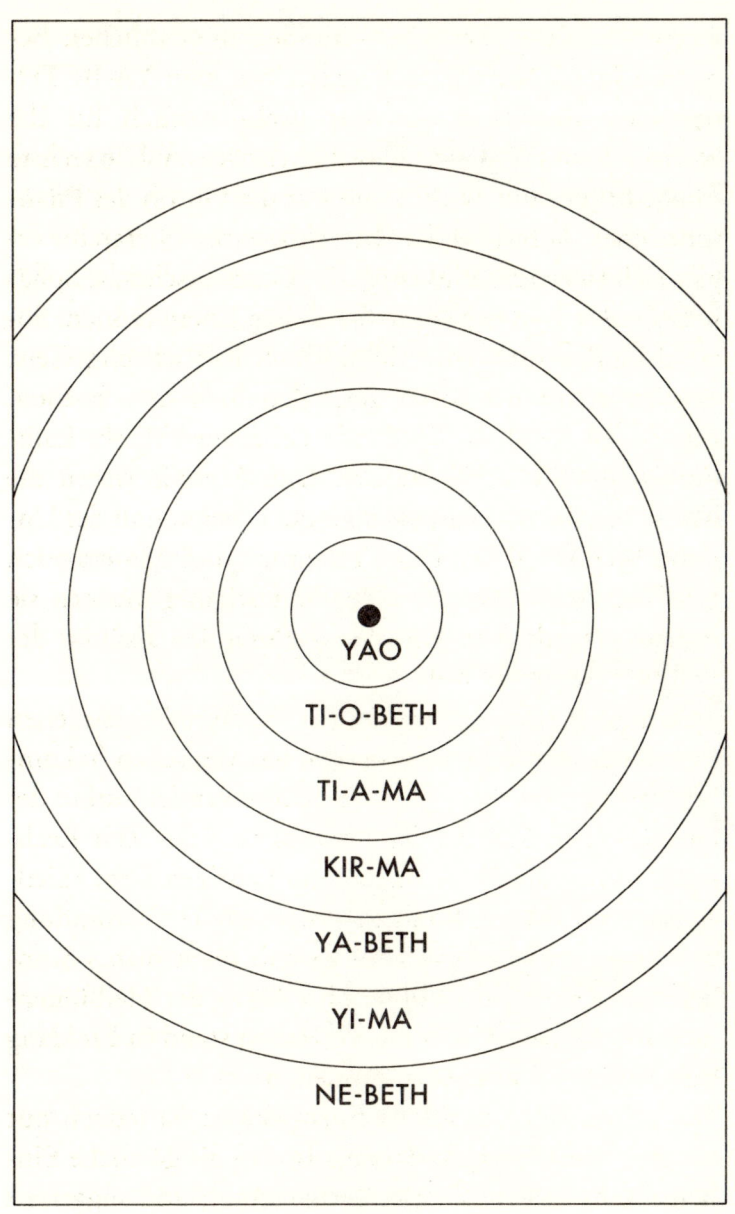

YAO

TI-O-BETH

TI-A-MA

KIR-MA

YA-BETH

YI-MA

NE-BETH

Abb. 1

damit schon rein optisch, daß NE-BETH umfassender sei als YA-O. Das Gegenteil ist der Fall: YA-O ist das Energiefeld, das alles durchdringt und überall vorhanden ist. Es ist die Welt der Materie, die sich aus der göttlichen Einheit heraus zusammengezogen hat. Dementsprechend lassen sich die Kreise auch umdrehen (Abb.2): Diese Darstellungsform veranschaulicht das Empfinden aus hellfühlender Sicht wesentlich besser. NE-BETH ist jetzt der Punkt, wo die Energie sich so zusammengezogen hat, daß sie keine Ausdehnung mehr besitzt. Da er für das Materielle an sich steht, wird hier optisch deutlich, welchen Stellenwert die Stofflichkeit für die damaligen Menschen hatte. Sie war nur der i-Punkt auf den Worten der Schöpfung. Die Energie der Schwingungsmuster, die übersinnliche Erfahrung besaß weitaus größere Ausmaße und war viel, viel realer für die Wahrnehmung der Menschen.

Die Baumkultur

So wie der Mensch im Geist und in der Materie wurzelte, so gab es auch in der Natur ein Lebewesen, das die Sphären NE-BETHs und TI-O-BETHs miteinander verband. Es war der Baum. Auf der einen Seite verzweigte er sich tief in die Erde, auf der anderen ragte er hoch in die Luft. Wie der Mensch war er ein Vermittler zwischen Himmel und Erde. Aus beiden Welten bezog er seine Nährstoffe und seine formgebenden Impulse. Der

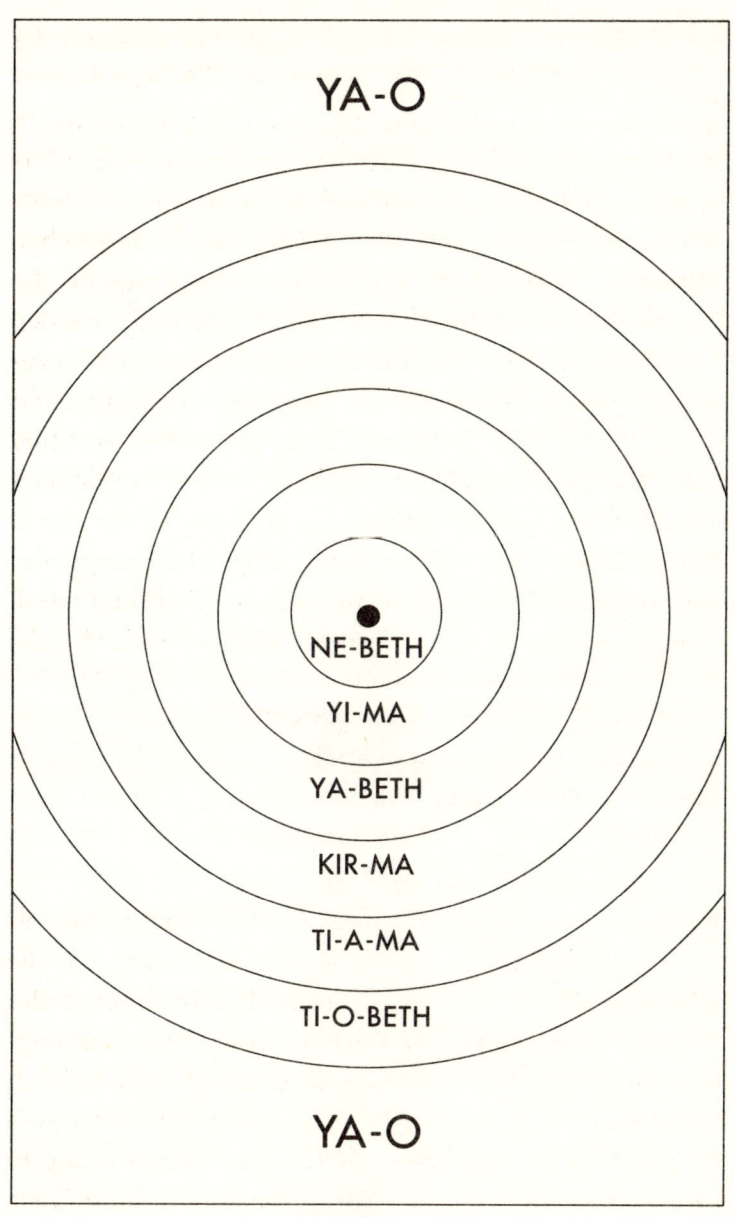

YA-O

NE-BETH

YI-MA

YA-BETH

KIR-MA

TI-A-MA

TI-O-BETH

YA-O

Abb. 2

übersinnlichen, energetischen Anschauungsfähigkeit der Menschen zufolge bildete das gesamte Pflanzenreich die Sinnesorgane der Erde zur Wahrnehmung des Kosmos. Andersherum offenbarten sich die Weiten des Weltalls in den Blüten. Der Geist des Universums kommunizierte über die Wurzeln mit der Erde. In den Pflanzen wurden die geistigen Wesen verehrt, die sich in ihre Form hinein materialisierten und auf diese Art und Weise ihre Energien der Natur zur Verfügung stellten. Bäume hatten insofern eine Sonderstellung, als sie am höchsten in den Himmel ragten und am längsten existierten. Ihre Lebensspanne übertraf die der Menschen. Ihr langsames Wachstum und ihre imposante und gewaltige Form gewährleisteten die Kontinuität der Umwelt. Menschliche Siedlungen kamen und gingen, die mächtigen Bäume aber behaupteten ihren angestammten Platz. Im Verständnis der damaligen Menschen bildeten sie die Anker TI-O-BETHs auf dem Grundboden der Materie. In ihnen bündelte sich die universelle Lebensenergie wie in keinem anderen Lebewesen. Der Gott der Oberen Welt war zugleich der Gott des Denkens, und so existierte eine enge Verbindung zwischen den Bäumen und den menschlichen Gedanken. Die Hellfühlenden spürten die wesensmäßige Verwandtschaft ihrer eigenen Energieformen mit der Gestalt des Baumes. Auch die Menschen wurzelten mit ihrer physischen Existenz in der Erde und ihren Nährstoffen und hoben sich zur Sonne und zum Licht empor, um von oben die Wachstumsenergie und die geistigen Impulse zu erhalten. Wie die Bäume, so waren auch die Menschen da, um die vertikalen Kraftfelder, die aus dem Kosmos zur Erde strömten, in horizontale, dem Leben auf der Erde dienliche Energieformen »umzulenken«. In der Wahrnehmung von Hellfühlenden hatten Menschen und Bäume ähnliche Aufgaben. Von daher wird verständlich, daß die Bäume heilig waren. Konsequenterweise wurden Baumstämme auch nur gefällt, wenn die Energiebilanz des Kosmos durch geeignete Rituale ausgeglichen wurde. Honig, Milch und Blut füllten als Opfergaben die entstehenden »Löcher«.

Die enge, wesensmäßige Beziehung zu den Bäumen spiegelte sich auch in der Siedlungsform der Menschen, zu denen Gris gehörte. Ihr Wohnplatz war in drei Ebenen angelegt. Aufgrund seiner Hügelform eignete sich der Johannisberg bestens. *Auf der ersten, obersten Ebene* stand der zentrale Kultbaum. Er signalisierte TI-O-BETH: Hier wohnen denkende Menschen! Es handelte sich bei ihm nicht um einen gewachsenen Stamm von besonderem Aussehen oder natürlicher Mächtigkeit. Im Gegenteil. Der Kultbaum war ein quadratisch zugerichteter, oben und unten abgeschnittener Stamm, der eher an eine Stele erinnerte. Selbst abgestorben, sandte er keine hellgefühlten Kräfte mehr aus. Um ihn herum befand sich räumlich und energetisch ein freier Platz. Auf ihm versammelten sich die Menschen, um ihre Gedanken zu TI-O-BETH zu senden. Nur hier wurden sie sich ihres eigenen Denkens voll bewußt. An dieser besonderen Stelle gelang es den Hellfühlenden, zwischen innerer und äußerer Welt zu unterscheiden. Die Unterscheidung in Ich und Nicht-Ich, für uns Heutige eine Selbstverständlichkeit, war für die Damaligen das schwierigste überhaupt. Sie mußten erst lernen, die Gedanken als etwas zu begreifen, was sie von sich aus bewußt steuern konnten. Der Kultbaum hatte die Funktion, die Gedanken vom Himmel herunter in die Menschen zu holen, von der feinstofflichen in die stoffliche Welt. Modern ausgedrückt, fungierte der viereckige Stamm als eine Art Antenne, die die Kraftfelder der Erde und die energetischen Wellen aus dem Kosmos in den Menschen fokussierte und sie sich selbst wahrnehmen ließ. Wir verstehen die Bedeutung des Kultbaums, wenn wir uns vor Augen führen, daß die Gedanken für Hellfühlende ursprünglich etwas waren, das sie genauso durchströmte wie alle anderen Lebensenergien. Niemand hielt sie an und identifizierte sich mit ihnen. Die frühen Worte waren heilige Namen. Es handelte sich um Laute, die genauso wirklich waren wie alle anderen Lebensäußerungen. Sie wurden behandelt wie andere Energiemuster auch. Sie wurden aufgenommen, mit dem eigenen Wesen beseelt und weitergegeben. Die Menschen mußten erst lernen, daß aus kollektiven Namen individuelle Gedanken werden konnten, die der eigene Kopf steuerte. Anfangs sprach in den eigenen Gedanken niemand anderes als die Geistige Welt.

Die Verwandtschaft zwischen den Bäumen und den Menschen, in bezug auf ihre Vermittlerrolle zwischen den kosmischen und den irdischen Kräften, fand nicht nur ihren physischen Ausdruck im Aufstellen des zentralen Kultbaumes am höchsten Punkt des Siedlungshügels. Auch die Sprache trug dem wesensmäßigen Zusammenhang Rechnung. Die hölzerne Stele hieß »KIR«, und die Menschen nannten sich selbst »KIR-MA«. Die Silbe »KIR« stand sowohl für den Kultbaum als auch für das menschliche Denken. »MA« bezeichnete »die Kraft, die uns zusammenhält«, die hinter den Tätigkeiten dieser Welt steht. »MA« war die Energie, die benötigt wurde, um etwas zu »ma«chen.

Wenn wir uns an den Götterkosmos erinnern, so fällt auf, daß nicht nur der Kultbaum und das Denken, sondern die gesamte menschliche Energieebene als »KIR-MA« bezeichnet wurde. Wir haben hier ein gutes Beispiel dafür, wie hellfühlende Menschen empfanden. Es gab keine gefühlsmäßige Trennung zwischen der formgewordenen Einzelheit und dem formgebenden Prinzip. Auf allen Ebenen des Universums bezeichnete »KIR-MA« dieselben Wesenheiten, sei es als reine Energie, als schöpferische Kraftfelder oder als in Raum und Zeit »eingefrorene« äußere Realität.

Bei den Menschen, mit denen wir es zu tun haben, stand nicht nur der KIR an der Spitze des vertikal angelegten Wohnplatzes. Auf der obersten Siedlungsebene befand sich auf dem Johannisberg auch der »Heilige Hain«. Er wurde gebildet von Baumstämmen mit ausgewähltem, gradlinigem Wuchs. Er schien weder künstlich angepflanzt, noch zeigte er geometrische Muster. Im Heiligen Hain konzentrierten sich die Energien. Hier verbanden die Menschen durch geeignete Rituale ihr Wesen gezielt mit denen der Bäume. Hier war die Umgebung, in der die KIR-MA mit den Mächten des Universums kommunizierten. Als wohl bedeutendste sakrale Handlung fanden an diesem, dem Himmel geweihten Ort rituelle Entkörperungen statt. Um sie zu verstehen, müssen wir uns wieder in die angeborene Hellfühligkeit hineinversetzen. Der physische Körper war für die KIR-MA nur *ein* Teil ihres Selbst. Sie lebten ebenso in den zwischen den Menschen zirkulierenden kollektiven Gefühlen und den übersinnlichen Welten, in denen sie keinen Körper brauchten. Wenn sie sich entschlossen, ihren Körper abzulegen, dann geschah das freiwillig, um dem Universum zu Hilfe zu kommen. Hellfühlige hatten keine ausgeprägte Angst vor dem Tod, zu selbstverständlich war ihnen das Leben in beiden Welten, der stofflichen und der nichtstofflichen. Weiter unten, wenn wir ein größeres Verständnis der Zusammenhänge haben, kommen wir auf den Grund der Entkörperungen zu sprechen. An dieser Stelle geht es uns nur um eine allgemeine Beschreibung aus Anlaß der Darstellung der damaligen Siedlungsform.

»Opfer« zu sein war eine große Ehre und geschah auf freiwilliger Basis. Die Auserwählten wurden mit Pfeil und Bogen erschossen. Die Bäume fungierten als Boten, um die freigesetzte Seelenenergie an den schlanken Stämmen empor zu TI-O-BETH zu schicken, der sie YA-O, dem Schöpfer des universellen Gleichgewichts, übermittelte. Es war die heilige Aufgabe der freiwillig Sterbenden, von der körperlosen Welt aus das Überleben der Gemeinschaft sichern zu helfen.

Anhand des bisher Aufgeführten wird deutlich, daß die erste Siedlungsebene dazu diente, den Kontakt mit den geistigen Kräften des Daseins zu pflegen.

Auf der zweiten, mittleren Ebene geschah die Umwandlung des Geistigen in das Materielle. Hier wohnte ausschließlich der Schamane. Seine Aufgabe bestand darin, die Zeichen der Götter zu deuten und für das geistige Wohlergehen der Sippe zu sorgen. Er war verantwortlich für die korrekte Ausführung der vielfältigen Rituale und die Initiationsriten. Wie bereits angedeutet, stammte der spirituelle Führer der KIR-MA nicht aus den Reihen der Kleinen Schwarzhaarigen. Als Großer Blonder unterschied er sich deutlich von ihnen. Da er im Gegensatz zu den Hellfühligen über ein entwickeltes Ichbewußtsein verfügte, besaß er Macht und großes Ansehen. Das Wohnen auf der zweiten Ebene trug seiner natürlichen Sonderstellung Rechnung. Im Gegensatz zu uns Heutigen verfügte der Schamane der KIR-MA trotz Ichbewußtseins noch über große übersinnliche Kräfte. Diese wurden verstärkt durch die Steine, aus denen seine Wohnstätte gestaltet war. Sowohl seine Behausung als auch die Einfriedung seines Bezirks waren aus massivem Erdmaterial. Steine – vor allem in kreisförmiger Anordnung – dienten dazu, die Energien nach innen zu konzentrieren, um sie der bewußten Wahrnehmung zugänglich zu machen. Hellfühlende konnten damit nichts anfangen, und dementsprechend andersartig war ihre Wohnweise.

Einen Einblick in sie erhalten wir auf der *dritten, der untersten Siedlungsebene* der KIR-MA auf dem Johannisberg. Hier wohnten die Sippenangehörigen in einfachen Holzhütten, die aus einem stabilen Netzwerk aus Ästen und Zweigen bestanden. Obwohl das Ufer des Rheins in sicherem Abstand weiter unten lag, waren sie noch auf Pfählen, etwa einen halben Meter über dem Erdboden errichtet. Der Grund hierfür ist nicht in einer Angst vor Überschwemmungen zu suchen, sondern in einer gezielten Isolation vor zu stark herabziehenden Erdkräften. Als Hellfühlende bevorzugten sie eine energetische Schwingungsebene, die ihnen das Gefühl des »Schwebens über den Dingen« ermöglichte. Ihre Siedlungsweise symbolisiert, daß sie vom Bewußtsein her noch gar nicht auf dem harten Boden der Realität angekommen waren. In den auf Stelzen errichteten Hütten lebte jeweils eine Frau mit mehreren Männern. Geschlechtsverkehr wurde immer mit mehreren Männern ausgeführt, weil die Ansicht vorherrschte, daß der Samen sich dadurch besser verteile. Es gab folglich keine Väter. In bezug auf Kinder waren Männer ausschließlich Lehrer. Die Frauen waren »Mutterschwestern«, denn genetische Reproduktion innerhalb von Verwandtschaftsbeziehungen war selbstverständlich und verantwortlich für das homogene Äußere der Sippe. Die geistige Grundlage für dieses auf den ersten Blick unverständliche Verhalten lag im Hüten eines sogenannten »reinen Blutes«, das als Garant für die angeborene Hellfühligkeit angesehen wurde.

Die Sprache

Mit Hilfe der Hellfühligkeit und der Baumkultur sind wir bereits ein gutes Stück in die ursprüngliche steinzeitliche Lebensart eingedrungen, wie sie sich uns am Beispiel der Kleinen Schwarzhaarigen darstellt. Anhand der Informationen über die Sprache, die damals auf dem Johannisberg gesprochen wurde, gelingt es uns, den Blick auf das menschliche Selbstverständnis vor über fünftausend Jahren am Rhein zu vertiefen. Wir sehen, daß sie den Menschen als Mittel diente, sich ihrer selbst bewußt zu werden.

Die KIR-MA gebrauchten eine reine Silbensprache. Durch die Kombination der einzelnen Silben erhielt sie ihre Bedeutungswerte. Es wurden ausschließlich abstrakte (in der Geistigen Welt existierende) und konkrete (auf der materiellen Ebene vorhandene) Dinge sowie allgemeine Tätigkeiten bezeichnet. Ihr Wesensmerkmal war die Mehrwertigkeit der Bedeutungen, in der sich die geistigen Verknüpfungen darstellten. In der Silbe »KIR« haben wir bereits ein Beispiel kennengelernt. Persönliche Fürwörter und verschiedene Zeiten gab es nicht. Individueller Ausdruck war nicht möglich. Als Kommunikationsebene besaß Sprache noch nicht die dominante Stellung, die sie heute innehat. Auf dem Johannisberg erfolgte der Sippenaustausch untereinander unmittelbar durch die Gabe der Hellfühligkeit. Ein einzelner brauchte seine Absichten und Stimmungen nicht erst zu erklären. Seine persönliche Befindlichkeit konnte energetisch direkt wahrgenommen werden. Die Hellfühligkeit ließ keine große Abweichung vom Gruppenkonsens zu. Wo alles wahrgenommen und beeinflußt werden konnte, siegte immer der kleinste gemeinsame Nenner der Empfindungen. Sprache hatte noch nichts mit Meinungsaustausch und Befehlsgewalt zu tun. Die Voraussetzung dafür, ein sich gegenüber der Gemeinschaft selbständig empfindendes Ichbewußtsein, existierte noch nicht in genügendem Maße. Aus diesem Grund kam es vorrangig auch nicht auf die Inhalte der Begriffe an. Entscheidend war die gefühlige Aussprache, der reine Laut. Er stellte ein Schwingungsmuster dar, mit dem sich Einfluß auf die fremdbestimmenden Wirkungen der Hellfühligkeit nehmen ließ, von denen weiter oben die Rede war. Die Silben waren Meditationsformeln und mit dieser Funktion erst von den Großen Blonden auf den Johannisberg gebracht worden. Das Sprechen diente als Unterbrechung des hellfühligen Energieschubes und dadurch der Selbstvergewisserung als Mensch. Sprechen war eine zutiefst menschliche Tätigkeit und absolut heilig. Mit ihrer Stimme besaßen die Menschen ein körperliches Mittel, den hellgefühlten Energien via Kehlkopf, Stimmbänder und Hals-, Nase-, Rachenraum eigene Schwingungen entgegenzusetzen. Das Wort als willentlich eingesetzter Laut erzeugte ein ureigenes menschliches Energiemuster, das den eigenen Körper als Resonanzboden nahm und ihn dadurch *bewußt* fühlend wahrnehmbar machte. In diesem Sinne war die Sprache ein Meilenstein auf dem Weg zur willkürlichen Kontrolle der permanenten Hellfühligkeit. Alle anderen Tätigkeiten des täglichen Bedarfs waren zu instinktiv, um darin Bewußtsein wiederzufinden. Der rituelle Singsang stellte eine Möglichkeit dar, in sich – wenn auch noch als Kollektiv – die Einheit von Körper und Geist zu erleben. Die Laute wurden so lange wiederholt, bis sich ihre gefühlsmäßigen Wirkungen einstellten. Eine Eigenschaft, die sie noch heute besitzen. Das beständige Rezitieren von Worten erregt oder beruhigt. Beiden Extremen gemeinsam ist das bewußte Erzeugen der Gefühle *von innen heraus*.

Renate ist nicht in der Lage, die Aussprache wiederzugeben, so sehr ihr Gris die richtige Intonation auch ein ums andere Mal vormachte. Ihrer Meinung nach sind für uns Heutige die Laute unaussprechbar. Die Konsonanten wurden betont und nach oben in den Kopf gezogen. Bei den Vokalen wurde die Luft aus der Lunge ebenfalls in den Kopf gepreßt. Es muß sehr eigentümlich geklungen haben, was damals an sinnbesetzten Lauten ausgestoßen wurde. Wobei der Begriff »stoßen« sehr gut die Anstrengung beschreibt, die ausgewählten Laute auch im richtigen Tonfall und der richtigen Reihenfolge aus dem eigenen Körper hervorzubringen. Ihr gemeinsames Grundmerkmal war, daß sie meist tief in der Kehle gebildet wurden und zum Ende hin in den Kopf gingen. Der Resonanzboden waren die Schädelknochen, das gesamte Haupt hat beim Sprechen vibriert. Der Klang hatte die Aufgabe, Klarheit im Kopf zu schaffen, Platz für die Ichwahrnehmung. Der Kehlkopf begann sich durch den willkürlichen Einsatz der Stimme als Klang- und damit Energieerzeuger zum Sitz des menschlichen Willens vorzubereiten. Eines Willens, der Generationen später die Menschen befähigen sollte, sich von der angeborenen Hellfühligkeit zu verabschieden und sich eine äußere Realität zu erschaffen.

Wir haben bereits erklärt, welch überragende Bedeutung das Wasser für das menschliche Selbstverständnis besaß.

Die Sprache spielte eine ähnlich zentrale Rolle. So wie sich die Menschen in Reinigungsritualen des Wassers bedienten, benutzten sie verbale Äußerungen, um sich rituell von energetischem »Schmutz« zu befreien. Wie DAS WASSER vor den Menschen da war und nach ihnen da sein wird, so existiert auch DIE SPRACHE als Teil der göttlichen Weltordnung unabhängig von den Lebewesen, die sich ihrer in der materiellen Welt bedienen. Die Annahme, Sprache habe sich auf der physischen Ebene ursprünglich als ein Resultat sozialen Verhaltens aus dem täglichen Zusammenleben entwickelt, stellen wir mit unseren Ausführungen natürlich in Frage. Aber das Bezeichnende ist genauso wichtig wie das Bezeichnete. Beide bilden eine unauflösliche Einheit. Gedanken sind genauso real wie Taten, beide bedingen einander. Worte sind kein Abbild der Realität, sondern erschaffen die Wirklichkeit, indem sie die Wahrnehmung steuern. Hinter jeder Erscheinung der realen Welt stehen geistige Energien, die das sinnlich Erfahrbare hervorbringen und durchdringen. Sie haben alle einen Namen und ihren unverwechselbaren Klang.

Die Großen Blonden wußten um diese Zusammenhänge, und auch für die hellfühlenden KIR-MA war es tagtägliche Erfahrung, daß die geistigen Kräfte machtvoller waren als die materiellen Endprodukte. Sachzwänge kannten sie noch nicht, wohl aber das unangenehme Empfinden, der eigenen Gefühlsidentität beraubt zu werden, wenn sie nicht aufpaßten und permanent daran arbeiteten, sich selbst als Menschen zu behaupten. Diese innere Konstellation – erzeugt durch die Vermischung

mit der individuelleren Kultur der Großen Blonden –
machte sie offen für alles, was geeignet war, die Kontrolle über ihr eigenes Wesen zu gewinnen. Ihr Geisteszustand war höchstgradig empfänglich für die Sprache
ihrer spirituellen Lehrmeister.

So wie die Europäer der Neuzeit zuerst ihr eigenes Volk
und dann andere Völker alphabetisiert haben, so brachten die Schamanen der Großen Blonden den ortsansässigen Stämmen ihre heiligen Laute zur Erweiterung der
hellfühligen Wahrnehmung in Richtung Ichbewußtsein.
Mit ihrer Hilfe lernten die Einheimischen das Denken
von innen heraus zu gestalten. Sie stellten das klangliche
Abbild der geistigen Weltordnung dar und gaben den
sprechenden Menschen Geborgenheit in ihren eigenen
Schwingungen. Auf der Ebene der Schöpfung realisiert
sich die Vielfalt der materiellen Welt durch Namensge-
bung. Auf der Basis reiner Energie ist alles Schwingungsmuster. Der Stein hat eins, der Baum und auch der
Klang eines Wortes. Selbst wenn es die Sonne nicht
mehr geben wird, wird ihr Name noch existieren. Worte
sind wie Samen. Steht ein fruchtbarer Acker zur Verfügung, gehen sie auf und werden gegenständlich. Hätte in
der göttlichen Weltordnung nicht jedes Ding seinen
ewigen Namen, es könnte nicht existieren und für uns
Menschen sinnlich erfahrbar werden. Die überlieferten
Silben der Großen Blonden waren höchstwahrscheinlich
noch jene Urlaute, die die ewigen Schwingungsmuster
hinter den äußeren Erscheinungen benannten. Deswe-
gen waren sie so wirkungsvoll.

Neben der mündlich überlieferten Sprache existierten
bei den KIR-MA Zeichen. Sie bezogen sich jedoch nicht
auf die Worte, sondern symbolisierten die Sieben Göttlichen Ebenen, die wir bereits im Götterkosmos kennengelernt haben. Sie dienten den Menschen dazu, von sich
aus mit den durch sie zum Ausdruck kommenden Kraftfeldern in Berührung zu kommen. Für Hellfühlende gab
es keine Trennung zwischen Symbol und Symbolisierten. Alle Formen und die durch sie bezeichneten Energien bildeten zu jedem Zeitpunkt eine vollkommene
Einheit. Die Menschen vermochten in diesem Bewußtsein auf vielfältige Art und Weise mit den unterschiedlichsten Wesenheiten, auf welcher Ebene des Konkreten
oder der Abstraktion auch immer, zu kommunizieren.
Die nachfolgenden Zeichen waren noch keine Schrift.
Es waren vielmehr einfache Bilder, mit denen die
Großen Blonden begannen, die Wahrnehmungen der
Hellfühlenden zu ordnen. Ihr Aussehen charakterisierte
die unterschiedlichen Eigenschaften der Energien
(Abb. 3).
Wie aus dem Schaubild ersichtlich wird, bestand die
Welt der KIR-MA aus sieben verschiedenen Energie-
ebenen. Sie entsprechen den weiter vorne im Götterkos-
mos skizzierten geistigen Wesenheiten. Die achte – das
Dreieck – stellte schon den Übergang zu einer neuen
Zeit dar, die die hellfühlende Ordnung sprengen sollte.
Erst in ihr wurden Zeichen und Sprache zu einer Ein-
heit, nämlich zu dem Ausdrucksmittel des Ichs, das wir

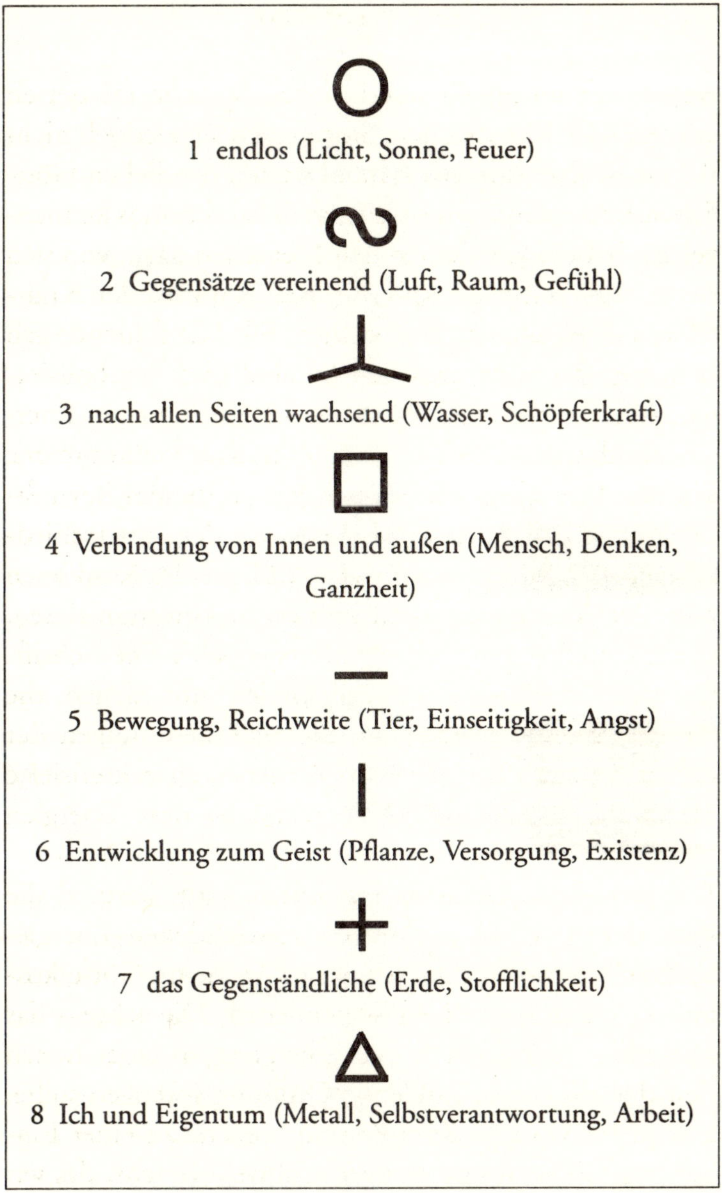

1 endlos (Licht, Sonne, Feuer)

2 Gegensätze vereinend (Luft, Raum, Gefühl)

3 nach allen Seiten wachsend (Wasser, Schöpferkraft)

4 Verbindung von Innen und außen (Mensch, Denken, Ganzheit)

5 Bewegung, Reichweite (Tier, Einseitigkeit, Angst)

6 Entwicklung zum Geist (Pflanze, Versorgung, Existenz)

7 das Gegenständliche (Erde, Stofflichkeit)

△

8 Ich und Eigentum (Metall, Selbstverantwortung, Arbeit)

Abb. 3

heute »Schrift« nennen. Noch waren beide Ausdrucks-
formen voneinander getrennt. Der Sinn der Energieformen lag nicht in der Selbstvergewisserung nach innen,
wie bei der Sprache, sondern in der Kommunikation
nach außen. Indem die KIR-MA »Zeichen legten«, hielten sie Zwiesprache mit den durch sie repräsentierten
geistigen Energien. Mittels der Zeichen waren sie in der
Lage, von sich aus Kontakt mit den übersinnlichen
Kraftfeldern herzustellen. Jedes Symbol versinnbildlich-
te das Symbolisierte und machte es durch Abbildung anwesend. DIE ZEICHEN waren demnach so etwas wie
»Telefonnummern«, mit denen die übersinnlichen Wesen und ihre spezifischen Energiemuster durch spezielle
Techniken der Konzentration, Meditation und Trance
herbeigerufen werden konnten. Mit den Zeichen hatte
sich den Menschen erstmalig eine Möglichkeit aufgetan,
gezielt Inhalte des hellgefühlten Ozeans zu identifizieren, um mit ihnen in willentlichen Austausch zu treten.
Sie dienten der Strukturierung der kollektiven Wahrnehmung nach außen hin und bewirkten eine neue
Handlungsfreiheit im Umgang mit der übersinnlichen
Welt.

Das Selbstbewußtsein stärkte sich dadurch, daß die geistigen Kräfte direkt angesprochen werden konnten. Die
KIR-MA waren auf einer Entwicklungsstufe angelangt,
auf der sie sich nicht mehr damit zufriedengaben, vorbewußter Teil eines harmonischen Ganzen zu sein.
Noch galt es zwar, mit den geistigen Mächten in Einklang zu leben. Je bewußter sich die Menschen ihrer
selbst wurden, desto mehr identifizierten sie sich mit

dem eigenen Körper, statt mit dem Universum im allgemeinen. Die direkte Verbundenheit mit den alles durchdringenden und verbindenden Energien ging Schritt für Schritt verloren. Die zunehmende Unempfindsamkeit gegenüber den wahren Zusammenhängen wurde nach außen projiziert. Es war der wankelmütige Wille der Götter, mit dem sich das neue Ichbewußtsein konfrontiert sah. Sobald der universelle Energiefluß nicht mehr ungehindert durch die Menschen floß, ward die Unwissenheit geboren. Die Trennung von den schöpferischen Kraftfeldern hinter den äußeren Erscheinungen wurde als schmerzlich empfunden. Die Menschen bezeichneten fortan diejenigen Energien, zu denen sie keinen Zugang mehr hatten, als »Götter«. Die Abnabelung von den kosmischen Energien stellte den unausweichlichen Preis dar, den das erwachende Ichbewußtsein zahlen mußte, um sich selbst wahrzunehmen. Die Zeichen dienten nun dazu, von sich aus den verlorenen Kontakt wiederherzustellen. Die göttlichen Energieformen wurden in der Natur gesucht und bezeichnet. Dadurch gelang es, die betreffenden Energien zu stärken, zu drosseln oder auszugleichen. In jedem Falle waren es die Menschen selbst, die aktiv in die universellen Energiekreisläufe eingriffen.

Eine weitere wichtige Anwendung fanden die Zeichen in der Einstimmung auf die Rituale der »Genußebenen«, die wir weiter unten beschreiben. Zu diesem Zweck wurden die Zeichen als Sinnbilder benutzt, die spirituell umgesetzt wurden, um sich auf bestimmte Energien einzuschwingen. Auf solcherlei Art und Weise konnten die

Menschen ihre Götter direkt aufsuchen und mit ihnen auf übersinnlich-energetischem Wege in Kontakt treten. Um die Funktion der Genußebenen verstehen zu können, ist ein Einblick in die Kultur und das Selbstverständnis jener Menschen hilfreich, die offensichtlich von weit her kamen, bevor sie sich in Europa und somit auch am Rhein niederließen.

Die Großen Blonden

Die von uns rekonstruierten Grundzüge einer menschlichen Kultur im Stadium der angeborenen Hellfühligkeit sind eine Beschreibung der Tradition. Die angestrebte Einheit mit der Göttlichen Weltordnung bestand zu der Zeit, deren Zeugen wir durch Reinkarnation geworden sind, schon nicht mehr. Die Frage ist, ob sie jemals bestanden hat. Die Existenzbedingungen in der materiellen Welt setzen die Trennung von Gott in dem Maße voraus, wie wir die Welt selbst als Ansammlung getrennter Ereignisse wahrnehmen. Der Sinn des materiellen Daseins liegt nicht in der Einheit und damit im Bewahren, sondern im Aufbruch, in der Vielfalt. Die Seelen inkarnieren sich, um zu lernen, nicht um in einem Zustand vorbewußter Verbundenheit zu verharren.
Die Einheit ist sowohl Erinnerung an das körperlose Einssein mit allem, was ist, als auch zukunftsorientiertes Ideal und Entwicklungsziel. Die menschlichen Seelen inkarnieren sich solange, bis sie durch die Erfahrung vie-

ler Leben zur Selbsterkenntnis gelangen und aus sich selbst heraus wissen, daß sie nicht von Gott getrennt zu sein brauchen, wenn sie es nicht wollen.

Wir haben es mit einem Ausschnitt der menschlichen Geschichte zu tun, wo wir – die späteren Europäer – begannen, uns »die Erde untertan« zu machen, wie es so schön heißt. Verblüffend war für uns, daß es vor über fünftausend Jahren eine friedliche Koexistenz der Kulturen, ja augenscheinlich sogar der verschiedenen Rassen gab. Zu keinem Zeitpunkt der Erinnerungen gab es Anzeichen für gewaltsame Auseinandersetzungen. Sie hätten auch wenig Sinn gemacht, denn unseren Informationen nach trafen die Kulturen zu einem Zeitpunkt aufeinander, wo beide Seiten in der Lage waren, von der Andersartigkeit der jeweils anderen zu profitieren. Wenn auch auf gänzlich unterschiedliche Art und Weise.

Wie jede andere Kultur konnte auch eine hellfühlende nicht ewig bestehen. Die internen Gründe einer Destabilisierung lagen bereits in der Einseitigkeit der eigenen Voraussetzungen. Grundlage für das Hellfühlen war »reines Blut«, auf das großen Wert gelegt wurde. Sämtliche Nachkommenschaft ging aus Nah-Ehen unmittelbar miteinander Verwandter hervor. Wie bereits erwähnt, bildete Inzucht die gängige Form der Fortpflanzung. Auf lange Sicht gesehen waren Degenerationserscheinungen unausweichlich. Äußerliche Mißbildungen nahmen zu und mit ihnen innerliche Störungen des Hellfühlens. Die angestammte Lebensweise mit ihren fein aufeinander abgestimmten Ritualen geriet ins Wanken, und die Menschen wurden überschwemmt von ihren inneren Eindrücken und dem Neuartigen, das sich nicht in die alten Methoden integrieren ließ.

Der einzige Ausweg aus dem Dilemma der nicht mehr voll funktionsfähigen Hellfühligkeit lag in der kulturellen, sozialen und wirtschaftlichen Weiterentwicklung. Es gab kein Zurück zu den alten Werten und Gebräuchen, denn gerade das zu lange währende Festhalten am Althergebrachten hatte die KIR-MA in ihre Situation manövriert. Sie mußten jetzt lernen, ihre durch äußeren Lebenswandel unkontrollierbar gewordene Hellfühligkeit von innen her zu kontrollieren. Es war notwendig geworden, sich der eigenen Individualität bewußt zu werden und das eigene Ich zu einem Instrument der Stabilität im allgemeinen Hellfühligkeitsmeer zu machen. Mit dem Ende der Steinzeit verabschiedete sich in Europa ein Zeitalter, in dem hellfühlende Menschen direkten Umgang mit den schöpferischen Lebensenergien pflegten, die erst später zu unnahbaren und rätselhaften »Göttern« wurden, deren Wille befolgt werden mußte.

Motor der Entwicklung hin zu einer neuen Kultur waren die »Großen Blonden«. Ihre genaue Herkunft entzieht sich unserer Kenntnis. Wir halten sie für Indogermanen, die vom Himalaya aus über die Karpaten bis nach Mitteleuropa vorgedrungen waren. Im Gegensatz zu den Kleinen Schwarzhaarigen verfügten diese Menschen über ein entwickeltes Ichbewußtsein, lebten monogam und waren in der Lage, bewußt mit der Geistigen Welt zu kommunizieren und sich ihre Gesetzmäßigkeiten zunutze zu machen. Ihre Lebensgrundlage war nicht die Baumkultur, sondern die Metallproduktion. Sie lebten in Städten aus Stein in wenigen, weit verstreut liegenden Siedlungszentren. Flußaufwärts, ungefähr dort, wo der Main in den Rhein fließt, befand sich eine derartige »Niederlassung« der Großen Blonden.

Wir glauben, daß ihre Anwesenheit in Europa dazu geführt hat, daß die Hellfühlenden es wagten, den unmittelbaren Schutz des Wassers zu verlassen. Die KIR-MA lebten zu der Zeit, über die wir berichten, jedenfalls nicht mehr in den sog. »Feuchtbodensiedlungen«, einer typischen Siedlungsform der Steinzeit. Die Lebensweise am Johannisberg, wie wir sie beschrieben haben, war schon das Ergebnis einer teilweisen Vermischung der Kulturen. Der Götterkosmos der Sieben Energieebenen war ein sprachliches Mittel zur geistigen Strukturierung der angeborenen Hellfühligkeit durch ichbewußte und von daher gezielt handelnde Menschen. Diese Annahme erklärt, warum der Schamane der KIR-MA nicht aus deren eigenen Reihen stammte.

Die Großen Blonden hatten ein Interesse daran, die vorgefundene, ortsansässige Kultur zu verändern. Ihr Weltbild fußte nämlich nicht nur in YA-O und den Sieben Ebenen der göttlichen Ordnung des Universums. Sie huldigten einem Gott, der bislang noch keinen Einzug in die Vorstellungswelt der Hellfühlenden gehalten hatte. Es war MIR-O, der Gott des Metalls, des Eigentums und des Ichs. Die Silbe »MIR« stand für alle drei Begriffe gleichermaßen. Die Großen Blonden benötigten aus ihrer Sicht schlicht und ergreifend Arbeitskräfte, um ihre Visionen vom Metallzeitalter in die Tat umzusetzen. Aus diesem Grunde führten sie ein Generationen übergreifendes »Zivilisationsprojekt« durch, in dem sie die Wahrnehmung der Einheimischen spirituell weiterentwickelten. Sie stießen mit ihrer Absicht deshalb auf fruchtbaren Boden bei den Kleinen Schwarzhaarigen, weil diese von den zyklisch auftretenden inneren Krisen ihrer Hellfühligkeit gebeutelt wurden und im Ichbewußtsein eine Chance witterten, endlich Herr über ihr Schicksal zu werden. Die Großen Blonden machten in ihrer Art mächtigen Eindruck auf sie, der Schamane war den KIR-MA sowohl körperliches als auch geistiges Vorbild. Und wer weiß, was die von ihrer Statur aus Überlegenen den Einheimischen so alles »erzählt« haben, um sich und ihre Sicht der Dinge ins rechte Licht zu rücken. Der größte Köder bestand sicherlich im Versprechen, die Kleinen Schwarzhaarigen würden die negativen Auswirkungen der tierischen Energien endgültig hinter sich lassen können, wenn sie MIR-O folgten und das neue Zeitalter des Metalls aufbauen halfen.

In Anbetracht dieses Zieles war der bisherige Kulturstand der KIR-MA nur die Vorarbeit. Waren die Ortsansässigen erst mal in der Lage, sich selbst als Handelnde im Kosmos zu begreifen, konnten sie auch zunehmend eine aktive Verantwortung für ihr Sein übernehmen. Aus diesem Grunde war es notwendig, ihr Vertrauen zu gewinnen und sie mit Ritualen und der Heiligen Sprache bekannt zu machen. Sie sollten erfahren, daß es für Menschen möglich war, durch Bewußtseinsarbeit direkten Einfluß auf ihren Körper und damit ihre Identität zu nehmen. Damit sie Geschmack an der Me-

tallproduktion fanden, war es notwendig, die Hellfühlenden mehr und mehr vom geistigen Ursprung der
Dinge abzuschneiden und in die materielle Welt hinein-
zuziehen. Die »Umschulung« erfolgte über die Er-
weckung der inneren Begierden. Den Hellfühlenden
mußte gezeigt werden, daß sich als Mensch auch anders
leben ließ als in unmittelbarer Harmonie mit den
schöpferischen Kräften des Universums. DAS ICH war
ebenfalls eine Kraft, die in der Lage war, das Leben zu
gestalten.
Die äußeren Lebensumstände am Johannisberg kennzeichneten schon den Aufbruch in diese neue Richtung.
Wir haben es weder mit Jägern und Sammlern noch mit
Ackerbau und Viehzucht zu tun. Vielmehr blicken wir
auf eine einzigartige Mischung von produzierenden und
handelnden Tätigkeiten. Die KIR-MA kannten sowohl
eine primitive Form der Verhüttung als auch eine gewis-
se Art der Haustierhaltung. Rinder und Ziegen wurden
jedoch mehr beobachtet und als energetische »Versuchs-
objekte« betrachtet, denn als Lieferanten von Nahrungs-
mitteln benutzt. Milchprodukte waren üblich, der Ver-
zehr von Fleisch beschränkte sich auf Notzeiten. Getrei-
de und Gebrauchsgüter, wie zum Beispiel Ochsenkarren, wurden vornehmlich von den Großen Blonden erhandelt. Die Lage am Rhein war äußerst günstig und
brachte die KIR-MA über die entlang der Flüsse lau-
fenden Fernverbindungen in Kontakt mit aller Welt. Als
Gegenwert für ihr Metall erhandelten sie sich all das, was
sie nicht selbst erzeugten.

Das soziale Zusammenleben der KIR-MA war zu dem Zeitpunkt, der Gegenstand unserer Betrachtung ist, bereits sehr differenziert. Den Großen Blonden war es offensichtlich gelungen, das Vertrauen der Einheimischen zu gewinnen und ihre Hellfühligkeit spirituell weiterzuentwickeln. Da sie selbst über keine große Bevölkerungsanzahl verfügten, war es ihr Ziel, die in Europa ansässige Kultur gemäß ihrem Weltbild umzuformen. Da ihr zivilisatorischer Organisationsgrad sie als Überlebende einer Hochkultur auswies, werden ihre Absichten verständlich. Sie wollten das alte, durch sie bewahrte Wissen weitergeben, damit die Menschheit irgendwann wieder jenen Standard erreichen konnte, den sie einmal besaß.

Während die hellfühlenden Kulturen darauf bedacht sind, das unmittelbar erfahrene kosmische Gleichgewicht zu wahren und die Erde als Mutter allen Lebens zu behüten[15], zielen ichbewußte Gesellschaften darauf ab, den Blick nach oben zu den Sternen zu richten, weil sie wissen, daß sie nicht von der Erde stammen und es menschliches Bewußtsein auch auf anderen Planeten gibt. Wir halten es für möglich, daß die Großen Blonden deshalb das Metallzeitalter einläuteten, um die Menschheit dereinst erneut zur Raumfahrt und zu interplanetaren Reisen zu befähigen.[16]

Auf jeden Fall zeigten sie großes Geschick in der geistigen Umformung der Kleinen Schwarzhaarigen. Sie gingen sehr behutsam vor und entwickelten das Weltbild der angeborenen Hellfühligkeit Schritt für Schritt über große Zeiträume weiter. Ihr Ziel war es, die Menschen in die Lage zu versetzen, von sich aus aktiv gestaltend auf die Materie Einfluß zu nehmen. Die Sieben Göttlichen Sphären, Sieben Energieformen und Sieben Genußebenen bildeten ein wichtiges Zwischenergebnis in der geistigen Strukturierung der hellfühlenden Wahrnehmung und ihrer angestammten Rituale.

Wie wir gleich sehen werden, waren die Rituale der »Genußebenen« für die Hellfühlenden die Möglichkeit, von sich aus aktiv in die göttliche Weltordnung einzugreifen.

Die Bezeichnung »Genußebenen« stammt von Gris selbst auf die Frage, wie sie damals gelebt haben. Sie regelten nicht nur das Verhältnis zur Geistigen Welt reiner Energie, sondern organisierten als wichtige und unverzichtbare Ereignisse auch die internen Sippenangelegenheiten. Einfach ausgedrückt beschrieben sie dasjenige, was alle gemeinsam und unmittelbar zusammen taten, jenseits der tagtäglichen Verrichtungen. Der Begriff »Genuß« meint allerdings etwas anderes als das, was wir heute damit bezeichnen. Wenn wir von Genuß sprechen, so meinen wir den individuellen Lustgewinn und beziehen uns auf sinnliche Erlebnisse mit unserem eigenen Körper. Für die KIR-MA war Genuß eine spirituelle Angelegenheit. Hellfühlende Menschen zogen den größten Lustgewinn aus gemeinsamen Schwingungen. Fehlten sie, entstand körperlicher Schmerz. Waren alle auf das gleiche Ziel ausgerichtet in ein und derselben Stimmung, fehlte nichts mehr an ihrem Glück.

Wenn wir den Götterkosmos, die Energieformen und die Genußebenen zusammenfügen, erhalten wir die folgende Übersicht (Abb. 4): Als Weltordnung im kleinen waren die Rituale gleichzeitig wichtige und unverzichtbare Ereignisse der kosmischen Einheit. Sie dienten nach »außen« hin der Kommunikation mit den göttlichen Kraftfeldern und repräsentierten den menschlichen Anteil am reibungslosen Ablauf der universellen Energiekreisläufe. Nach »innen« bildeten sie eine Art frühen Sittenkodex. Ihrem Wesen nach stellten die Genußebenen die gesellschaftlichen Lernfelder dar. Sie waren umgekehrt auch die äußere Form, mit deren Hilfe die Geistige Welt in den Aufbau der materiellen Ebene hineinwirkte, denn auf der Ebene der Gefühle und der Energien geschieht nichts ohne Wechselwirkung.

Realitätsintern boten sie die sozialen Ereignisse, auf die sich die KIR-MA als Sippe gemeinsam vorbereiten und die sie zusammen als ein Gefühl erleben konnten. Weil ein derart konzentriertes Empfinden hohe Anforderungen an die Einstimmungsfähigkeit der einzelnen Sippenmitglieder stellte, war es nicht möglich, alle Genußebenen gemeinsam zu erleben. Diejenigen, die zeitweise – aus welchen Gründen auch immer – unfähig waren, sich auf die Gemeinschaft und die rituellen Aufgaben einzustimmen, wurden vorübergehend von bestimmten Genüssen ausgeschlossen, um deren Wirksamkeit nicht zu gefährden. Sie selbst waren es, die sich durch ihre augenblickliche Unreinheit in bezug auf das freie Fließen von Gefühlsenergie absonderten. Bestimmten Charaktereigenschaften und Verhaltensweisen blieb die

YA-O	O	Ebene der Verantwortung (kosmisches Gleichgewicht)
TI-O-BETH	∽	Ebene der Kommunikation (Erlösung)
TI-A-MA	⅄	Ebene der Erneuerung (Fruchtbarkeit)
KIR-MA	□	Ebene des Wachstums (Inkarnation)
YA-BETH	—	Ebene der Erweiterung (körperliche Fähigkeiten)
YI-MA	|	Ebene der Freude (Identität)
NE-BETH	+	Ebene des Ausgleichs (Unabhängigkeit)

Abb. 4

Teilnahme daher versagt. Auf diese Art und Weise entstanden gewiß auch Hierarchien innerhalb der Gemeinschaft, aber sie hatten zu diesem frühen Zeitpunkt nicht die Funktion des willkürlichen Ausschlusses. Sie wurden einfach zwangsläufig notwendig, um ein freies Fließen der Gefühle zu gewährleisten. Nur ein widerstandsloses Strömen vermochte diejenigen Kräfte im Sippenverbund zu erzeugen, die den Menschen halfen, sich im kollektiven Selbstbewußtsein als eins mit der Schöpfung zu empfinden. Gefühle waren in der Tradition der Hellfühligkeit bekanntlich nichts »Privates« und besaßen keinen individuellen Charakter. Der Ausschluß von bestimmten Genußebenen war eine mächtige Sanktion. Deshalb achteten die Menschen darauf, sich nicht durch eigensinniges Verhalten und Empfinden aus dem gemeinsamen Gefühlskonsens auszuschließen. In diesem Sinne hatten die Genußebenen eine erzieherische Bedeutung. Durch sie arbeitete die Sippe als Ganzes an ihrer Vervollkommnung und Harmonie. Dabeisein war alles!

Für die einzelnen Rituale gab es keine festen Termine. Sterndeutung mit der Vohersagbarkeit von wiederkehrenden Zeitabläufen spielte im hellfühlenden Alltag noch keine Rolle. Lediglich die Großen Blonden besaßen das geistige Instrumentarium, die Naturabläufe aufgrund von Himmelsbeobachtungen vorherzusagen. Statt hinauf in den Kosmos, schauten die KIR-MA neben sich, um im Verhalten der Tiere Aussagen über die richtigen Zeitpunkte zu erlangen. Was die Genüsse angeht, so wurde der Terminkalender der steinzeitlichen Johannisberger von ihren Rindern und Ziegen bestimmt. Die Vierbeiner mußten ihre Köpfe in geschlossene, nur mit einer kreisrunden Öffnung versehene Körbe stecken. Je nachdem, aus welchem sie fraßen, wurde die Sippe entweder zusammengetrommelt oder das Ereignis verschoben.

Wenn ein Ritual stattfinden sollte, wurde eine spezielle Prozedur in die Wege geleitet. Ein Wagen wurde hervorgeholt, auf dem sich in einem ausgehöhlten massiven Stein eine hohe Stange befand. Auf ihr war eine Art Windrad waagerecht angebracht. An den Speichen und am Rad selbst waren mit Tiersehnen Knochen befestigt. Auf dem Wagen stand eine Person, die ein mit der Stange verbundenes Seil hin- und herzog. Dadurch drehte sich das Rad vor und zurück, und die blanken Gebeine klimperten wie Glöckchen am Tannenbaum. Wir haben mit dieser Konstruktion eine überdimensionale Gebetsmühle vor Augen. Die Menschen folgten dem klappernden Wagen den Siedlungshügel abwärts zu einer von einem riesigen alten Baum beschatteten Lichtung. Sie war kreisrund mit Steinen eingefaßt. Die runde Form und die Steine hatten eine besondere Bedeutung. Sie waren es, die den Ort erst zu einem Ritualplatz machten. Der Kreis ist das göttliche Symbol der Einheit allen Seins. Er war das Zeichen YA-Os. Alles, was in ihm stattfand, ereignete sich im Zentrum der göttlichen Wirklichkeit selbst. Steine galten als Sitz der göttlichen Gefühle. In den Einfriedungen war die Geistige Welt konzentriert anwesend. Steinkreise waren Orte außeror-

107

dentlicher Kraft, hier luden sich die Menschen mit göttlichen Energien auf.

Die kreisrunden Kultplätze dienten dazu, sich für die eigentlichen Genußebenen, die an den verschiedensten Örtlichkeiten stattfanden, aufeinander einzustimmen. Die göttliche Kraft der Steine verstärkte die menschlichen Energien. Steinwälle und -mauern wirkten auf die hellfühlende Wahrnehmung ähnlich, wie Spiegelwände das sie betrachtende Ichbewußtsein beeinflussen. Sie dienten als Konzentrationsmittel, um sich der kollektiven Gefühle im Ritual zu vergewissern. In dieser Hinsicht waren die Genußebenen Ausdruck der erfolgreichen Bewußtseinsarbeit. Mit ihrer Hilfe ließ sich die Wirklichkeit im kollektiven Sippenverband aktiv verändern. Im Verständnis der Hellfühlenden beruhten äußere Veränderungen der Gestalt auf einer Umleitung der sie hervorbringenden Energien. Nicht auf die Form wurde daher Einfluß genommen, sondern auf die schöpferischen Kräfte selbst. Je harmonischer die gemeinschaftlichen Frequenzen, desto größer war die kreative Kraft der Menschen.

Die Harmonisierung des gemeinschaftlichen Willens lief über die heiligen Laute. Der Schamane gab die Formeln vor, die alle Anwesenden aufnahmen, bis eine Art Trance entstand. Sie bildete den Einstieg in die verschiedenen Genußebenen. Welche der sieben Ebenen an der Reihe war, bestimmte der spirituelle Führer, der einerseits die Gemütslage seiner Leute bestens abschätzen konnte und andererseits über das Wissen verfügte, welche kultischen Handlungen in welcher Phase der gemeinschaftlichen Entwicklung notwendig wurden.

Wir dürfen an dieser Stelle nicht vergessen, daß die Großen Blonden die Genußebenen im Rahmen ihres Zivilisationsprojektes auch dafür einsetzten, um die begonnene Individualisierung aufzufangen. Das Gefühl, nicht mehr eins zu sein mit dem Kosmos, hat bei den steinzeitlichen Johannisbergern großen Streß ausgelöst. Die kontinuierliche Konzentration auf körperliche Tätigkeiten in der Metallproduktion führte zu einer Vereinzelung, die nur bis zu einem gewissen Maß ertragen werden konnte. Hellfühlende Menschen besaßen noch keine Möglichkeit, unliebsames Erleben zu verdrängen, ins Positive umzubenennen oder auf eine bessere Zukunft zu projizieren. Sie mußten alle menschlichen Gefühlsregungen *jetzt* ausleben. Die Genußebenen boten die äußere Form für ein kollektives Empfinden, das aus dem durch Arbeit bestimmten Alltag immer mehr verschwand. Sie bildeten ein rituelles Auffangbecken für die undurchlässiger werdende Hellfühligkeit. Was früher permanent vorhanden war, hatte jetzt seine Zeit und seinen Ort.

Die Genußebenen boten Raum für Exzesse aller Art. Alles, was sich in den Menschen zwischenzeitlich aufstaute, fand hier einen gemeinschaftlichen Ausdruck. Und nur, was alle empfanden, besaß Bedeutung und stärkte die einzelnen auf ihrem Weg, sich mehr und mehr als Individuen zu begreifen. Die Genußebenen waren das Nest, in das die geistig flügge werdenden Menschen immer wieder zurückkehren konnten, um ihre Freuden und Ängste miteinander zu teilen. Sie waren das Ventil, das zerstörerischen Kräften im einzelnen dadurch die

Luft nahm, daß die entsprechenden Empfindungen im Ritual gemeinsam erlebt und in ihrem festen Rahmen sogar noch kollektiv übersteigert werden konnten. Weil die Genußebenen Platz für alle menschlichen Regungen ließen, wurde destruktivem Verhalten gezielt vorgebeugt. Sie waren daher nicht nur Sittenkodex und Lernfelder, sie bildeten den Kern einer Gesellschaftsordnung, die es offenbar verstand, gesellschaftliche Entwicklung, trotz aller Radikalität im Vorhaben, so behutsam im Gefühl ihrer Mitglieder aufzufangen, daß keine Außenseiter und Randgruppen entstehen mußten. Hierin liegt unserer Meinung nach der wesentlichste Grund für den Erfolg der Großen Blonden. Sie waren weder Kolonisatoren, die ihren Lebensstil anderen Völkern gewaltsam aufzwangen, noch degenerierte Ausbeuter fremder Arbeitskraft zur Aufrechterhaltung einer parasitären Lebensweise. Sie waren wirkliche Zivilisatoren, denen es um die geistige Entwicklung der Menschheit ging, als deren verantwortungsbewußter Teil sie sich begriffen.

YA-O *Ebene der Verantwortung*
(kosmisches Gleichgewicht)

YA-O war der Schöpfer aller Wesen, die Menschen waren sein »Eigentum«. Die Wortwahl spiegelt deutlich die Urheberschaft der Großen Blonden. Die Silbe »YA« bezeichnete das formgebende Prinzip, das »O« stand für Ewigkeit. Das Feuer repräsentierte die ursprüngliche Schöpferkraft am reinsten. Deshalb galt dieses Element als die Voraussetzung des Lebendigen. YA-O war die

Kraft, von der alles seinen Ursprung nahm und zu der alles zurückkehrte. Einzig der Kreis hat keinen Anfang und kein Ende. Erschütterungen im Gesamtenergiehaushalt der Natur hatten in YA-O ihren Ausgangspunkt. YA-O sprach zu den Menschen durch extreme, unvorhersehbare Veränderungen der Umwelt. Es waren die großen und kleinen Katastrophen, durch die er sich bemerkbar machte und mitteilte. Das Verantwortungsgefühl der Hellfühlenden für die Einheit der Schöpfung fand auf dieser Genußebene seinen kollektiven Ausdruck.

Die Rituale zu Ehren YA-Os waren freiwillige Menschenopfer. Die Großen Blonden hatten begriffen, daß sie die Schuldgefühle der Menschen auffangen mußten, die durch ihr eigensinniges Verhalten entstanden. Hellfühlende fürchteten um den Zusammenhalt des Kosmos, wenn sie die Lebensenergien nicht weitergaben, sondern für sich benutzten. Sie mußten daher die Möglichkeit haben, die für sich selbst »zweckentfremdeten« Energien zurückzugeben, wieder einfließen zu lassen in den großen Kreislauf allen Seins.

Nur wenn von Zeit zu Zeit jemand aus den eigenen Reihen zurück in die Geistige Welt ging, konnte die gestörte Energiebilanz wieder ins Gleichgewicht kommen. Zu diesem Zweck wurden einzelne Menschen – wie schon im Zusammenhang mit der Baumkultur geschildert – im Heiligen Hain mit Pfeil und Bogen erschossen. Der Auswahlmodus erinnert an Roulette. Ein Kreis wurde auf den Erdboden gemalt und ein Stock in seine Mitte gelegt. Der Schamane drehte ihn, und auf wen seine markierte Spitze zeigte, der oder die hatte die Ehre, die Einheit des Universums stellvertretend für alle eine Zeitlang zu bewahren.

Interessant ist die Aufwertung der Einzelperson, die im Menschenopfer ihren Ausdruck fand. Nicht mehr alle mußten alles zusammen tun, um Wirkung zu erreichen. Es genügte, wenn ein Teil der Gemeinschaft bestimmte Aufgaben übernahm. Diese Erfahrung führte zu einer willkommenen inneren Ausdifferenzierung der sozialen Struktur. Sie war eine notwendige Voraussetzung für die volle Entfaltung des Ichbewußtsein, das ja auf Spezialisierung, auf Trennung vom Kollektiv, aufbaut.

Für die KIR-MA waren die freiwilligen Selbstopfer natürlich auch eine Form der direkten Kommunikation mit YA-O. Sie glaubten, ihrem Schöpfergott helfen zu müssen bei der Umgestaltung der Erde für eine neue Zeit. Es war sicherlich nicht schwer, sie für die freiwilligen Entkörperungen und die durch sie ermöglichte aktive »Wiedergutmachung« zu gewinnen. Im Stadium der angeborenen Hellfühligkeit und des reinen Blutes waren Inkarnation und Exkarnation in voller Kontinuität des Bewußtseins eine alltägliche Erfahrung. Seelenwanderung war damals so normal wie heutzutage der Sonntagnachmittagsspaziergang. Manchmal verging zwischen dem Hinscheiden und der neuen Zeugung nur eine Nacht. Die Menschen waren in beiden Welten zu Hause, weil die Art ihrer körperlichen Verfassung und ihrer geistigen Wahrnehmung noch nicht zwischen Geist und Materie unterschied. Ob mit oder ohne Körper – ihr Wesen war Energie, und diese konnte niemals verlorengehen. Wenn YA-O ihre Hilfe benötigte, waren sie bereit, ihren Körper abzulegen und ihm entgegenzueilen.

Die Großen Blonden haben das universelle Mitgefühl und das ungeteilte Verantwortungsbewußtsein der KIR-MA geschickt genutzt, um sie auf große geistige und materielle Umbrüche vorzubereiten. YA-O wollte auf Dauer nicht ihre Seelen, sondern ihren Verstand. Das Ichbewußtsein war für Hellfühlende eine ebenso radikale geistige Formveränderung, wie sie der Tod auf der materiellen Ebene für den Körper und der aus ihr »befreiten« Seele darstellt. Die Entkörperungsrituale im Heiligen Hain waren in ihrem Wesen hochgradige geistige Übungen, die die kollektive Wahrnehmung empfangsbereit machten für außergewöhnliche Ereignisse von großer Tragweite.

TI-O-BETH *Ebene der Kommunikation*
(Erlösung)

Auf dieser Ebene hielten die KIR-MA die Verbindung mit ihrer geistigen Identität. Ihre Seelen fanden sich zwar in physischen Körpern inkarniert vor, besaßen aber aufgrund ihrer angeborenen Hellfühligkeit noch die direkte Verbindung zu ihrem unsterblichen Wesenskern in der Geistigen Welt. TI-O-BETH war die Gottheit, die die menschlichen Energien in ihrer zeitlosen Form beheimatete. »TI« bedeutete Geist und äußerte sich im Licht, im Raum und im Gefühl. »O« stand wieder für ewig und »BETH« symbolisierte, sich in Raum und Zeit zu verkörpern. Auf dieser Ebene gelang es den Menschen, die vormalige Intensität der Hellfühligkeit rituell wiederzubeleben. Intensive Gefühle existentieller Art, die im zunehmend organisierteren Alltag keinen Platz mehr fanden, konnten hier gemeinschaftlich potenziert werden. Die KIR-MA sammelten ihre gemeinsame Energie und ließen ihre gebündelten Schwingungen ins Universum gehen, um es mit menschlichen Gefühlen zu erfüllen. Der fließende Übergang vom Sinnlichen zum Übersinnlichen wurde hier kollektiv erfahrbar.

Die Schöpfung, die den Geist durch TI-O-BETH materielle Form annehmen ließ, schuf den Menschen und spaltete ihn in ein Niederes und ein Höheres Selbst. DIE GEFÜHLE galten als der »Stoff«, der die Menschen, aber auch das Universum in seiner Gesamtheit zusammenhielt. Während die »niederen«, auf eigene Faust Erkenntnis suchenden Seelenenergien in die Materie inkarnierten, verblieben die »höheren« Seelenkräfte ständig im Mutterschoß der geistigen Welt. Die Menschen stellten im kosmischen Bauplan durch die Art ihres Wesens die Verbindung zwischen Geist und Materie dar. Durch die menschliche Wahrnehmung wurde sich der Geist in der Materie bewußt, spiegelte sich YA-O in seiner Schöpfung.

Wir erwähnen diese Zusammenhänge hier aus gutem Grund. Ohne die Berücksichtigung der besonderen Stellung des Menschen im Kosmos bleiben die Rituale dieser Genußebene unverständlich. Sie ergeben erst einen Sinn, wenn wir begreifen, daß DER MENSCH ein

Zwitterwesen ist mit einer unstillbaren Sehnsucht in seinem Innern nach Wiederherstellung der verlorengegangenen ursprünglichen Einheit mit Gott. Für geistige Wesen bedeutet Inkarnation zwar Gestaltannahme der eigenen Individualität und Manifestation des freien Willens, sich von der göttlichen Einheit zu trennen. Der Preis dieser Selbsterkenntnis liegt jedoch in einer ungeheuerlichen Beschränkung des eigenen Wesens. Der physische Leib war für die Menschen nicht nur Ausdruck ihrer Freiheit, sondern in gleichem Maße auch Begrenzung. Die ursprüngliche Trennung von YA-O im Anbeginn der Schöpfung wurde mit dem Preis des Leidens, des Schmerzes und der Trauer vollzogen, nicht mehr eins zu sein mit allem, was ist. Dieser speziellen Grundstimmung der Menschen am materiellen Pol ihres Wesens trug das Ritual der Kinderopfer Rechnung.

Zwei- bis Dreijährige wurden mit einem Stich ins Herz getötet. An ihrem Kopf befand sich ein komplizierter Metallmechanismus. Eine Art Kronenring war mit scharfen Sägezähnen versehen, die eng am Schädel ansaßen. Sie waren mittels Lederriemen mit den erhobenen Handgelenken der kleinen Körper verbunden. Das Gerät war mit starker Spannung am Kopf befestigt. Durch die reflexhafte Reaktion auf den Todesschmerz rasteten die scharfkantigen Sperren schlagartig ein und öffneten den Schädel. Auserwählte Sippenangehörige – unter ihnen der Schamane – aßen daraufhin das noch warme Gehirn der Getöteten. Auf uns wirkt dieser Kult äußerst sinnlos und grausam, und so wurde er auch von den KIR-MA selbst erlebt. Einer der Gründe für dieses Ritual lag darin, das Fürchterliche der irdischen Existenz in physischen Körpern zu empfinden. Trauer, Schmerz und Widerwille wurden auf diese Weise gemeinsam erfahren. Für hellfühlende Menschen war es anscheinend wichtig, auch diesen Gefühlen öffentlich Ausdruck zu verleihen, um nicht vereinzelt von ihnen überfallen zu werden. Die Gemeinschaftsempfindung war noch viel realer als die individuelle. Nur isoliert im einzelnen auftretende Gefühle im Gegensatz zur allgemeinen Harmonie erzeugten Angst und Verwirrung. Individuelle Empfindungen waren noch nicht voll mit dem Ichbewußtsein identifiziert. Sie konnten nur ausgelebt werden in kollektiven Anlässen. Alles gemeinsam Durchlebte und Bestandene gab Sicherheit und Selbstvertrauen. Durch Klagen und Jammern konnte die Trauer um den physischen Tod der eigenen Kinder in einem Meer gemeinsamer Tränen ertränkt werden. Das Gefühl der Stärke im Ertragen des Unausweichlichen festigte den Sippenzusammenhalt. Anscheinend war es notwendig, ein Ventil zu besitzen im Umgang mit destruktiven Gefühlen und Begierden. Die KIR-MA mußten alles, was in ihrem Inneren brodelte, miteinander teilen, also auch das Schreckliche und Niederschmetternde. TI-O-BETH sollte wissen, wie es ihnen auf Erden erging, und ihnen beistehen. Um sie durch seine Liebe zu bestärken, benötigte er ihrem Verständnis nach genaue Informationen über die Zustände in der materiellen Welt. Als Gott des Lichts, der Luft, des Raumes und des Gefühls war auch er nicht so einfach zu erreichen. Das grausige Ritual hatte daher noch einen geistigen Sinn. Aufgrund der menschlichen Doppelexistenz als gleichzeitig geistige und materielle Wesen war für die KIR-MA Seelenwanderung und Wiedergeburt eine reale Erfahrung. Das Gehirn galt ihnen als Sitz der Seelenenergie; als die Stelle, wo sich Geist und Materie vermischten, sich Obere und Untere Welt trafen. Es wurde symbolisch geöffnet, damit die unbefleckten Kinderseelen in die Geistige Welt zurückkehren konnten, um TI-O-BETH vorurteilslos, ohne die Werte und Verhaltensmuster der Erwachsenen, von der Erde zu berichten. Nur zarte, wohlgebaute Kinder wurden geopfert. Sie mußten absolut makellos und schön sein. Der Körper eines Kleinkindes bildete in ihrem Glauben eine Art Sinnesorgan, mit dem der frisch inkarnierte Geist in der Welt der Menschen nach dem Rechten schaute. Es erfüllte seine Funktion nur dann, wenn es die Unreinheit jener Welt noch nicht in sich aufgenommen hatte. Nur reine Kinder lieferten ihrer Ansicht nach auch reine Information. Und TI-O-BETH sollte schließlich Bescheid wissen über ihre Lebensumstände. Das Leid, das sie sich selbst und ihren Kindern durch die Opferrituale zufügten, sollten ihn dazu bewegen, sich ihrer zu erbarmen. Er wurde gebeten, sie während der Dauer ihrer Körperhaftigkeit zu beschützen. Einzelne Kinder wurden aber auch zurückgeschickt, damit ihre Seele wieder frei sein konnte und nur einen Vorgeschmack vom Erdendasein erhielt.

Auf der Ebene der Kommunikation mit TI-O-BETH wurden sich die KIR-MA ihres geistigen Ursprungs bewußt und der scheinbar unlösbaren Widersprüchlichkeit ihres Wesens. Leid war eine Erfahrung, die ein geistiges Wesen nur als Mensch auf der Erde machen konnte. TI-O-BETH sollte Kenntnis davon erhalten, um sie aus diesem Zwiespalt zu erlösen.

Für die vorgeschichtlichen Johannisberger war »Erlösung« weniger eine diffuse Sehnsucht nach einem verborgenen Heil. Sie äußerte sich eher in dem Wunsch nach Schutz und Begleitung. Die mit dem Auftauchen der Großen Blonden einsetzenden Veränderungen ihrer ursprünglichen Lebensweise hatten sie immer öfter die Erfahrung einer gefahrvollen, oft lebensbedrohlichen und schmerzhaften körperlichen Welt machen lassen. Wobei der größte Schmerz natürlich auch in diesem Fall übersinnlicher Natur war. Das reale Gefühl, vom Göttlichen getrennt zu sein, war in der Phase des aufkeimenden Ichbewußtseins außerordentlich stark und wurde als sehr unangenehm empfunden. Gerade die noch vorhandene Fähigkeit, hinter die äußeren Erscheinungen blicken zu können, nährte tagtäglich aufs neue die Sehnsucht nach einer rein geistigen Existenz ohne die Qualen und Entbehrungen des irdischen Daseins. Diesem Urschmerz einen gemeinsamen Ausdruck zu verleihen, um ihn dadurch als zum menschlichen Wesen gehörend zu akzeptieren, dazu diente die Genußebene der Kommunikation zwischen Materie und Geist in der Form von Niederem und Höherem Selbst. Hier interagierten die Menschen über ihr Gefühl mit der universellen Lebensenergie und lernten, sie in allen körperlichen Manifestationen als Ausdruck der eigenen Wahrnehmung zu spüren.

TI-A-MA *Ebene der Erneuerung*
(Fruchtbarkeit)

Die Rituale der Fruchtbarkeit waren eine Huldigung an die göttliche Zeugungsmutter TI-A-MA. Das Gedeihen der Natur im Jahresverlauf wurde durch ihre Kräfte bewirkt. Sie war der Mittler zwischen den geistigen Energien des Kosmos und den durch sie ins Dasein gerufenen konkreten Formen der irdischen Sphäre. Im Verständnis der vorgeschichtlichen Rheingauer war jede beobachtbare Erneuerung ihrer Umwelt Zeugung. Da sie noch den geistigen Ursprung hinter den Erscheinungen wahrnehmen konnten, offenbarte sich ihnen mit jeder Zeugung die ihr zugrundeliegende Botschaft: Der Geist erzeugt und erneuert die Materie!

Es ist wichtig, Fruchtbarkeit in dieser Totalität zu begreifen, denn im Verständnis der KIR-MA war die göttliche Zeugungsmutter TI-A-MA zwar nicht die Ursache, wohl aber die konkrete Erzeugerin der materiellen Welt. Daher wies ihr Zeichen – ihr symbolischer Körper – in alle Richtungen. Es hatte die Form eines Verbindungsstücks, weil die ihm innewohnenden Kräfte alles durchdringen. Auch sprachlich kommt dieser Wesenskern auf den Punkt. »TI« bezeichnete den Geist. Die Silbe »A« stand für die Energie, die eine eigene Seelenidentität angenommen hatte. »MA« war die Kraft, die alles zusammenhält. TI-A-MA bedeutete also, frei übersetzt: Dem Geist eine eigene Identität in der materiellen Welt (auf Erden) verschaffen. Die Zeugung des Menschen war Teil der unendlichen Fruchtbarkeit des Kosmos.

Die Rituale auf der Genußebene zu Ehren TI-A-MAs werfen ein Licht auf den Umgang der KIR-MA mit den eigenen Fortpflanzungskräften. Sie waren noch eingebettet in die kosmischen Zusammenhänge und die gemeinsame Empfindung des hellfühlenden Kollektivs. Da im Moment der Zeugung die menschlichen Seelen aus der Geistigen Welt herab auf die Erde kamen, war ihr Vollzug Angelegenheit der ganzen Sippe. Zeugung war ein heiliger Akt, den alle zusammen taten! Für ein hellfühlendes Gemeinwesen war es das normalste der Welt, daß alle Frauen gemeinsam menstruierten und gemeinsam ihre fruchtbaren Tage erlebten. Letztere standen noch in Harmonie mit dem Zyklus des Mondes, dessen Kräfte unmittelbare Auswirkungen auf die weiblichen Schwingungen hatten.

Die Zeugungsrituale der KIR-MA waren Willkommensfeste für die ankommenden Seelen. Die Befruchtung wurde daher voll in die Hände TI-A-MAs gelegt. Ihrem Verständnis nach unterlag es nicht der menschlichen Willkür zu bestimmen, wer der Vater war. Aus diesem Grund waren an einem Geschlechtsakt immer drei Männer beteiligt. Es sollte der Großen Zeugungsmutter überlassen bleiben, welche Seelen sich in welchen Körpern inkarnierten. Zu diesem Zweck pflegten die KIR-MA einen gänzlich anderen Umgang mit ihrer Sexualität als die heutigen Menschen. Ihre eigene Geschlechtlichkeit war ihr Anteil an den kosmischen Fruchtbarkeitskräften ewiger Erneuerung. Was der Gemeinschaft nutzte, kam auch ihnen zugute, denn sie empfanden als Gemeinschaft. Der Wechsel der Geschlechtspartner und die Durchmischung des männlichen Samens stärkte jedoch nicht nur die himmlische Zeugungskraft TI-A-MAs, indem die Menschen es ihr überließen, den Vater auszusuchen. In einer Kultur der permanenten Eigenreproduktion war die Sippe auch biologisch darauf angewiesen, daß sich das verfügbare Erbgut, so gut es ging, durch ständige Neukombination innerhalb der Gruppe am Leben erhielt. Obendrein hatten die gemeinsamen Zeugungsrituale natürlich auch eine psycho-soziale Komponente. Zum geistigen Erlebnis kam die Auslese über die Körperhaftigkeit. Reichhaltige Nachkommenschaft war dann gewährleistet, wenn Fruchtbarkeit und Potenz auf direktem Weg zueinander fanden. Der »Partnertausch« diente auch der Vorbeugung gegenüber keimenden Ich-Ausprägungen wie Eifersucht, Neid und Zukurzkommen. Ein rotierendes Sexualleben versorgte zudem jeden Topf mit seinem Deckelchen und befriedigte die Neugier. Außerdem stellte es auf sinnlicher Ebene das Pendant zur allgemeinen Hellfühligkeit im übersinnlichen Bereich dar. Alles, was zu Disharmonie und Schmerz im gemeinsamen Empfinden des Hellfühlens führen konnte, ließ sich hier sozusagen vorbeugend einmal im Monat ausleben.

Trotz aller Grenzenlosigkeit war die gemeinsame Sexualität während der Zeugungszeremonien auf Sympathie aufgebaut. Die Teilnehmer haben sich ausgezogen und ihre Körper aufeinander wirken lassen. Wen es zueinander hinzog, die kamen zusammen. Sie haben sich gefühlt und gestreichelt. Wenn einer keinen stehen hatte, mußte er zurücktreten und einen anderen vorlassen. Womit ersterem meistens schon geholfen war. Wer keine Libido mehr empfand, dem hatte NE-BETH die Lust genommen. Ob und durch welche Maßnahmen er wieder Spaß am Zeugen erlangen konnte, gelang uns nicht, in Erfahrung zu bringen.

KIR-MA *Ebene des Wachstums*
(Mensch werden)

Hier wurde das neue Menschsein, wie die Großen Blonden es propagierten, gefeiert. Die Rituale auf dieser Ebene dienten dazu, aus dem Universum der Hellfühligkeit nach und nach eine Geistige Weltordnung zu konstruieren. Die Wahrnehmung sollte sich immer mehr im Kopf konzentrieren, damit aus unmittelbar gefühlten Lebensenergien sprachlich vermittelte geistige Ursachen werden konnten. All die körperlichen Übungen und geistigen Einweihungen, die zum Ichbewußtsein führten, fanden hier ihre kollektive Form.

Die vier Seiten des Quadrates standen für die vier Elemente Feuer – Erde – Wasser – Luft, aus denen alle irdischen Formen, also auch der physische Körper, bestanden. Es war die Aufgabe der Menschen, die vier Energien in sich zum harmonischen Ausgleich zu bringen. Als besondere Spezies hatten sie viel mit den Göttern gemein und gleichviel mit den Tieren. Erst im Verlaufe des eigenen Lebens konnten sie nach und nach, durch Arbeit an sich selbst, die volle Identität entwickeln.

Im Verständnis der damaligen Johannisberger wurden die Menschen nicht als Menschen geboren. Auf Erden angekommen, durchlebte die Seele nach und nach alle Ebenen der Verstofflichung. Erst durch Erziehung und Übung vermochte sie zum vollen Menschsein zu gelangen. Aus diesem Grund wurde viel Sorgfalt und Fürsorge in die Aufzucht der Kinder gesteckt. Sie mußten von sich aus lernen, ihren Körper voll in Besitz zu nehmen. Was die Geistige Welt im Tier durch den Instinkt unmittelbar auslebte, mußten die Menschen sich durch die Kräfte ihres Ichs erst aus eigener Kraft erwerben. Selbständigkeit war ihnen nicht in die Wiege gelegt. Der Lebenslauf war in wichtige Abschnitte gegliedert, in denen das natürliche innere Wachstum gezielte Impulse von außen durch die Gemeinschaft erhalten mußte.

Bis zur Vollendung des vierten Lebensjahres hatten die inkarnierten Seelen noch keinerlei Status. Sie wurden wie Wesen von einem anderen Stern betrachtet. Es wurde erst mal abgewartet, ob sie auch tatsächlich auf dieser Erde ankamen. Laufen und Sprechen lernen galten als Voraussetzungen, um als zukünftige Menschen in die eigenen Reihen aufgenommen zu werden. Mit Beginn des fünften Lebensjahres erhielten die kleinen Wesen ihre Identität. Die Jungen bekamen einen Bogen mit Pfeilen und die Mädchen Webzeug. Beides waren Insignien, die sie sowohl als Menschen als auch als verschiedene Geschlechter kennzeichneten. Ab dem fünften Lebensjahr wurde in die weltlichen Belange eingewiesen und mit dem beginnenden achten in die göttlichen. Im achten Lebensjahr durften die Jungen erstmals an den körperlichen Wettkämpfen zur Erringung der »Macht der Drei Herzen« teilnehmen. Sie setzte sich zusammen aus Geschwindigkeit, Schnelligkeit und Kraft und bildete eine Art steinzeitliche »Karriereleiter«, die es den Männern ermöglichte, sich innerhalb der Sippe auszudifferenzieren. Die Geschwindigkeit bezog sich auf die Bewegung, die Schnelligkeit auf das geistige Reaktionsvermögen und die Kraft auf körperliche Stärke. Auch diese »Einrichtung« trug die Handschrift der Großen Blonden, deren Ziel es gewesen war, die Hellfühlenden dahin zu bringen, sich mehr mit ihrem eigenen Körper, als mit der Lebensenergie des Universums zu identifizieren. Natürlich besaß der Schamane der KIR-MA die gewünschten Eigenschaften, die den Männern ermöglichten, gezielt an Körper, Geist und Seele zu arbeiten. Die »Macht der Drei Herzen« wurde den Siegern in besonderen Ritualen verliehen. Zur Auszeichnung erhielten sie Tuchkleidung, die sie unter ihre Felle zogen. Eine besondere Ehre, galt ihnen das selbsthergestellte Tuch doch als der eigentliche Stoff ihres Menschseins, der sie von allen anderen Wesen unterschied. Wir glauben, daß die Tuchherstellung ebenfalls von den Großen Blonden eingeführt worden war, um das männliche Selbstbewußtsein zu stärken. Die matriarchalischen Strukturen der hellfühlenden Kultur waren für sie sicherlich das größte Hindernis auf dem Weg, das ichbewußte Metallzeitalter MIR-Os aufzubauen.

Mit Beginn der Geschlechtsreife ab dem zwölften Lebensjahr endete die FER-Zeit, und die PER-Zeit als Erwachsener begann. Der Übergang war begleitet von einem großen Einweihungsritual. Der Schamane setzte sich den ausgestopften Kopf eines Ebers auf und kleidete sich in ein Gewand aus den verschiedensten Tierfellen, die in losen Streifen die Arme hinunterhingen. Er repräsentierte in diesem Moment YA-BETH, den Gott der Tiere. Für die jungen Männer war die Zeit gekommen, die letzten Verbindungen mit dem Tierreich hinter sich zu lassen.

Das Einweihungsritual war die Feier eines neuen Lebensabschnittes. Als Symbol diente ein großer, unfertiger Bogen, den der Schamane in der einen Hand hielt. Auch die jungen Anwesenden waren erst halb fertig. Es war an der Zeit, vom einen zum anderen zu gehen. Verblüffend ist, daß der Bogen als göttliches Zeichen fungierte und als solches nichts mit der Jagd zu tun hatte. Ein fertiger Bogen symbolisierte die Einheit der FER- und der PER-Zeit. Es war die Sehne, die den Lebensanfang mit dem Lebensende verband. Der voll einsatzfähige Bogen bezeichnete den vollkommenen Menschen! Da die Mädchen keinen Bogen erhielten, konnten offenbar nur Männer zu vollen Menschen werden. Durch ihre unmittelbare Verbundenheit mit der universellen Zeugungskraft in TI-A-MA blieben die Frauen viel mehr mit der Geistigen Welt und ihren schöpferischen Kräften verbunden.[17]

Zweck der Initiation war, daß die jungen Männer DAS TIER in ihrem Wesen geistig überwanden. Mittel des Übergangs vom Tier zum Menschen war die Sprache. Die unmittelbar vor dem Eintritt ins Erwachsenenalter stehenden Anwesenden durften erstmals bestimmte heilige Worte hören und sprechen. Durch Laute und Gebärden arbeiteten die KIR-MA unter Anleitung ihrer spirituellen Lehrmeister an der Herausbildung einer individuellen Wahrnehmung. Der Schamane setzte sich selbst und die Einzuweihenden durch monotonen Singsang in Trance. Die Frequenzen wirkten unmittelbar auf den Körper. Auf diese Weise vertrieben die Schwingungen der Worte die Tierenergien aus der inneren Wahrnehmung und machten Platz für das Gefühl, Menschen zu sein mit einer besonderen Stellung im Kosmos.

YA-BETH *Ebene der Erweiterung*
(körperliche Fähigkeiten)

Durch die Genüsse auf dieser Ebene arbeiteten die KIR-MA gezielt am eigenen Verhältnis zur Tierwelt. Tiermasken und halluzinogene Pilze dienten als Hilfsmittel, um sich auf bestimmte Tiere einzuschwingen. Der Trancezustand ermöglichte die Aufnahme auserwählter animalischer Energien.

So sehr die Menschen seit der Ankunft der Großen Blonden bemüht waren, sich innerlich von der Tierwelt abzusetzen, um sich selbst als eigene Spezies erfahren zu können, so sehr bewunderten sie einzelne Fähigkeiten und Eigenschaften ihrer Tierbrüder. Viele Tiere lebten in Reinkultur das, was auch in ihnen selbst als Potential enthalten war. Durch direkte Kontaktaufnahme mit den gewünschten Tierenergien im Ritual vervollkommneten die KIR-MA ihr eigenes Wesen. Die »Macht der Drei Herzen« war Ausdruck der Einheit zwischen typisch menschlichen und typisch tierischen Qualitäten auf höherer geistiger Ebene. Im Menschen bekamen die animalischen Energien einen neuen, vollkommeneren körperlichen Ausdruck. Unter diesem Blickwinkel sind die Rituale der Erweiterung vergleichbar mit modernen Fitneßprogrammen und Hochleistungssport. Durch kontinuierliche körperliche Übung wurden erstrebenswerte Energiemuster in die eigene physische Form gebracht. Der Trick bestand darin, dem übersinnlich Erfahrbaren sinnlichen Ausdruck zu verleihen. Die scharfen Augen des Adlers, die spitzen Ohren des Luchses, die Muskelkraft des Ochsen – wer hätte nicht gerne Anteil an solchen natürlichen Gaben?

Da Energie gleich Energie war, Fähigkeit gleich Fähigkeit, gab es keinen wesensmäßigen Unterschied zwischen denselben Qualitäten, egal ob sie im Tier oder im Menschen zum Ausdruck kamen. Das spirituelle Wissen der Großen Blonden befähigte Hellfühlende offensichtlich dazu, ihre eigene körperliche Organisation durch die Integration von Tierenergien fortzuentwickeln. Was uns heute an körperlich-sinnlichen Wahrnehmungsmöglichkeiten zur Verfügung steht, verdanken wir demnach der damaligen Hellfühligkeit und dem Wissen, sich die gewünschten Qualitäten mittels wirkungsvoller Ritualisierungstechniken von »außen« einzuverleiben.

Da der Mensch ein Sammelsurium der unterschiedlichsten Tiereigenschaften war, kam es häufig vor, daß er die Kontrolle über sich verlor. Disharmonische Schwingungen führten zur Undurchlässigkeit der hellgefühlten Energien des Kosmos. Mit ihm nicht mehr eins zu sein, war den damaligen Menschen unerträglich. Sie fühlten sich auf unangenehmste Weise ausgesperrt. Durch emotionale Verwirrung auf sich selbst zurückgeworfen, erlebten sie sich in ihrer individuellen Wahrnehmung eingesperrt. Die Tierrituale dienten in diesem Fall dazu, die eigene Schwingung zu harmonisieren und dadurch anzuheben. Über gemeinsame Tierprojektionen wurde sich wieder innerliche Klarheit verschafft. Das Durcheinander der eigenen Energien – das auch seinen Ausdruck fand in unberechenbaren körperlichen Ausfällen – wurde geheilt durch die gezielt geschaffene Eindeutigkeit der Tierenergien. Was wir uns heute sprachlich klarmachen, um unsere Probleme zu erfassen, lief damals über Bilder und die durch sie ausgelösten unmittelbaren Gefühlsenergien. Die erholsamen Wirkungen von Liebesfilmen mit Happy-End nach einem streßreichen Tag legen noch heute Zeugnis ab von der Heilkraft der Bilder und ihren beruhigenden Auswirkungen auf unser Gemüt.

Die Rituale auf der Ebene der Erweiterung dienten jedoch auch dazu, den Tiermenschen in sich in kontrolliertem Rahmen auszuleben. Bei gestörtem Gleichgewicht kann es eine Hilfe sein, »die Sau rauszulassen«, ins Extrem zu gehen, um die aufgestaute Kraft loszuwerden. Erst wenn der nicht mehr verarbeitungsfähige Überschuß an Wahrnehmung herausgeschleudert wird, ist der Platz da für ein neues Gleichgewicht.

Die übersinnliche Wesenheit, der mit den Ritualen auf dieser Ebene gehuldigt wurde, war YA-BETH. Er stellte die Energie dar, die hinter dem Tierreich stand, die die animalischen Formen hervorbrachte und sie als Gattung beseelte. »YA« bezeichnete das formgebende Prinzip, und »BETH« stand wieder für »sich in Raum und Zeit verkörpern«. Was die Menschen mit den Tieren verband – ihre gesamte körperliche Organisation – ließ sie auch direkten Anteil nehmen an YA-BETH. Aus diesem Grund war es möglich, kraft des Geistes und des Willens das Tier in sich zu entfesseln oder zu zähmen. »YA« stand nämlich nicht nur für die äußerliche Form, die schon ein gegenständliches Eigenleben angenommen hatte. »YA« war die Kraft, die auf allen Ebenen des Seins Unterscheidbarkeit und Identifizierung ermöglichte.

Durch die Rituale zu Ehren YA-BETHs verfeinerten die KIR-MA nicht nur ihre Wahrnehmung der eigenen tierischen Energien. Sie versuchten sich auch bewußt zu machen, daß sie als Menschen mit den Gaben YA-BETHs anders umzugehen hatten als die Tiere. Während diese bestimmte Eigenschaften in Reinkultur besaßen, machte es gerade das Menschsein aus, über viele unterschiedliche Tierenergien verfügen zu können. Deren Handhabung war ihnen nicht mehr angeboren, sie mußten erst wieder lernen, die animalischen Fähigkeiten zu ihrem eigenen Nutzen einzusetzen. Genau dazu diente die Genußebene der Erweiterung. Die Fülle des Menschseins im Verbund mit anderen warmblütigen Lebewesen wurde hier erfahrbar.

Erwähnenswert in Zusammenhang mit YA-BETH bleibt noch die Heilige Jagd. Sie zielte auf den Roten Hirsch, der als Verkörperung des Gottes galt. Auch hier macht sich wieder der Einfluß der Großen Blonden bemerkbar und ihr Bestreben, die göttlichen Energien zu verdinglichen, um einem gegenständlichen Bewußtsein den geistigen Weg zu ebnen. Die Heilige Jagd war Männersache. Nur wer die »Macht der Drei Herzen« besaß, war zur Teilnahme an ihr berechtigt. Sie stellte einen Bereich dar, der sich der kollektiven Gemeinschaft und damit dem Wirkungsbereich matriarchalischer Strukturen entzog. Kein Wunder, daß sich der Schamane voll mit dem Roten Hirsch identifizierte. Als Tier mit einem großen Harem verkörperte er ein patriarchalisches Ideal. Sein starkes Geweih galt als Ausdruck starker, in den Kosmos gehender Energien. Wer den Roten Hirsch bezwang, hatte Anteil an dessen geistigen Kräften. Das feine Ledergewand, das der spirituelle Führer der KIR-MA nur zu ganz speziellen Anlässen trug, bestand aus sorgsam gegerbtem Hirschfell.

YI-MA *Ebene der Freude*
(Identität)

Am wohlsten fühlten sich die KIR-MA im Umgang mit der Pflanzenenergie. Es waren die Pflanzen, die sie als Wurzeln, Gemüse, Körner, Beeren und Früchte nährten und aus deren Gewebe sie das Ausgangsmaterial für die Tuchherstellung gewannen. YI-MA war die geistige Wesenheit hinter dem Pflanzenreich, die sie versorgte und ihrer körperlichen Existenz auf Erden Sicherheit gab. Alles, was mit der Nahrungsaufnahme zu tun hatte, erzeugte in ihnen Wohlbefinden. Im Essen verband sich der geistige Seelenanteil des Menschen mit der materiellen Welt. Indem sie ihre Körper ernährten, wurden sie groß und schön und stark. Im Meer der Hellfühligkeit besaßen die KIR-MA durch ihren physischen Leib eine Insel der Stabilität, ein Zuhause. Die materielle Form ihres Wesens gab ihnen die sinnliche Identität, die sie in der übersinnlichen Erfahrung in der geistigen Welt der Schwingungen und Energiemuster nicht fanden. YI-MA verdankten sie den Erhalt ihres Körpers und diesem wiederum die Kontinuität in der materiellen Welt. Der gerade, ungespannte Bogenschaft war das Zeichen YI-MAs. Indem er gleichzeitig die Entwicklungsstufen des Menschseins symbolisierte, zeigte sich auch hier die enge wesensmäßige Verknüpfung der Menschen mit dem Pflanzenreich.

Daß die vorzeitlichen Johannisberger froh waren, sich am Morgen unversehrt in ihren Körpern vorzufinden, zeigt das Wort KIR-DEN-A. Es bedeutete soviel wie »sich morgens gemeinsam wohlfühlen«. Zu diesem Zweck fanden sie sich nach Sonnenaufgang (DEN) oben am Kultbaum (KIR) ein, um sich selbst als lebend aus der Nacht zurückgekehrt zu erfahren (A = Seelenenergie/eigene Identität). Jeder Tag war eine Neuschöpfung der Welt durch das Licht und die Gefühle TI-O-BETHs, bei der sie anwesend zu sein hatten.

Die sanften Energien der Pflanzen, die ihren Ausdruck fanden in der Blütenpracht und den paradiesischen Düften, erfreuten die Hellfühligen und luden sie ein, das Leben zu genießen.

Einen ganz wesentlichen Bestandteil des Lebensgenusses stellte das Tragen von Tuchkleidung dar. Die Vorbereitung der Pflanzen für das Weben bildete ein zentrales Ritual zu Ehren YI-MAs. Sie wurden gewässert, gestampft und zu einer faserartigen Masse verarbeitet, aus der der spätere Webfaden gewonnen wurde. Da die pflanzlichen Rohstoffe von den Großen Blonden erhandelt werden mußten, waren Tuchgewänder sehr kostbar. Die Freude, die die KIR-MA durch das Tragen von Gewändern aus rein pflanzlicher Produktion entwickelten, ist unbeschreiblich. Das mit ihnen verbundene warme und weiche Körpergefühl war herrlich! Durch die Sensibilisierung der Haut begann der eigene Körper etwas zu werden, das Wohlbefinden ausstrahlte. Im Gegensatz zu kratzenden Fellen ermöglichte Tuchkleidung ein angenehmes Empfinden der eigenen Körpergrenzen. Ein schönes Selbstgefühl im eigenen Körper förderte die Identität mit dem materiellen Teil der eigenen Existenz. Auf diese Weise halfen YI-MA und die Pflanzen den Menschen, die eigene Sinnlichkeit zu entfalten. Ermöglicht wurde die Identitätsfindung der Hellfühlenden nicht nur über die Rohstoffe, die YI-MA zur Verfügung stellte. Die Pflanzen konnten ihre segensreiche Wirkung für die Menschen nur entfalten, weil YI-MA auch die Göttin der Innerlichkeit war.

»YI« bedeutete »innen«, und »MA« war die Kraft, die die Inhalte der vorangehenden Silben in der materiellen Welt verwirklichte. Durch ihren Anteil am Aufbau des Körpers über ihre Nahrungsenergien und durch ihren Verdienst in bezug auf leibliches Wohlbefinden ermöglichte sie den Menschen ein Gefühl für das eigene Innere. Damit die sich aus der allgemeinen Außenwelt wie ein Same zusammenziehende Innenwelt jedoch in Kontakt blieb mit den sie umgebenden und am Leben erhaltenen Energien, bedurfte es eines Austausches. Mittel der Verbindung zwischen menschlicher Innenwelt und der gleichzeitig mit ihrer Ausbildung entstehenden »Außenwelt« war das Atmen. Die Luft war das Medium, das KIR-MA und YI-MA auf Erden untrennbar miteinander vereinte. Im unaufhörlichen Ein- und Ausatmen manifestierte sich das ständige Geben und Nehmen, das die Menschen mit der gesamten Natur verband. Hellfühlende erleben die Welt über die Gefühle. Bei diesen handelte es sich um Schwingungsebenen, an deren Gestaltung alle Lebewesen mitwirkten. Und es gab für das Gefühl nichts, was nicht lebte und seinerseits fähig war zu fühlen und mit seinen ureigensten »Frequenzen« die Gesamtheit des Seins zu erfassen.

Was den zentralen Kultbaum anbetraf, so hatte die Göttin des Pflanzenreichs noch auf eine andere Art und Weise großen Anteil an der Identitätsfindung der Menschen. Der KIR symbolisierte »Das Oberste Gesetz der Einheit in Raum und Zeit« (Zitat Gris). Als geistige Tatsache spiegelte es sich nirgendwo anders als im Denken. Nur das Ichbewußtsein ist in der Lage, Gesetze aufzustellen, Raum und Zeit zu erfinden und die Vorstellung der Einheit. In unmittelbarer Umgebung des KIR fanden Denkrituale statt, um die Hellfühlenden daran zu gewöhnen, die Worte bei sich zu behalten. Der abgestorbene Stamm ermöglichte den Menschen den Blick nach innen. Auf diese Weise wurden mentale Schwingungsmuster erzeugt, die den Kopf freimachten für die Wahrnehmung von Sprache. Der quadratisch zugerichtete, senkrecht stehende Baumstamm repräsentierte die enge Verbindung der Menschen mit YI-MA. Deren »Innerlichkeit« wurde genutzt, um das Denken durch Konzentration und bewußtes Atmen in den eigenen Körper zu holen und als Teil des dadurch entstehenden ICHs zu begreifen. Durch die vier gleichlangen Seiten – das quadratische Symbol der Menschen – hatte das Holz als Teil von YI-MA bereits »menschliche Züge« angenommen. Im KIR hatte somit die für das eigenständige Denken notwendige Innerlichkeit bereits ihren materiellen Ausdruck gefunden. Als senkrechter Strich entsprach die hölzerne Stele darüber hinaus auch in ihrer Form dem Zeichen YI-MAs. Wir haben es hier mit einem sehr schönen Beispiel dafür zu tun, wie perfekt geistige Vorstellung und gegenständliche Form sich wechselseitig durchdrangen.

NE-BETH *Ebene des Ausgleichs*
(Unabhängigkeit)

Die Rituale dieser Genußebene regelten die Beziehung der KIR-MA zu NE-BETH. Der »Wurm der Unteren Welt« bewachte all das, was materielle Form angenommen hatte. Die physischen Formen des Mineral-, Pflanzen-, Tier- und Menschenreichs wurden durch seine Stoffe mit Inhalt gefüllt. Die gesamte sinnlich erfahrbare Natur stellte *einen* Stoffwechsel dar, bildete *einen* sich selbst versorgenden Kreislauf. Als Menschen waren die Prä-Johannisberger voll in das natürliche Werden und Vergehen einbezogen. NE-BETH gab ihnen, und sie gaben NE-BETH. Als Folge der Individualisierung der Lebenszusammenhänge war er zur äußeren moralischen Instanz der KIR-MA geworden. Er gab acht, daß die Menschen nicht mehr nahmen, als sie gaben.

Als Hilfsmittel zur Erlangung und Aufrechterhaltung der Übereinstimmung zwischen Menschen und Erde diente das Fasten. Die KIR-MA stoppten zu diesem Zweck nicht nur die Nahrungszufuhr. Sie sammelten ihre unverbrauchten Lebensmittel, brachten sie an eine Stelle außerhalb der Siedlung und opferten sie der Kraft, die über ihre Nahrung wachte. Es war ein besonderer Ort, an dem sie NE-BETH vermuteten. Seine natürliche Form mußte sie an das Zeichen NE-BETHs – das Kreuz – erinnern.

Durch das Opfer gaben sie jedoch nicht nur zurück, was sie empfangen hatten. Im Fasten zeigte sich auch ihre phasenweise Unabhängigkeit von NE-BETH. Indem sie seine Gaben zurückwiesen, wurden sie gleichwertig mit ihm. Durch den zeitweiligen Verzicht auf die Erzeugnisse der Erde versetzten sich die KIR-MA in die Lage, ihren Planeten ebenso am Leben zu erhalten, wie dieser es mit ihnen tat. Der gemeinsame, willentlich herbeigeführte Nahrungsentzug bewirkte eine intensive Hellfühligkeit reinster Art. Die KIR-MA erreichten mit ihr einen transzendentalen Wahrnehmungszustand, in dem sie direkten Kontakt mit dem kosmischen Energieleib der Erde aufzunehmen und sie zu heilen vermochten. Auch auf dieser Ebene zeigt sich das umfassende Verantwortungsbewußtsein der damaligen Menschen für das Wohlergehen der Schöpfung YA-Os. Den Reinigungs-

135

prozeß, den das Fasten in ihrem eigenen Körper bewirkte, weiteten die Fastenden auf diese Weise auf die gesamte Natur aus, dessen Hüter NE-BETH war.

Die KIR-MA hatten ein zwiespältiges Verhältnis zu ihm, wie es schon in der Bezeichnung »Wurm der Unteren Welt« zum Ausdruck kommt. Ihr Körper war auf seine Erzeugnisse angewiesen, ihr Geist jedoch ernährte sich vom Licht und der Wärme TI-O-BETHs. Sie hatten den materiellen Anteilen ihres Wesens Rechnung zu tragen, waren gleichzeitig aber bemüht, ihre geistige Unabhängigkeit und Leichtigkeit gegenüber der herabziehenden Schwerkraft des Erdbodens zu bewahren.

Wenn es allein nach NE-BETH ginge, wären die Menschen ausschließlich ein Teil seines Reichs. Er würde die Seelen durch die Schwerkraft an sich ketten und schließlich zum Absterben bringen. »NE« bedeutete das Feste und »BETH«, auch in diesem Fall, sich in Raum und Zeit verkörpern. Die Menschen brauchten ein Gegengewicht, um sich vom »Wurm der Unteren Welt« nicht über ihre Bestimmung hinaus in die Materie hinabziehen zu lassen. Sie mußten von sich aus um ihre Unabhängigkeit bemüht sein, um nicht durch zu starke Hingabe an die Erdkräfte von TI-O-BETH getrennt zu werden. Als hellfühlende Geistwesen saßen die KIR-MA schon viel zu sehr in NE-BETHs harter Falle. Sie fühlten sich von ihm gegängelt. Durch das Fasten gelang es ihnen, eine höhere Schwingung einzunehmen und dadurch unabhängiger zu werden von seinen Kräften. Der freiwillige Nahrungsverzicht öffnete in ihrem Wesen den ungehinderten Kreislauf zwischen TI-O-BETH und NE-BETH. In diesem Zustand fühlten sie sich wohl, weil sie sowohl dem Geist als auch der Stofflichkeit in sich Rechnung trugen. NE-BETH hatte ja auch seine Vorzüge. Ohne ihn wären sie nur Geist, mit ihm – sprich: seinem Anteil an ihrem Wesen – waren sie Menschen. Und MENSCHEN wollten sie auf jeden Fall sein!

Am Vorabend der Geburt

Wie schon zu Beginn dieses Kapitels möchten wir auch an seinem Schluß wieder einen Überblick versuchen, um die Grundstimmung auf den Punkt zu bringen. Vor über fünftausend Jahren standen sich in Europa zwei nicht nur unterschiedliche, sondern – wie wir inzwischen gesehen haben – gegensätzliche Kulturen gegenüber. Die eine war hellfühlend, erdgebunden, matriarchalisch orientiert und die andere ichbewußt, in den Himmel gerichtet und patriarchalisch organisiert. Letztere, zahlenmäßig deutlich unterlegen, hatte es sich offenbar zur Aufgabe gemacht, den selbstbewußten menschlichen Geist überall dort zu entwickeln, wo sie hinkam oder sich gezielt hinbegab. Ihre frühen Städte waren Brückenköpfe im Gebiet der ortsansässigen Naturvölker. Da sie anscheinend nirgendwo Gewaltherrschaften errichteten, sondern die Einheimischen behutsam, über viele Generationen hinweg, von innen heraus entwickelten, war ihre Mission – in Anbetracht des heutigen geistigen Zustands der westlichen Zivilisation –

letztlich erfolgreich. Der Stoff, aus dem sie das neue Zeitalter aufbauten, war das Metall. Wir werden weiter unten sehen, was es Besonderes mit diesem Material auf sich hatte. An dieser Stelle möchten wir noch mal auf die Umstände eingehen, die unserer Meinung nach dazu führten, daß es zu einer Verzahnung der beiden Kulturen gekommen war.

Die Kleinen Schwarzhaarigen hatten offensichtlich vehemente Probleme mit ihrer eigenen körperlichen Reproduktion. Es hat uns überrascht, daß die KIR-MA unseren heutigen Begriffen nach »Inzucht« betrieben, obwohl Naturvölker in der Regel ausgeklügelte Systeme besitzen, verwandtschaftliche Geschlechtsbeziehungen zu unterbinden. Ihre ebenfalls, im Hinblick auf die Ursprünglichkeit ihrer Lebensweise, befremdlich anmutende Angst vor den tierischen Energien könnte darauf beruht haben, daß es bei ihnen oft zu Geburten kam, die Tiermerkmale aufwiesen. Wenn die Mißbildungen in den eigenen Reihen überhand nahmen, verließen sie ihren Wohnsitz, im Glauben, die Energien des Ortes hätten sich verbraucht. Seltsamerweise war es ausgerechnet YA-BETH, der Gott der Tiere, der über ihre menschlichen Konturen wachte. Vielleicht setzten die Großen Blonden ihn deshalb in diesen Stand, weil Tiere ihre Nachkommenschaft äußerst selten mit angeborenen Funktionsstörungen auf die Welt brachten. Andererseits konnte niemand anderes als YA-BETH persönlich dafür sorgen, daß die tierischen Attribute dort blieben, wo sie hingehörten. Das Versprechen der Menschen aus den Städten, die Hellfühlenden zu Artgenossen zu machen, die keine Angst vor der Tierwelt in ihnen mehr zu haben brauchten, war sicherlich der Schlüssel zur »geistigen Zusammenarbeit«, wie sie uns zur Zeit von Gris' Geburt vor Augen tritt. Um ermessen zu können, welch schwierige Aufgabe die Großen Blonden damit übernommen hatten, müssen wir uns klarmachen, daß die Kleinen Schwarzhaarigen nicht einfach »umerzogen« werden konnten. Bei ihnen mußte erst die Grundlage für jegliche geistige Entwicklung gelegt werden, nämlich die Vorstellung eines eigenständig handelnden Ichbewußtseins, das in der Lage war, die eigenen Probleme selbst zu lösen. Ein derartiger Ansatz stand in einem so großen Kontrast zum ursprünglichen Empfinden von Hellfühlenden, wie er größer gar nicht sein konnte. Dennoch hatten die Großen Blonden es geschafft, die Feuchtbodensiedler an Land zu holen und ihre Hellfühligkeit durch geeignete Rituale geistig zu strukturieren. Götterkosmos, Energieformen und Genußebenen waren der erfolgreiche Anfang. Jetzt galt es, den nächsten Schritt zu tun. Es war an der Zeit, einen neuen Gott zu etablieren; einen, der wie kein anderer Metall, Eigentum und Ich miteinander verband. MIR-O sollte endlich im geistigen Zentrum der Menschen stehen. Um dieses, von langer Hand mit großem Atem vorbereitete Vorhaben in die Tat umzusetzen, mußten die Zivilisatoren die Hellfühlenden endgültig von ihrer noch immer bestehenden, vor-ich-bewußten geistigen Abhängigkeit von der Erde abschneiden. Dafür brauchten sie jemand, der es mit NE-BETH aufnehmen konnte.

2

Ötzis Leben

Ein einzigartiges Kind

Der »Mann aus dem Eis«, den die KIR-MA Gris nannten, war der Mensch, auf den sie gewartet hatten. Was prädestinierte ihn dazu, mit dem Wurm der Unteren Welt »an einem Tisch« zu sitzen? Um die Bedeutung seines Lebens zu verstehen, müssen wir uns vor Augen führen, daß die Großen Blonden ein groß angelegtes Zivilisationsprojekt durchführten. Ichbewußtsein und Metallproduktion waren wesensmäßig miteinander verknüpft und dienten dazu, die Baumkultur des Hellfühlens geistig weiterzuentwickeln. DAS METALL war in vielerlei Hinsicht der geeignete Stoff, um das Denken zu fördern. In der Silbe »MIR« wurde schon deutlich, daß erst durch das Metall die Vorstellung von »Eigentum« und »Ich« Einzug in die Wahrnehmungswelt der Hellfühlenden hielt. Die KIR-MA am Johannisberg waren mit seiner Herstellung bereits vertraut. Sie verhütteten jedoch nur die Erze, die sie an der Erdoberfläche vorfanden. Bislang existierten keinerlei Schächte oder gar Bergwerke, obwohl den Großen Blonden die geeignete Technologie zur Verfügung stand. Ihnen mangelte es an Arbeitskräften, um die Metallproduktion im großen Stil zu verwirklichen. Die Hellfühlenden begeisterten sich zwar an dem neuen Material, trauten sich aber noch nicht, in die Erde einzudringen, um NE-BETH seine inneren Schätze zu entreißen. Um die stockende Metallproduktion und mit ihrer Hilfe das Ichbewußtsein auszuweiten war es notwendig, den Hüter der Erde geistig zu überwinden.

Die Vorarbeit war geleistet. Als einziges Wesen des Götterkosmos besaß NE-BETH eine körperliche Gestalt. Dadurch war er bereits personalisiert und eingegrenzt. Eine wichtige Voraussetzung, denn nur wenn die Menschen in der Lage waren, ihren Gegner bildlich-gegenständlich zu fassen, konnten sie ihn auch besiegen. Die Großen Blonden planten ein Lehrstück, um den Hellfühlenden ein für allemal zu demonstrieren, daß sie keine Angst vor dem Hüter der Erde zu haben brauchten. Zu diesem Zwecke benötigten sie einen Menschen, der in der Lage war, Kontakt mit dem Wurm der Unteren Welt aufzunehmen. Er sollte ihn ablenken, damit er nicht bemerkte, was die Menschen taten. Geplant war also eine List, etwas völlig Neues für Menschen, deren hellfühlende Offenheit bislang keinerlei Täuschung zuließ.

Die Großen Blonden brauchten einen Menschen, den sie stellvertretend für alle zum Fuchs machen konnten. Das Tier stand den Erdkräften von seiner geringeren Energie her näher als der Mensch. Obendrein war der Fuchs ein Lebewesen, das in der Erde lebte und aufgrund dieser Eigenschaft einen besonders intensiven natürlichen Kontakt zum geheimnisvollen Erdinnern hatte. Die Menschen aus den Urstädten aus Stein verfügten über geeignete spirituelle Techniken, die menschliche Energie soweit herabzusetzen, daß sie in übersinnliche Resonanz kommen konnte mit den Schwingungen der Erde. Das allein reichte aber noch nicht. NE-BETHs geistige Überwindung konnte nur dann von Dauer sein, wenn es sich in seiner Bezwingung um ein Ereignis handelte, an dem der gesamte Götterkosmos beteiligt war. Immerhin lag der Schauplatz in der Geistigen Welt, und in der körperlosen Sphäre durften die Menschen nur dann eigenmächtig agieren, wenn sie dazu göttlich legitimiert waren. Der Mensch, auf den die Großen Blonden gemeinsam mit den Kleinen Schwarzhaarigen warteten, mußte also von YA-BETH persönlich gezeugt sein. Nur ein göttliches Kind brachte die notwendigen Voraussetzungen mit, den Menschen als Fuchs im Kampf gegen NE-BETH zu dienen.

Die spirituellen Führer standen also vor dem Problem, den Einheimischen ein göttlich gezeugtes Kind zu präsentieren, dessen Bestimmung es war, ein Fuchs zu werden. Keine leichte Aufgabe. Aus den eigenen Reihen, als »Resultat« der kollektiven Zeugungsrituale, konnte es nicht stammen, denn hier entschied TI-A-MA über den Nachwuchs.

Da YA-BETH der Erzeuger sein sollte, mußte das erwartete Kind einen – und nur einen – Vater haben. Die KIR-MA waren bereits vertraut mit dem »Höheren Gesetz der Arten«. Es beinhaltete die Fortpflanzungspraktiken der Großen Blonden. Da sie monogam lebten, war Zeugung bei ihnen eine Angelegenheit zwischen einem Mann und einer Frau. Genetische Auslese – das »Höhere Gesetz« – wurde erst möglich, wenn die Väter identifizierbar waren. Nur dann ließen sich Verbindungen zwischen den körperlichen Merkmalen der Eltern und denen des Kindes herstellen. Da die hochgewachsenen Menschen aus den Städten aufgrund ihrer körperlich-geistigen Fähigkeiten die absoluten Vorbilder waren, galt es auch bei den Einheimischen als etwas Besonderes, einen Vater zu haben. Wie konnte es nun aber geschehen, daß ausgerechnet YA-BETH dieser eine Vater war?

Am besten, wir werfen zur Klärung dieser Frage einen Blick auf das Geschehen vor über fünftausend Jahren auf dem heutigen Johannisberg.

Eine Frau aus den Reihen der KIR-MA hatte sich von den Siedlungsebenen entfernt, um Honig zu sammeln. Da die Honigernte eine sakrale Angelegenheit darstellte, war sie allein unterwegs. Ihr Name lautete, wie der einer jeden gebärfähigen Frau damals, MA-RI-A. Frei übersetzt bedeutete er: Diejenige, die der einzelnen Seelenenergie eine Identität auf Erden schafft.[18] Die Waben in den Heiligen Bäumen lagen weit vom Johannisberg entfernt. Die junge Frau hatte alle Vorsichtsmaßnahmen beachtet und die rituellen Handgriffe exakt ausgeführt. Dennoch geschah es, daß der Bienenschwarm über sie herfiel. In Panik lief sie davon. Im Gewirr der vielen Bienen und durch ihre schmerzhaften Stiche verlor sie die Orientierung. Statt zurück zum KIR lief sie in die entgegengesetzte Richtung, bis sie vor Erschöpfung stolperte. Im Fallen schlug sie unglücklich mit dem Kopf auf und verlor die Besinnung.

Als sie wieder zu sich kam, befand sie sich in der Obhut

eines fremden Mannes. Er hatte ihre Verletzungen versorgt und ihr ein weiches Lager bereitet. Sie richtete sich auf und bemerkte durch den plötzlichen Schmerz, daß ihr Fuß nicht in Ordnung war. An einen Heimweg war also nicht zu denken. Sie spürte, wie die Gefühle ihrer Leute sich sorgten und nach ihr suchten. Der hilfsbereite, freundliche Mann an ihrer Seite beruhigte sie, indem er ihr Feigen zu essen gab. Allmählich wurde MA-RI-A klar, daß sie sich am anderen Ufer des Rheins befand. Hier würden die KIR-MA sie nicht suchen, weil sie über kein Kanu verfügten. Über ein Monat verging, ehe sie genesen war und ihr Lebensretter sie zurück über den Rhein setzte.

Bei ihrer Rückkehr auf den Johannisberg war die Freude groß. Noch größer war die Überraschung, als sich beim nächsten Mond herausstellte, daß sie schwanger war. Dabei hatte sie sich mit dem fremden Mann bewußt doch überhaupt nicht eingelassen! Für A-BO-KAM-MA (um dem Schamanen aus den Reihen der Großen Blonden endlich seinen Namen zu geben) war die Sache klar. Seiner Meinung nach hatte bei der ganzen Angelegenheit zweifelsfrei YA-BETH seine Finger im Spiel. Zuerst sein Bienenschwarm, dann der durch ihn geschickte Mann und schließlich der durch den Retter überbrachte göttliche Same, der sich mit MA-RI-A vereint hatte. Auch die junge Frau war fest davon überzeugt, ein Kind YA-BETHs auszutragen.

Gris' Geburt war dementsprechend ein großes Ereignis. Es war ein besonderer Mensch, der an jenem denkwürdigen Tag das Licht der Welt erblickte. YA-BETH war ein männlicher Gott, und so hatte er natürlich einen Sohn gezeugt. Gris war ein MO-DOLL, wie die Großen Blonden Kinder aus monogamen Verbindungen nannten, noch dazu göttlich legitimiert. Neben diesen einzigartigen Besonderheiten gab es eine weitere körperliche Eigenschaft, die Gris eindeutig als einen von YA-BETH mittels eines fremden Mannes gezeugten Sohn auswies: Er konnte nicht sprechen! Auch nach Ablauf von vier Jahren – der Frist, die die KIR-MA ihrem Nachwuchs gaben, um sprechen zu lernen – entwickelte er keine Stimme. Sprache aber war das alleinige Attribut der Menschen. Aufgrund seiner angeborenen Anomalie stand Gris den Tieren eine Stufe näher. Speziell diese physische Eigenart, zusätzlich zu den mysteriösen Umständen seiner Zeugung, prädestinierten ihn für die Rolle des Fuchses. In der Wahl seines Namens kam bereits das Vorhaben der Johannisberger zum Ausdruck, ihn als Kandidaten für die spätere Auseinandersetzung mit NE-BETH großzuziehen. »Gris« bedeutete Sand, feine Materie. Sand war die sichtbare Urform des Materiellen. Selbst noch ohne Struktur bezeichnete Sand den Anfang der Schöpfung. »Gris« war in diesem Sinne die Knetmasse, die der Bearbeitung von außen zur Verfügung stand. Bis es soweit war, lagen noch eine Reihe von Prüfungen im Verlauf seines Älterwerdens vor ihm.

Als von YA-BETH gezeugtes Kind war Gris mit zwei Leben ausgestattet, einem menschlichen und einem tiergöttlichen. Das erste (seine Jugend- bzw. FER-Zeit) verbrachte er als Mensch innerhalb der Gemeinschaft seiner Artgenossen. Sein zweites Leben (die Erwachsenen- bzw.

PER-Zeit) hatte er – wenn seine Aufzucht erfolgreich verlief und die Zeichen YA-BETHs weiterhin günstig waren – als Fuchs fernab der menschlichen Hütten zu leben. Kennzeichen des besonderen Lebenslaufes war ein kupferner Ohrring, den er ins rechte Ohr bekam. Als YA-Os Kreis bezeichnete er den, »der sich auf die Ewigkeit vorbereitet«. Außerdem erhielt er zwei Mondkalender, die er als Zeitamulette für seine beiden Leben an den Schläfen trug. Es handelte sich um zwei runde, flache Steine, die in der Mitte durchlöchert waren und mit einem ledernen Stirnband gehalten wurden. Dünne Lederriemchen hingen von den Ringen bis auf Höhe der Ohren herab. Gris erhielt diese besonderen Auszeichnungen mit Beginn des achten Lebensjahres, als er in die göttlichen Angelegenheiten eingewiesen wurde. Von Geburt an lebte er mit seiner MA-RI-A und drei »Geschwistern« oben auf der ersten Siedlungsebene, unweit des KIR. Da er einen einzigen Vater hatte, noch dazu einen göttlichen, besaß er »unreines« Blut. Nur die zu Ehren TI-A-MAs Gezeugten verfügten über reines Blut, die physische Grundlage für die angeborene Gabe der Hellfühligkeit.

Menschen mit unreinem Blut lebten nicht im Sippenverband. Ihre körperliche Konstitution machte sie weniger durchlässig für jene kollektiven Gefühlsenergien, die noch immer die vorherrschende Wahrnehmungsgrundlage der KIR-MA bildeten. Auf der ersten Siedlungsebene wurde zudem der Kontakt zwischen materieller und Geistiger Welt hergestellt. Als göttliches Kind war Gris kein normaler Mensch, sondern unmittelbar mit den geistigen Energien verbunden. Dementsprechend war sein Platz »ganz oben«. Außerdem genoß er eine spezielle Erziehung, die wesentlich darauf beruhte, nicht im ständigen unmittelbaren Gefühlsaustausch mit den Normalsterblichen zu stehen. Die Beeinflussung durch das alltäglich Menschliche wäre zu groß gewesen. Ein wenig abseits von der Sippe konnte er sich am besten auf seine Aufgabe vorbereiten. Da sie das Erlernen von geistigen Techniken beinhaltete, war es notwendig, seine Denkfähigkeit gezielt zu schulen. Nirgends ging das in ihrem Verständnis besser, als in unmittelbarer Nähe des KIR. Der Kultbaum spielte eine zentrale Rolle in den Vorbereitungen. An ihm erlernte Gris die von uns so genannte »Himmelsreiterei«. Indem er oft stundenlang kopfüber hing, bereitete er sich geistig auf das Eindringen in den Erdboden vor. Die Stellung drückte überdies aus, daß seine Lebensenergien »umgekehrt« laufen sollten, nämlich vom Menschen zurück zum Tier. Die schweren Schädelverletzungen, die sein Leichnam aufweist, hat Gris sich während der Himmelsreiterei, entweder durch Sturz oder Aufschlagen am Stamm, zugezogen. Sein Überleben diente als Zeichen seiner tiergöttlichen Abstammung und bekräftigte seine Bestimmung, denn im Verständnis der Leute waren es seine animalischen Kräfte, die ihm zur Genesung verhalfen.

Es gab jedoch auch ernste Krisen und Zweifel an seinem Auserwähltenstatus. Im krassen Gegensatz zu der Offensichtlichkeit seiner höheren Abstammung – zu der auch seine ungewöhnlichen blauen Augen standen, die als Zeichen TI-O-BETHs verstanden wurden – stand das konkrete Verhalten des kleinen Gris. Nachdem er im Alter von vier Jahren glücklicherweise noch immer keine Stimme besaß, womit er andernfalls zu erkennen gegeben hätte, doch zu den Menschen zu gehören, entwickelte er eine panische Angst vor Tieren. Fast immer hing er am Rockzipfel seiner Mutter. Wie aber konnte er YA-BETHs Sohn sein und gleichzeitig seine tierischen Brüder ablehnen? A-BO-KAM-MA war nicht gewillt, diesem Widerspruch tatenlos zuzusehen. Zweifel an Gris' besonderem Status und an seiner Bestimmung sollten erst gar nicht aufkommen. Zu einzigartig und unwiederholbar waren die Besonderheiten seiner Existenz. Der besorgte Schamane arrangierte ein feierliches Ritual, bei dem er ganz in schwarzes Tuch gekleidet war und einen Helm mit Stierhörnern trug. Nach der, wie auch immer gearteten, Behandlung konnte der kleine Gris die einzelnen Tiere nicht mehr voneinander unterscheiden. Sie verloren dadurch ihre unmittelbare Bedrohung für ihn. Seine Ängstlichkeit verschwand, und er wuchs zu einem Jungen von außergewöhnlicher Schönheit heran.

Ab Beginn des fünften Lebensjahres bekam er – wie alle anderen Knaben auch – seine ersten eigenen Schuhe sowie einen kindgerechten Pfeil und Bogen. Einer der schönsten Augenblicke seines Lebens, wie er später Renate erzählte. Gris hat sich nämlich immer nur als Mensch betrachtet und wollte nie etwas anderes, als mit Haut und Haaren zu den geliebten Menschen zu gehören. Es schmeichelte ihm, etwas Besonderes zu sein mit einer speziellen Aufgabe für die Gemeinschaft. In seiner Sehnsucht nach Anerkennung als einer der ihren brannte er darauf, sie zu erfüllen. Er war bereit, alles auf sich zu nehmen, als Zeichen seiner Liebe zu den Menschen, als deren Teil er sich empfand. Auf der anderen Seite genoß er die bevorzugte Erziehung als YA-BETHs Kind. Er durfte alles essen und soviel er wollte. Er machte davon regen Gebrauch und entwickelte sich zu einem dicklichen Kind.

Er wurde nicht nur üppig ernährt, sondern hatte auch mehrere Lehrer, die sich intensiv um ihn kümmerten. Alles Menschenmögliche wurde unternommen, um Gris erfolgreich seiner Bestimmung zuzuführen. Solange YA-BETHs Zeichen günstig blieben, hatten die Großen Blonden für ihr Vorhaben, endlich das Metallzeitalter flächendeckend einzuführen, auf dem Johannisberg ihren größten Joker in der Hand. Das Beil, das Gris im Alter von acht Jahren erhielt, war Ausdruck seiner Bestimmung für MIR-O. Es war sein Eigentum und hieß GRIS-MIR. Bis zu seinem Lebensende kennzeichnete es seine persönliche Zuordnung zum Gott des Metalls.

Obwohl Gris ausersehen war, in seinem zweiten Leben ein göttlicher Fuchs zu sein, ging es in der ersten Lebenshälfte darum, ein Prachtexemplar von Mensch zu werden. Es sollte der Schönste und Stärkste aus ihren eigenen Reihen sein, den die Menschen zu NE-BETH schicken wollten, um ihn nicht mit einer zweiten Wahl zu verärgern. Aus diesem Grund nahm Gris auch schon früh an den Wettkämpfen zur Erlangung der Macht der Drei Herzen teil, um seine menschlichen Fähigkeiten voll zur Entfaltung zu bringen.

Da Gris eine fundierte menschliche Erziehung genoß, die in ihrem Ausmaß und ihrer Zuwendung das normale Maß deutlich überschritt, achtete A-BO-KAM-MA darauf, daß das göttliche Kind mit der fehlenden Stimme nicht vollständig vom Menschsein ergriffen wurde. Außer zu Ehren YA-BETHs und TI-O-BETHs durfte er niemals an den Genußebenen teilnehmen, denn hier arbeiteten die Menschen an sich als Menschen im Zusammenhang mit der kosmischen Weltordnung. Im Verständnis der KIR-MA war der blauäugige Gris zwar in ihre Mitte geboren, er war aber niemals Teil von ihnen, noch sollte er jemals zu einem werden.

Nachdem ihr Faustpfand im achten Lebensjahr die körperlichen Voraussetzungen erfüllte, wurde er zum Wasserträger ernannt. Wenn wir uns vergegenwärtigen, welch herausragende Bedeutung DAS WASSER für hellfühlende Menschen besaß, können wir ermessen, welch ehrenvolle Aufgabe ihm damit übertragen worden war. Er nahm seine Tätigkeit sehr ernst, denn er war froh, etwas für die menschliche Gemeinschaft tun zu können, zu der er so gerne gehörte. Da das Wasser den Menschen vom Tier unterschied, identifizierte er sich natürlich voll mit dem nassen Element. Je mehr Bottiche er den Hügel vom Rhein herauf hochschleppte, desto stärker wurde seine äußere Kraft und seine innere Überzeugung, ein Mensch zu sein. Mochten die Leute erzählen was sie wollten, er fühlte sich zu TI-O-BETH hingezogen und nicht zu YA-BETH, seinem angeblichen Vater.

Obwohl Gris' Erziehung bis ins kleinste darauf angelegt war, der Fuchs zu werden, der es einmal mit NE-BETH aufnehmen konnte, lag die letzte Entscheidung immer bei den Göttern. Die Großen Blonden mußten ihren Plan demnach dahingehend tarnen, daß seine Erfüllung aussah wie die Befolgung eines göttlichen Willens. Der Kontakt mit den ichbewußten Menschen von außerhalb hatte die KIR-MA aus dem Gefühl der unmittelbaren Einheit mit der universellen Lebenskraft vertrieben. Was früher organischer Teil ihrer eigenen Empfindung war, repräsentierten inzwischen von ihnen getrennte Wesenheiten. Die Erfindung und geistige Durchsetzung von sogenannten »Göttern« war die entscheidende Voraussetzung, mit deren Hilfe die Großen Blonden ihren geistigen Einfluß auf die Kleinen Schwarzhaarigen geltend machen konnten. A-BO-KAM-MAs Stellung im Sippenverband der KIR-MA war dadurch möglich geworden, daß es jemandes bedurfte, der es verstand, die Zeichen der Götter zu deuten. Damit war Manipulationsmöglichkeiten Tür und Tor geöffnet. Obwohl ihnen dieser entscheidende Schachzug geglückt war, mußten die Großen Blonden weiterhin darauf achten, ihre Absichten hinter dem Willen der Götter zu verbergen.
Auf das konkrete Geschehen rund um den Johannisberg bezogen bedeutete das, immer wieder geeignete Rituale durchzuführen, in denen sich göttliche Entscheidungen manifestieren konnten. Da auf die jeweiligen Ergebnisse jedoch nur begrenzt Einfluß genommen werden konnte,

beinhaltete die Strategie der Großen Blonden eine relativ große Offenheit gegenüber dem tatsächlichen Geschehen. Auf den vielen Etappen zum Ziel konnte so einiges schiefgehen und das ehrgeizige Vorhaben vereiteln.

Gris hatte noch eine Reihe kritischer Phasen vor sich, in denen sich erst herausstellen mußte, daß er ohne jeden Zweifel die richtige Person für die endgültige Auseinandersetzung mit NE-BETH war. Sein konketes Verhalten mußte immer wieder »beweisen«, daß er niemand anderes war als YA-BETHs Sohn.

Wie bereits dargestellt, lebte Gris – seiner göttlichen Abstammung entsprechend – von den übrigen Sippenmitgliedern getrennt oben auf der ersten Siedlungsebene. Mit ihm sollte symbolisch eine neue Ära beginnen. Bislang war es zu keiner genetischen Vermischung der beiden Rassen gekommen. Der Kontakt beschränkte sich auf die kulturelle Befruchtung. Eine Ausnahme mag das »Höhere Gesetz der Arten« gespielt haben. Wir halten es für denkbar, daß die Großen Blonden hin und wieder gezielt »MO-DOLLs« gezeugt haben. Das genetische Material der Kleinen Schwarzhaarigen wurde dadurch aufgefrischt, und gleichzeitig wurde deren »reines Blut« nach und nach verunreinigt und damit weniger durchlässig für die Hellfühligkeit.

Im Zeitalter des Metalls wollte MIR-O ein neues Volk, das ihm gehörte und ihm aus ganzem Herzen diente. Es sollte auf der Paarbeziehung aufbauen und keine Rassenschranken mehr kennen. Da Gris NE-BETH bezwingen sollte, galt er seit seiner Geburt als Urahne des neuen

155

Menschengeschlechts. So wie er selbst einen Vater hatte, sollte auch er in einer patriarchalischen Ein-Mann-eine-Frau-Beziehung leben. Zu diesem Zweck war ein junges Mädchen aus den Reihen der Großen Blonden auserkoren, seine lebenslange Begleiterin zu sein. Ihr Name war MIR-DI-MA, was soviel bedeutete wie: »Dem Mann zum Eigentum gemacht«. Bereits im Alter von vier Jahren war sie auf den Johannisberg gekommen. Sie lebte zusammen mit A-BO-KAM-MA auf der zweiten Ebene. Seit ihrer Geschlechtsreife bewohnte sie eine eigene Steinbehausung. Sie war zwei bis drei Jahre älter als Gris, so daß sie zu dem Zeitpunkt, da Gris geschlechtsreif wurde, schon gebärfähig war. Weil beide eine besondere Bestimmung hatten, durften sie keine sexuellen Beziehungen haben und nicht an den Zeugungsritualen teilnehmen.

Auf dem Johannisberg hatte die Anwesenheit MIR-DI-MAs den Zweck, das sinnliche Verlangen in YA-BETHs Sohn zu wecken. Sie sollte herausfinden, wann die Zeugungskraft in ihm erwachte. War der Junge mit der tierischen Abstammung in der Lage, einen Menschen zu zeugen?

Im Rahmen seiner Funktion versorgte Gris auch A-BO-KAM-MA und die junge Frau mit Wasser. Durch seine Tätigkeit kam er jeden Tag in ihre unmittelbare Nähe. MIR-DI-MA ließ nichts aus, um – wie ihr geheißen – seine Aufmerksamkeit auf sich zu ziehen. Immer wenn Gris ihr frisches Wasser brachte, wusch sie sich in seiner Anwesenheit von Kopf bis Fuß. Er wußte, daß es ihnen verboten war, sich miteinander einzulassen. Er wollte auf

keinen Fall die Regeln der Menschen verletzen und miß-
billigte das offene Werben MIR-DI-MAs. Die junge
Frau hörte jedoch nicht auf, ihn mit ihren Reizen aus der
Reserve zu locken. Lange Zeit wehrte sich Gris gegen
MIR-DI-MAs offensives Werben. Da er aber jeden Tag
mit ihr zu tun hatte und beide das gemeinsame Schicksal teilten, außerhalb der Gemeinschaft zu stehen, mußte »es« beinah zwangsläufig passieren. Es kam der Moment, wo das Faß überlief. Gris überkam eine der-
maßene Wut auf MIR-DI-MAs Unverschämtheit, ihn
mit ihren weiblichen Attributen und Anspielungen
nicht in Ruhe zu lassen, daß er seinem aufkeimenden
Geschlechtstrieb kurzerhand nachgab und das Verbot zu
zeugen brach. Dadurch kam DAS TIER in ihm endlich
wieder voll zum Vorschein. Die Art und Weise, wie es
zur geschlechtlichen Vereinigung kam, war im voraus
geplant worden. Die Sippennorm im Umgang mit den
eigenen Fortpflanzungskräften war Liebe und Zärtlichkeit. Gezeugt wurde ausschließlich im Beisammensein
und dem gemeinsamen Gefühl der gesamten Gruppe.
Was zwischen MIR-DI-MA und Gris, durch die Verbote
erzwungen, ablief, war – im Gegensatz zur ritualisierten
und von allen Teilnehmern beobachtbaren menschlichen Sexualität – deren tierische Abart. Sie geschah
nicht nur abseits, sondern auch noch in Aggressivität
von Seiten des einen Partners.
So seltsam es anmutet, aber genauso sollte es sein! MIR-
DI-MA war deshalb auf Gris »angesetzt« worden, um im
Stadium der Geschlechtsreife seine animalischen In-
stinkte herauszufordern. Auf sie kam es an, denn sie

wurden gebraucht. DAS TIER sollte neben dem Gott (Herkunft) und dem Menschen (Jugendzeit) den dritten existenziellen Teil seines erwachsenen Wesens darstellen. Indem Gris sich in Anwesenheit seiner Brüder, die »die Tat« bezeugen konnten, dazu hinreißen ließ, MIR-DI-MA mehr oder weniger zu vergewaltigen, zeigte er allen, daß DAS TIER in ihm noch lebendig war.

Er hatte sich über die menschliche Gruppennorm hinweggesetzt und aus eigenem inneren Antrieb gehandelt. Auf dieses »göttliche« Signal hatten die KIR-MA gewartet. YA-BETHs Sohn hatte MIR-DI-MA geschwängert. Er war im Begriff, ein Mann zu werden, die Vorbereitungen für die Einweihung in seine Aufgabe als Erwachsener konnten beginnen. Als Gris realisierte, daß er einem abgekarteten Spiel auf den Leim gegangen war, bestritt er aufs heftigste die Vaterschaft. Er wußte zwar um seine besondere Bestimmung, sehnte sich aber von Herzen danach, als normaler Mensch dauerhafte Anerkennung unter seinesgleichen zu finden.

Das Kind, das MIR-DI-MA gebar, diente als Zeichen, ob die tiergöttliche Abstammung seines Vaters weiterhin wirksam war oder ob die menschlichen Energien ihn trotz seiner Abgeschiedenheit von der Gruppe voll in Besitz genommen hatten. Die Lebensfähigkeit des Neugeborenen sollte darüber hinaus zeigen, ob die KIR-MA noch länger auf dem Johannisberg bleiben konnten oder ob die Zeit gekommen war, endlich ins neue Zeitalter aufzubrechen. Mit Spannung wurde die Geburt erwartet. Als das Baby schließlich das Licht der Welt erblickte, war die Erleichterung groß. Bei Gris handelte es sich wahrlich um YA-BETHs Sohn, denn er hatte sich als unfähig erwiesen, einen Menschen zu zeugen. Das Kind lebte zwar, hatte aber weder Beine noch Arme und schrie auch nicht. Offensichtlich besaß es ebensowenig eine Stimme wie sein Vater. Sein Aussehen unterstrich zweifelsfrei, daß Gris während seines Aufwachsens zu keinem energetisch vollwertigen Menschen geworden war und es daher mit rechten Dingen zuging, ihn zum Fuchs zu machen. Das lebensunfähige Wesen trug eindeutig die Handschrift YA-BETHs. Dieser zeigte sich über das deformierte Neugeborene einverstanden mit dem Geschehen und den weiteren Plänen der Menschen. Und mehr noch: So wie der Gott der Tiere schon seit Menschengedenken über deren Degeneration wachte und sie zum Verlassen von »verbrauchten« Wohnorten aufforderte, so machte er auch diesmal über seinen Sohn deutlich, daß ein erneuter Aufbruch unvermeidlich war. Alles was sie auf dem Johannisberg erwartete, war die Auflösung ihrer Konturen, symbolisiert im bejammernswerten Zustand ihres Neugeborenen. Blieben die KIR-MA länger an diesem Ort, waren sie alle Todgeweihte. Das Zeichen »Lebensunfähigkeit« mahnte, mit den großen Umwälzungen zu beginnen.

Katalysator der lange vorbereiteten Veränderungen war YA-BETHs Sohn. Die Zeit war reif, aus ihm den göttlichen Fuchs zu machen, als der er unter die Menschen gekommen war. MA-RI-A war durch Gris' Geburt zur TI-A-MA geworden, zur göttlichen Mutter. Sie verkörperte die Frau, die ausersehen war, vom Gott persönlich zu empfangen. In unserem Fall handelt es sich um den Gott der Tiere. Da MA-RI-A aufgrund genetischer Voraussetzungen nicht in der Lage war, ein Tier zu gebären, mußte ihr Kind erst von den Menschen zum Tierwesen »gemacht« werden, das ihnen helfen sollte bei der geistigen Überwindung der Erdenkräfte. Um in die menschlichen Belange eingreifen zu können, mußte es zugleich Mensch sein, wenn auch mit Eigenschaften, die die göttliche Abstammung bezeugten. Bei Gris war es bekanntlich seine fehlende Stimme, die ihn mit YA-BETH und der Welt der tierischen Energien verband. Diese angeborene Verbindung mußte nun verstärkt werden und ihren vollkommenen körperlichen Ausdruck finden. Das geeignete Mittel, die menschlichen Energien von YA-BETHs Sohn auf die tierische Schwingungsebene zu senken, war die »Umleitung« seiner sexuellen Kraft. Das Schwängern MIR-DI-MAs hatte seine erwachte Potenz unter Beweis gestellt. Für die hellfühlenden KIR-MA war die sexuelle Energie diejenige Urkraft, die sie als Menschen gestaltete und miteinander verband. Menschsein war für sie keine individuelle Angelegenheit, sondern ein geschlossener energetischer Kreislauf, der sich in der kontinuierlichen Abfolge der Generationen verkörperte. Wer seine Zeugungskraft verlor, büßte damit sein Menschsein ein, weil er ausgeschlossen war von der ständigen Erneuerung der menschlichen Energie im Fortpflanzungsgeschehen. Da bei den KIR-MA immer drei Männer an einer Zeugung beteiligt waren, blieben auch unfruchtbare Männer eingebunden in den menschlichen Kreislauf.

Obwohl als Mensch geboren, hatte Gris als Fuchs außerhalb des menschlichen Geschehens zu stehen. Die erste Phase seiner Initiation zum Tiergott beinhaltete demnach konsequenterweise seine »Entmenschung«. Durch Manipulation an seinen Geschlechtsorganen haben es die Großen Blonden geschafft, jene Energien, die sonst in die Zeugungsfähigkeit gehen, freizusetzen. Wir wissen nicht, was sich in allen Einzelheiten abgespielt hat, denn aus verständlichen Gründen konnte Renate das Bild und die Empfindungen des entsprechenden Rituals nicht bis zum Schluß aushalten. Sie weiß nur, daß er hinterher – also während der gesamten zweiten Lebenshälfte – von der Hüfte abwärts nichts mehr gespürt hat. Der sexuelle Trieb war ihm als Ergebnis der Initiation vollständig genommen.

Die erste Einweihung fand abseits vom Johannisberg auf einer langgestreckten Lichtung statt. Auf ihr waren in gebührlichem Abstand drei mal vier Pflöcke in den Erdboden gerammt. An einem Viererset wurde Gris nackt mit ausgestreckten Armen und Beinen gefesselt. Ein Feuer brannte und bezeugte die Anwesenheit YA-Os. Es waren nur zwei hochgewachsene, blondhaarige Männer anwesend, die alle erforderlichen Handgriffe ausführten. Das Ritual beinhaltete neben der »Entmenschung« noch zwei weitere Einweihungsmaßnahmen.

Die erste war die Bezeichnung des Körpers. Sie erfolgte mit metallenen Siegelstangen und diente dazu, Gris in seiner neuen Rolle zu kennzeichnen. Es handelte sich um göttliche Zeichen. Wer sie trug, stand im Verbund mit den Göttern und wirkte in ihrem Auftrag. Erst durch DIE ZEICHEN wurde Gris zu einem besonderen Tier. Da es noch keine Trennung zwischen Zeichen und Bezeichneten gab, waren die geistigen Energien »hinter« den Zeichen ebenso anwesend wie die formalen Symbole. Die in Form von Tätowierungen auf seiner Haut angebrachten heiligen Zeichen trugen demnach ihren Teil dazu bei, Gris zu dem Gott-Tier zu machen, das er sein sollte.

Nicht nur die Zeichen selbst hatten ihre Bedeutung. Auch die Art und Weise der Bezeichnung symbolisierte wichtige geistige Vereinigungen. Die Überwindung NE-BETHs war ein Ereignis, das den gesamten Götterkosmos betraf, also waren die göttlichen Energien auch bei der Einweihung von YA-BETHs Sohn zum göttlichen Fuchs anwesend. YA-O verband sich durch das Feuer mit MIR-O und erglühte die metallenen Siegel. Die Brandzeichen auf Gris' Haut waren die materiell sichtbar gewordene Verbindung zweier göttlicher Wesenheiten. MIR-O hatte von YA-O die Erlaubnis, diesen menschlichen Körper zu seinem irdischen Werkzeug zu machen. Indem die frischen Wundmale mit der Asche von heiligen Kräutern verstrichen wurden, verband sich auch YI-MA mit dem Geist der Zeichen. Sie sollte dem Körper helfen, die Eingriffe gesund und dauerhaft zu überstehen.

Auf Gris' Körper befinden sich mehrere Bündel aus waagerechten Strichen (parallel zur Wirbelsäule) sowie zwei Kreuze. Auffallend ist, daß sie nur die untere Hälfte des Körpers bis hinab zu den Füßen schmücken. Die waagerechten Striche basieren auf dem Zeichen YA-

BETHs. Es gelang uns, die Bedeutung der obersten drei Bündel an seinem unteren Rücken zu entschlüsseln.

Die vier obersten Striche bedeuteten »MO-DOLL« und kennzeichneten seine besondere Herkunft. »MO« bezeichnete »Das Höhere Gesetz der Arten«, und »DOLL« stand für »Sippenzugehörigkeit«. Das Höhere Gesetz der Arten beinhaltete – wie bereits erwähnt – die patriarchalische Zeugung »Ein Mann – Eine Frau«. Gris hatte als Träger dieser Strichfolge demnach einen Vater und unreines Blut.

Die drei mittleren Striche bedeuteten »Höheres Geistiges Wesen« und verdeutlichten die vier über ihnen liegenden. Der mit ihnen Bezeichnete stammte nicht von Menschen ab, sondern hatte einen göttlichen Vater.

Die unteren drei Striche bedeuteten »Die Macht der Drei Herzen« und fügten den beiden oberen Strichbündeln eine weitere Charakterisierung hinzu. Wer sie trug, war ebenfalls kein »normaler« Mensch, sondern ein aus eigener Kraft entwickeltes Prachtexemplar seiner Spezies. Niemals hätten die KIR-MA es gewagt, NE-BETH nicht ihren körperlich Besten anzubieten.

Zusammengefaßt symbolisierten die vier mal drei mal drei Striche: Hier handelt es sich um ein Wesen, das nach dem Höheren Gesetz gezeugt worden war, einen Tiergott als Vater hatte und über alle menschlichen Eigenschaften verfügte, um für die Menschen in die universelle Ordnung einzugreifen.

Es gelang uns nicht, in Erfahrung zu bringen, ob die weiteren Striche an seinem Körper ebenfalls spezielle Bedeutungen hatten. Möglicherweise stellten sie gleichzeitig auch therapeutische Maßnahmen dar, wie es von Seiten der Wissenschaft erwogen wird. Immerhin mußte Gris – wie sich im weiteren Verlauf der Einweihung noch zeigen wird – massive körperliche Eingriffe über sich ergehen lassen. Die beiden Kreuze am Kniegelenk und am Knöchel sollten signalisieren, daß er NE-BETH versprochen war.

Neben der »Entmenschung« und der Brandzeichnung bestand die von den beiden Männern durchgeführte Initiation aus einer dritten, tief in das menschliche Wesen eingreifenden Maßnahme. Ein Tier lebt vollständig in der Gegenwart. Nur dort entfaltet es seine volle Aufmerksamkeit und seine große Kraft. Als Fuchs benötigte Gris kein Gedächtnis mehr. Die kleinen, runden Löcher in seinem Schädelknochen geben Auskunft über das Vorgehen. Die beiden Männer trieben unmittelbar neben seinem Kopf zwei weitere Pflöcke in den Erdboden. Von links und rechts wurden Lederriemen – einem Stirnband gleich – um seinen Kopf gelegt und mit diesem und seinen beiden Handgelenken verbunden. Im Leder waren spitze Metalldornen eingearbeitet, die direkt an seinen Schläfen ansaßen. Die Riemen wurden so auf Spannung angelegt, daß Gris sein Haupt nicht mehr bewegen konnte. Der schmerzhafte Eingriff in seine Genitalien erzeugte einen Reflex in den Armen, der die Metalldornen ins Gehirn eindringen ließ. Als Folge konnte Gris sich in seinem »zweiten Leben« nicht mehr vollständig an das erinnern, was auf dem Johannisberg geschah. Die abgeschwächte Erinnerung an seine menschliche Zeit sollte ihm die Existenz als Fuchs erleichtern.

Seine aktuelle Gedächtnisfähigkeit war ebenfalls beeinträchtigt, so daß seine Wahrnehmung – wie beim Tier – sich mehr dem Augenblick und den eigenen Instinkten öffnen konnte.

Die körperliche Einweihung war mit den bereits durchgeführten Ritualen noch nicht beendet. Gris mußte noch den »Ersttod« sterben, das heißt sein erstes Leben als Mensch ablegen. Zu diesem Zweck war ein Grab in einem kleinen Erdhügel ausgehoben worden. Es war nach oben hin offen und mit Zweigen, Gras und Erde luftdurchlässig abgedichtet. Den Boden bedeckte eine etwa achtzig mal hundertsechzig Zentimeter messende, helle Sandsteinplatte. Es handelt sich hierbei um das Stück, das ebenfalls 1991 in unmittelbarer Nähe des Johannisbergs wieder aufgetaucht ist. Die Steinplatte besaß damals eine weiche, wellenförmige Oberfläche. Vier Jahre lang hatte die Sippe – einschließlich Gris selbst – an dem einzigartigen Stück gearbeitet. Nun sollte sie ihre Funktion erfüllen und eine abschirmende Grenze zu NE-BETH bilden.

Die beiden Männer ergriffen den Bewußtlosen und schmissen ihn unsanft, ja brutal durch die geöffnete Tür aus geflochtenen Zweigen ins Innere des Grabes. Die Wucht war so groß, daß Gris sich beim Aufprall auf der Steinplatte die Wirbelsäule verletzte. Beim Hineinschieben des regungslosen Körpers beschädigten sie noch mutwillig sein Hüftgelenk. Der Sinn der Aggressivität lag darin, ihn gezielt zu verkrüppeln, weil NE-BETH ihn so haben wollte. Die durch die mutwilligen Verletzungen erzeugten »kaputten Stellen« im Körper schufen ein einzigartiges Schwingungsmuster, an dem der Erdenwurm seinen Tischgenossen erkennen konnte. Auf Energieebene orientiert sich Kommunikation einzig und allein an der Übereinstimmung der Frequenzen. Nur ein deformierter menschlicher Körper war anscheinend in der Lage, den Kontakt mit NE-BETH aufzunehmen. Der Austausch mit »niederen« Ebenen des Seins konnte nur erfolgen über eine Absenkung der menschlichen Energie. Sie wurde erreicht durch eine gezielte Zerstörung des gesunden Körpers.

Der Ersttod diente nicht nur dazu, den Körper und seine Energien zu verändern. Er hatte auch die Funktion einer weiteren Prüfung. Wenn Gris die heftigen physischen Eingriffe überlebte, war er wahrlich YA-BETHs Sohn, dem nichts etwas anhaben konnte. Ins Grab wurde er gelegt, um ihn zu isolieren. Weinen und Schreien galten als menschlich. Menschlich wollten sie ihn aber nicht mehr haben, also verbargen sie ihn in der Erde. Indem er tagelang unter Schmerzen und Nahrungsentzug in seinem Grab lag, sollte eine drastische Veränderung seiner Selbstwahrnehmung erreicht werden. Die gewaltsame Veränderung des Körpers galt als therapeutische Hilfe, ein neues Leben mit einer neuen Bestimmung zu beginnen. Gris hatte als Mensch zu sterben, um als Fuchs wiedergeboren zu werden.

Sieben Tage und Nächte hat er mindestens im Grab auf der Sandsteinplatte verbracht. Nur TI-A-MA und MIR-DI-MA durften in seine Nähe. Sie versorgten seine Wunden und gaben ihm zu trinken. Nachdem A-BO-KAM-MA die Entscheidung getroffen hatte, daß der

166

Mensch tot und der Fuchs geboren war, kamen die beiden Frauen, um ihn aus der erzwungenen Dunkelheit zu befreien. Auf einem gewöhnlichen Transportkarren wurde er zurück auf die erste Ebene oben auf dem Johannisberg gefahren. Dort wurde der Körper des Wiedergeborenen einer eingehenden Untersuchung unterzogen. Die offenen Wunden an den Schläfen und zwischen den Beinen hatten sich ohne Entzündung geschlossen. Die Frauen behandelten ihn äußerst vorsichtig und behutsam, wie ein Neugeborenes. Ein Zupfinstrument wurde zart geschlagen, um sein Gehör zu testen und ihn mit Hilfe des Schalls zurück in TI-O-BETHs Welt des Lichtes und der Wärme zu holen. Die liebevollen Hände seiner Mutter begannen ihn sorgfältig einzureiben. Die verwendeten Kräuter sollten seinen Kreislauf anregen und den Blutdruck stabilisieren. Das Einweihungsritual war noch nicht zu Ende.

Sobald Gris wieder einigermaßen zu sich gekommen war, wurde er in einen eigens für ihn angefertigten Stuhl mit Rädern gesetzt. Seine Mutter fuhr ihn daraufhin hinunter auf die zweite Siedlungsebene zu A-BO-KAM-MA, der ihn bereits erwartete. Jetzt ging es darum, daß der Fuchs die Reste seiner menschlichen Energie zurück zu seinem göttlichen Vater sandte. Zu diesem Zweck verkörperte A-BO-KAM-MA mit Fellrock und Geweih YA-BETH als Hirschgott. An der Steineinfriedung angelangt, stülpte MA-RI-A ihrem nackten Sohn eine Fuchsmaske – die SHU – über den Kopf. Der noch immer schwer verletzte Gris setzte mühsam einen Schritt vor den anderen. Zentimeter um Zentimeter bewegte er sich vorwärts, bis der Fuchs schließlich vor dem Hirsch stand. Gris baute sich mit aller ihm zur Verfügung stehenden Macht auf und sammelte seine Energie. Im Augenblick der höchsten Anspannung stieß er all seine Kraft lauthals auf den Hirschgott. Als dessen irdische Verkörperung ging A-BO-KAM-MA auf ihn zu, griff durch die Maske und zog dem Fuchs den einzigen Weisheitszahn, der als Attribut seines Menschseins durchgekommen war. Die Rückgabe der Energie stellte sich Renate in einer sinnbildlichen Szene dar: A-BO-KAM-MA nahm neben sich ein Brett mit männlichen Genitalien auf, das er sich vor den Unterleib hielt. In dieser Position wartete er, bis die Energie vollständig auf ihn überging. Als Zeichen der erfolgreichen Wirkung sprossen aus dem Geweih neue Enden. A-BO-KAM-MA verwandelte sich in einen jungen Hirsch und sprang auf und davon!

Indem Gris seine Zeugungskraft seinem göttlichen Vater zurückgab, hatte er sich endgültig seines Menschseins entledigt. Er selbst nannte die Energieübertragung die »Ablösung der Lust durch einen kurzen Schrei«.

Sobald er reisefähig war, ging es per Ochsenkarren rheinaufwärts. Ziel war die Stadt der Steine, wo sich der lokale Stützpunkt der Großen Blonden befand. Hier wurde Gris' spirituelle Einweihung in den folgenden sechs Monaten abgerundet. Zur körperlich-emotionalen Neuorientierung kam jetzt der geistige Durchblick. Gris sollte nicht nur erdulden, was mit ihm geschah, sondern aktiv aus innerer Überzeugung seine Aufgabe erfüllen. Außerdem stand ihm ja nur noch der Geist zur Verfügung, um sich weiterzuentwickeln. Die Beherrschung seines Atems sollte ihn befähigen, seinen Körper und dessen Verstümmelungen zu transformieren und unabhängig zu werden von klimatischen Bedingungen. Er wurde gezielt auf ein einsames Leben auf den Berggipfeln vorbereitet. Ihm wurde beigebracht, die Energieleiter hinaufzusteigen, um andere Dimensionen zu erreichen. Er sollte die Entscheidung haben, entweder auf der tierischen Körperebene zu verharren oder emporzustreben zu höheren geistigen Sphären, um von dort aus im Sinne der Menschen zu wirken.

Als Tier durfte Gris keinen Umgang mehr mit den Menschen pflegen. Seine ebenfalls göttliche Mutter und MIR-DI-MA waren die einzigen Wesen, zu denen noch engerer Kontakt erlaubt war. An dieser Stelle ist erwähnenswert, was geschehen wäre, wenn YA-BETHs Sohn die Prüfungen im Laufe seines Heranwachsens, die in den Einweihungsritualen zum Tiergott gipfelten, nicht bestanden hätte. Wäre in irgendeiner Phase seiner Entwicklung deutlich geworden, daß sein Verhalten nicht dem Willen der Götter entsprach, hätten die KIR-MA ihn und seine Mutter getötet. Ihr Sonderstatus machte ihnen eine Rückkehr ins normale soziale Leben unmöglich. Glücklicherweise liefen die Ereignisse auf dem Johannisberg in die gewünschte Richtung.

Gris wurde während seines halbjährigen Aufenthalts in der Stadt der Steine nicht nur geschult, sein damaliges Leben geistig in den Griff zu bekommen. Ihm wurde auch gezeigt, daß er wiedergeboren würde zum Ende des Metallzeitalters. Die Großen Blonden erzählten ihm von dem Leben im Überfluß, das dereinst auf ihn wartete, als

»Lohn« für seine Mühsal. Seine Lehrmeister müssen über herausragende spirituelle Techniken verfügt haben. Schon damals muß Gris unserer Meinung nach gelernt haben, zu gegebener Zeit den Kontakt mit seiner Reinkarnation aufnehmen zu können. Er war ein guter Schüler, wie sich inzwischen herausgestellt hat.

Die Wirkungen des Metalls

Als Gris nach Abschluß aller Initiationen auf den Johannisberg zurückkehrte, war er stolz, die an ihn gestellten Anforderungen bewältigt zu haben. Er war gestorben und wiedergeboren und hatte damit allen bewiesen, daß er in der Tat niemand anderes war als YA-BETHs Sohn. Endlich hatte NE-BETH den menschlichen Tiergott, den er haben wollte. Das Bild einer gleichberechtigten Tafelrunde hatten die Großen Blonden erfunden, um den Menschen ihre Angst vor dem Wurm der Unteren Welt zu nehmen. Wenn sie sich göttlich legitimieren konnten, war der Hüter der Erde bereit, die Menschen als Partner zu akzeptieren und einen der ihren zu empfangen. Als YA-BETHs Sohn war Gris der erste Stellvertreter. Indem er mit NE-BETH speiste und sich mit ihm unterhielt, war er in der Lage, ihn abzulenken, so daß der Wurm nicht sah, wie die Menschen sein Metall aus der Erde holten. Der göttliche Fuchs war als Aufpasser gedacht, um den Menschen die Furcht vor der Entdeckung ihres bislang »verbotenen« Tuns zu nehmen.

Die Hellfühlenden sollten die Erfahrung machen, gefahrlos in die Erde eindringen zu können, ohne daß ihre Seelen vom Hüter der Erde verschlungen wurden. Gris' gesamtes Leben diente dazu, die geistige Blockade stellvertretend für alle Zeitgenossen nur ein einziges Mal zu durchbrechen. Die Großen Blonden hatten richtig erkannt, daß es nichts anderes als ihre eigene Wahrnehmung war, die die Hellfühlenden noch vom Metallzeitalter trennte.

Die einzigartige Bedeutung, die Gris hier in Europa als Bindeglied zwischen der Ära der Hellfühligkeit und dem Zeitalter des Ichbewußtseins einnahm, spiegelt sich auch in dem neuen Namen, den er zum Abschluß seiner Einweihung in der Stadt der Steine erhielt. Da alle Zeichen der Götter während seines Heranwachsens günstig waren und er seinen Ersttod erfolgreich überlebt hatte, zweifelte niemand mehr an seinem Auserwähltenstatus. Der neue Name gibt die Dimension wieder, die die Großen Blonden ihrem gesamten Vorhaben gaben. Er lautete: HO-MU-MIR-O.

»HO« bedeutete: »Der für die Ewigkeit atmet«[19] – prosaisch: »Prinz«. »MU« bezeichnete »die Erde«, und »MIR-O« stand für den Gott des Metalls / des Eigentums / des Ichs und das auf diesen Qualitäten aufbauende neue Zeitalter. Auf den Kern der Aussage gebracht war der HO-MU-MIR-O demnach »der Prinz, der die Erde für eine Neue Zeit vorbereitet«[20]. Zur Kennzeichnung seines herausgehobenen, »ewigen« Status trug Gris bereits einen kupfernen Ring im rechten Ohr.

Die Überwindung NE-BETHs war notwendig, um die

Metallproduktion ausweiten und im großen Stil aufbauen zu können. Letzteres war unausweichlich, weil DAS METALL über Eigenschaften verfügt, die wesensmäßig mit dem Ichbewußtsein verbunden sind.

Die Bewußtseinsenergien, die wir Heutigen zur Ausbildung und Aufrechterhaltung unseres kritischen Verstandes gebrauchen, flossen damals noch zum überwiegenden Teil in die ichlose Wahrnehmung und den Zusammenhalt der Sieben Göttlichen Ebenen des Seins. Von daher hatten die Menschen noch keine Möglichkeit, sich den großen, universellen Kreisläufen zwischen dem EINEN Geist und seinen vielen Verstofflichungen zu entziehen. Als wesentlicher Teil der universellen Einheit waren sie noch nicht in der Lage, DAS GANZE von außen zu erkennen und eine Stabilität aus sich selbst heraus zu gewinnen. Nur die permanente, peinlich genaue Ausführung der Rituale verhinderte, daß die vor-ich-bewußten Menschen aus der Welt stürzten und der Vernichtung in Form von geistiger Verwirrung anheim fielen. Die KIR-MA kannten keine Angst vor dem physischen Tod. Die Unsterblichkeit ihrer Seelen war für sie Realität. Bedroht fühlten sie sich einzig und allein, wenn sie sich abgeschnitten fühlten von der geistigen Identität als Menschen, die als Vierte Ebene unverzichtbarer Teil des kosmischen Ganzen war. Gerade weil sie durch ihre Hellfühligkeit in alle Vorgänge auf mineralischer, pflanzlicher, tierischer und menschlicher Ebene total einbezogen waren, waren sie so darum bemüht, sich immerzu als Menschen zu behaupten. Menschsein war eine bestimmte Form der Schwingung

172

und äußerte sich in bestimmten »Gestalten« von Energie.

Auf diesem Hintergrund war die energetische Wirkung des Metalls verblüffend. Hellfühlenden Menschen unter übersinnlichem Dauerbeschuß brachte das Metall ein ganz neues Gefühl: DIE LEERE !

So seltsam es klingen mag, aber in der unmittelbaren Reichweite der feinstofflichen Schwingungen des Metalls erfuhren die Menschen zuerst DAS NICHTS! Eine derartige Vorstellung existierte noch nicht im hellfühlenden Kosmos, in dem alles mit allem in Verbindung stand und wo das eine das andere und das wiederum noch etwas anderes in fließender Abfolge bewirkte. Wir waren überrascht zu erkennen, daß das Metall den Menschen offensichtlich Verschnaufpausen im unaufhaltsamen Verlauf der übersinnlichen Ereignisse lieferte. Die KIR-MA verehrten die Ruhe, die von ihm ausging. Sie liebten es, den neuen Stoff in den Händen zu halten und am eigenen Körper zu tragen. Metall wirkte auf Hellfühlende wie ein energetischer Schutzschild. Es war die materielle Grundlage für die Unterscheidung in Ich und Nicht-Ich, innen und außen. Als künstlich hergestelltes Produkt war das Metall endlich der Stoff, der einmal *nicht* gefühlt wurde. Die Leere, die er hervorrief, fungierte als geistiger Gefühlsraum für die Erstarkung der Ichwahrnehmung. Metall lieferte das Gefühl des Abgetrenntseins von der hellfühlenden Einheit alles Lebendigen. Metallene Gegenstände wirkten »abschreckend« auf die unerwünschten Energien der übrigen Naturreiche.

173

Neben seinen energetischen Auswirkungen brachte das Metall jedoch auch neue geistige Aspekte in die Evolution des Menschen. Sie werden deutlich, wenn wir uns den Namen MIR-O genauer ansehen. »MIR« bedeutete – wie schon erwähnt – sowohl Metall als auch Eigentum und Ich. Die Silbe »O« stand für »Ewig-« und »Unsterblichkeit«. Auffallend ist, daß nur YA-O, TI-O-BETH und eben MIR-O das »O« in ihrem Namen haben. Kein anderes Wort, das uns bekannt wurde, trägt die Einzelsilbe »O«. Was auch nicht weiter verwundern muß. Das Dreiergespann YA-O / TI-O-BETH / MIR-O umfaßte anscheinend im Verständnis der Großen Blonden das göttliche Werden schlechthin:

»YA« war das formgebende Prinzip. In Verbindung mit dem »O« symbolisierte es die ewige Schöpferkraft jenseits von Raum und Zeit.

»TI« war der Geist, der der ewigen Quelle des Ursprungs entsprang, um sich durch die Kraft des »BETH« zu verkörpern.

»MIR«, die Kombination von Metall / Eigentum / Ich, bezeichnete das Selbständigwerden im Einzelbewußtsein, um die Vielfalt der Schöpfung durch den ewigen Akt der Selbsterkenntnis »zurück« zur Einheit des Schöpfers zu bringen.[21]

TI-O-BETH und MIR-O waren die beiden Pole, die aus YA-O hervortraten, um das physische Universum zu entfalten. Auffallend ist für uns die Ähnlichkeit dieser Götterkonstellation mit der später auftauchenden Vorstellung einer göttlichen Dreifaltigkeit. TI-O-BETH repräsentierte den Geist, der die Stofflichkeit organisierte, und MIR-O die Selbsterkenntnis, die aus allen Dingen gezogen werden konnte, deren Ichheit sozusagen. Dieses ICH, verkörpert in der ersten Silbe MIR-Os, hatte eine gänzlich andere Qualität als das »A«, das bei den KIR-MA ja auch für individuelle Seelenenergie stand. Das »A« bezeichnete jedoch nur die (vorübergehende) individuelle Einzelform im augenblicklichen Fluß der Hellfühligkeit. Das »A« hatte nur Bestand, solange die einzelne Verkörperung bestand. DAS ICH als Mittel universaler Erkenntnis, als Ausdruck des Gottesbewußtseins dagegen war ewig.[22] MIR-O hieß MIR-O und nicht MIR-A. Durch ihr ICH nahmen die Menschen Anteil an der ewigen göttlichen Erkenntnis ihrer selbst als Gott! Nicht umsonst war das Zeichen MIR-Os das gleichseitige Dreieck. Die »3« symbolisiert die Geistige Welt. Solange sich die Menschen in der alten Baumkultur mit dem Quadrat identifizierten, arbeiteten sie mit den vier Elementen Erde – Feuer – Wasser – Luft an ihrem physischen Körper. Mit dem Übergang zum Dreieck begannen die Menschen, nun auch an ihrem Geist willentlich aus eigener Kraft zu arbeiten.

Aus diesem geistigen Hintergrund entsprang die ungeheure Anziehungskraft MIR-Os und seines Metalls. Wenn wir sie nicht verstehen, können wir nicht wirklich nachvollziehen, was damals geschah. Jede geistige Entwicklung, die tatsächlich diese Bezeichnung verdient, schafft sich ihre eigenen neuen Formen und wird von ihnen geprägt und beschleunigt. DAS METALL hatte alle Eigenschaften, um das Denken, Fühlen und Wollen der Menschen total umzukrempeln. Nicht nur seine energetischen Eigenschaften wirkten befreiend. Die künstliche Herstellung und die unbegrenzte (»ewige«) Haltbarkeit trugen ganz wesentlich dazu bei, die menschliche Wahrnehmung zu verändern. Eine Vorstellung von »Eigentum« hätte sich zum Beispiel unmöglich aus den einfach der Natur entnommenen Gegenständen des täglichen Gebrauchs heraus bilden können. Nur etwas Wertvolles – etwas, das es nicht überall zu jeder Zeit gab und das vor allen Dingen nicht alle hatten oder sich mühelos beschaffen konnten – war in der Lage, die Menschen so in ihren Bann zu schlagen, daß sie nicht länger bereit waren, mit ihren Brüdern und Schwestern zu teilen. DAS METALL übte daher seine starke Anziehungskraft aus, weil es – sowohl stofflich als auch energetisch durch die neue Erfahrung der Leere – offensichtlich nicht von dieser Welt war. Es wuchs nicht am nächsten Baum und brauchte einfach nur gepflückt zu werden. Im Gegenteil. Nur wenn es gelang, Arbeitsabläufe zu organisieren, konnte der begehrte Stoff gesammelt, verhüttet und geformt werden. Die Menschen mußten lernen, Tätigkeiten aus sich selbst heraus, kraft geistiger Einsicht und Vorausschau zu bewerkstelligen. Die dafür notwendige Anstrengung forderte zwangsläufig ihren Lohn. Die Idee des Eigentums wurde somit zum ersten – spirituellen – Gehalt der Steinzeitler. Wofür die Menschen besondere Mühen und Disziplin auf sich nahmen, das sollte ihnen auch zugute kommen. Ohne die Vorstellung von persönlichem Besitz wiederum hätte sich kein ICH im Denken festsetzen können. Sowohl DAS EIGENTUM als auch DAS ICH bezeichnen die be-

176

wußte Trennung von der Gemeinschaft. Nicht nur die kollektive Lebensweise wurde damit durchlöchert. Der gesamte Fluß der allgemeinen Hellfühligkeit bekam mit dem Metall seine ersten Stauungen. Das in seinem Wirkungskreis empfundene NICHTS bildete die ersten Freiräume. Sie waren notwendig, damit die Menschen überhaupt die energetische Möglichkeit besaßen, nach innen zu schauen.

Als künstlich hergestellter Stoff brachte das Metall jedoch nicht nur das Bedürfnis nach Eigentum. Es bildete auch die Grundlage für soziale Ausdifferenzierung als Basis für DAS ICH. Mit der Metallverarbeitung hielt auch das Zeitempfinden Einzug in das menschliche Selbstverständnis. Die Menschen mußten sich in viel stärkerem Maß als bisher Gedanken über Arbeitsabläufe machen. Zwischen der Rohstoffgewinnung und der Endherstellung lagen bisweilen lange Zeiträume. Die notwendig gewordene Arbeitsteilung und Spezialisierung über Entfernungen und verschiedene Sippen hinweg bildete die Grundlage für ein Empfinden von ZEIT, das Steinzeitmenschen noch völlig fremd war. So etwas wie »Zukunft« war erst als vage Vorstellung in ihnen vorhanden. Da die Lebensumstände sich im geschlossenen Kreislauf der Jahreszeiten abspielten, gab es auch keinen Anlaß, an etwas anderes zu denken als das stets wiederkehrende Hier und Jetzt. Außerdem lebten die hellfühlenden KIR-MA zum überwiegenden Teil aus dem gemeinsamen Gefühl heraus. Und Gefühle bezogen sich immer auf den Augenblick und spiegelten die momentane Befindlichkeit des gesamten Kosmos im einzelnen.

Mit Hilfe MIR-Os sollte nun alles anders werden. Der neue Gott der Großen Blonden brachte radikale Veränderungen. Mit dem Aufbruch in sein Zeitalter begann in Europa unsere geschichtliche Zeit. Damals, vor über fünftausend Jahren wurde die Grundlage für unser heutiges Weltbild gezimmert. Wie nie zuvor veranschaulichte MIR-O die Fundamente der aufziehenden materialistischen Weltanschauung. Sie lauteten: Metall – Leere – Ich[23] – Eigentum – Arbeit – Zeit !

Der Aufbruch

Die Vorbereitungen waren abgeschlossen. Der göttliche Fuchs war als HO-MU-MIR-O einsatzfähig. Nun galt es, die übrigen Stämme der Kleinen Schwarzhaarigen mit NE-BETHs neuen Tischgenossen bekannt zu machen und in den Alpen einen geeigneten Platz für die Metallsuche zu finden. Nur in den Bergen gab es ergiebige Erzlager und Höhlen als erste natürliche Bergwerke. Nur ungefähr ein Dutzend Leute – unter ihnen MA-RI-A, MIR-DI-MA und A-BO-KAM-MA – verließen den heimischen KIR, um sich zusammen mit Gris auf den Weg zu machen. Das Geschehen nach der erfolgreichen Einweihung ihres göttlichen Kindes zeigt deutlich die allgemeine Bedeutung der Vorarbeit auf dem Johannisberg. Die bisher beschriebenen Ereignisse waren kein lokaler Einzelfall. Höchstwahrscheinlich hatten die Großen Blonden überregional in ihrem gesamten kulturellen Einzugsgebiet nach einer geeigneten Person für die Rolle als YA-BETHs Sohn Ausschau gehalten. Wäre es nicht Gris gewesen, so sicherlich ein anderer. Aber die Götter hatten gesprochen und den Siedlungshügel im Rheingau zur Keimzelle der Neuen Zeit auserkoren.

An dieser Stelle wird es wichtig, unseren Horizont auszuweiten. In unserem speziellen Fall repräsentierten bislang A-BO-KAM-MA und die KIR-MA das Verhältnis zwischen den Großen Blonden und den Kleinen Schwarzhaarigen. Die KIR-MA selbst jedoch waren Teil der BAR-BA-KIR-MA, die sich höchstwahrscheinlich über weite Gebiete Europas erstreckten. Auch die Großen Blonden hatten mit Sicherheit an mehreren Stellen ihre Stützpunkte. Die Stammesbezeichnung »BAR-BA-KIR-MA« spiegelte einmal mehr die Besonderheiten der sich so bezeichnenden Menschen. Die Silbe »BAR« bedeutete »Wind«, und die Silbe »BA« stand für Wasser. Neben dem gemeinsamen Ursprung in der Baumkultur (KIR) gab es noch zwei weitere Voraussetzungen, die über die Stammeszugehörigkeit entschieden. Die eine war, immer noch in der Nähe von Wasser (BA) zu wohnen, und die andere, in drei Ebenen auf einem Hügel, einer Kuppe oder einem Berghang zu siedeln, wo sie dem Wind (BAR) in besonderem Maße ausgesetzt waren.

Auch »unsere« KIR-MA hießen demnach vollständig BAR-BA-KIR-MA, weil sie ein Teil des großen Stammes waren. Der Einfachheit halber haben wir sie bisher lediglich »KIR-MA« genannt. Auf den nachfolgenden Seiten sprechen wir nun von den BAR-BA-KIR-MA, weil

179

der Zug in die Berge eine Aktion des gesamten Stammes war.

Dieser Treck war eine logistische Glanzleistung der Großen Blonden. Nahezu jede Sippe auf dem Weg in die Berge stellte ihrerseits Auserwählte zur Verfügung, um den neuen Stamm zu gründen, dessen Aufgabe es war, dem Gott des Metalls eine eigene irdische Heimstatt zu bereiten.

Die Reise in die Berge dauerte ganze zwei Jahre und war nichts anderes als ein gigantischer Triumphzug. Überall, wo er hinkam, wurde der HO-MU-MIR-O stürmisch gefeiert. Die Menschen erwarteten ihn bereits sehnsüchtig. Zwölf lange Jahre war es immerhin schon her, seit die Kunde sich verbreitet hatte, daß ihnen – den BAR-BA-KIR-MA – ein göttliches Kind geschenkt worden war. Als Mutter von YA-BETHs Sohn wurde auch MA-RI-A als Verkörperung von TI-A-MA tiefste Verehrung und Hochachtung zuteil. Die ganze Unternehmung wirkt auf uns wie generalstabsmäßig geplant. Die Zeit war für die Kleinen Schwarzhaarigen gekommen, den Großen Blonden und ihrem Gott zu folgen. Schon lange war ihnen versprochen worden, so wie sie werden zu können. In bezug auf Schönheit, Kraft und Selbstbewußtsein waren die kultivierten Menschen aus den sonderbaren Steinbauten schon immer das Vorbild der hellfühligen Drei-Etagen-Siedler gewesen. Aber erst jetzt besaßen sie auch das Mittel, die notwendige Revolutionierung der Lebensgrundlage in die Tat umzusetzen. Mit dem von YA-BETH geschickten HO-MU-MIR-O waren sie in der Lage, NE-BETH auszutricksen und den

Hüter der Erde, der bislang ja ihre hemmende moralische Instanz war, ein für allemal hinter sich zu lassen.

Wie wurde der erfolgreich gezüchtete HO-MU-MIR-O nun den einzelnen Sippen der BAR-BA-KIR-MA präsentiert? Womit wurde seine Einzigartigkeit unterstrichen?
Anfangs hatten wir keinerlei Informationen über die Reisezeit. Wir besaßen anhand von Renates Wahrnehmungen nur die Einzelheiten des Lebens auf dem Johannisberg und im Ötztal. Als wir die Ursache für unser »schwarzes Loch« herausbekommen hatten, verschlug es uns fast die Sprache. Da wir an Fakten nur das berichten können, was Renate damals tatsächlich erlebt hat, war es kein Wunder, daß keine Bilder hochkamen. Gris hat von der Fahrt selbst ebenfalls nichts mitbekommen. Wie sollte er auch? Beim Abschied im Rheingau wurde der HO-MU-MIR-O auf einen eigens für ihn gebauten Wagen gesetzt. Seine Arme wurden in Kopfhöhe mit den Gelenken an zwei senkrecht stehende Holzstangen gebunden, und über seinen Kopf wurde eine Art lichtundurchlässiger Bienenkorb gestülpt, der auf seinen breiten Schultern wie ein Astronautenhelm wirkte. Diese nicht gerade bequeme Position behielt er bis zur Ankunft in den Bergen bei. So seltsam die Prozedur wirken mag, die Spezialbehandlung ihres Götterboten machte Sinn. Gris mußte sich vollständig von seinem ersten Leben und allem, was davon noch in ihm übrig war, trennen. Zu diesem Zweck reichte es nicht, nur seine Erinnerung an den Ersttod und seine Jugendzeit in seinem Kopf zu löschen.

181

Die gesamten Sinne bedurften einer Generalüberholung und alleinigen Ausrichtung auf die kommenden Aufgaben. Er sollte sich auf sich selbst besinnen und seiner inneren Stimme näher kommen, aus der TI-O-BETH sprach. Nichts mehr sehen zu können bedeutete auch, eigene Bilder in sich zu erschaffen, die zu dem Erlebten paßten. Die zwangsweise Verdunkelung diente dem Training der eigenen Identität. Gris sollte sich nicht länger ablenken lassen von den äußeren Erscheinungen, sondern noch stärker als bisher zum unsichtbaren Wesen hinter den Dingen vordringen. Die Ausschaltung seines Tastsinns durch die Fesselung seiner Arme links und rechts vom Körper weg diente demselben geistigen Ziel. Statt Sinnlichkeit galt es fortan, Übersinnlichkeit zu entwickeln. Der aus einem Gestell aus Zweigen und geflochtenem Stroh gemachte Helm hatte die Funktion eines erneuten Mutterleibes. Diesmal entstand nicht sein physischer Körper neu, sondern sein Geist. Das göttliche Tier in ihm sollte einen göttlichen Instinkt entwickeln, um den geeigneten Wohnort in den Alpen zu finden. Aber nicht nur von YA-BETH erhielten die Menschen auf diese Art und Weise Hilfe. Auch von TI-O-BETH, mit dem die Menschen über ihr Höheres Selbst verbunden waren, erhielt der HO-MU-MIR-O in seiner künstlichen Finsternis Zeichen, die A-BO-KAMMA zu deuten verstand. Die Abgesandten der BAR-BA-KIR-MA und der Großen Blonden sind unserer Meinung nach nicht zufällig im Ötztal gelandet. Der Ort war mit Sicherheit bekannt für seinen Metallreichtum und seine ausgezeichnete Besiedlungsfähigkeit. Ihre neue Heimat mußte mehrere Eigenschaften aufweisen, um in die engere Wahl zu kommen:

1. Drei mögliche Ebenen wie auf dem Johannisberg.
2. Eine zweigeteilte Quelle als Symbol der Fruchtbarkeit, um sich die Unterstützung der kosmischen Zeugungsmutter TI-A-MA zu sichern.
3. Eine geeignete Unterkunft irgendwo hoch oben für den abgesonderten Aufenthalt ihres menschlichen Tiergottes.
4. Reichlich Erzvorkommen.
5. Anschluß an bereits existierende Fernhandelswege.

Im gesamten nördlichen Alpenraum gab es möglicherweise nur eine Stelle, die diesen vielfältigen Anforderungen entsprach: der eine Südausläufer des Ötztales hinter Vent bis hoch zum Similaun! Genau dorthin hatte der HO-MU-MIR-O seine Leute zu führen.

Neben den eben beschriebenen »inneren« Gründen – nämlich der Konzentration auf die Geistige Welt – sprachen noch weitere Überlegungen für die besondere Aufmachung, mit der Gris in die Berge gelangte. Wir dürfen nicht vergessen, daß er in seinem zweiten Leben als MIR-Oscher Prinz ein Tier war. Seit er dem Erdhügelgrab entstiegen war, durfte sich seine neue tierische nicht mehr mit der alten menschlichen Energie vermischen. Energetische Unreinheit hätte die Wirksamkeit seiner Aufgabe gefährdet. Der Mensch in ihm war geopfert und zu YA-BETH mittels seines Hirsches zurückgekehrt. Nichts durfte ihn wieder zum Leben erwecken. Schon gar nicht neugierige Blicke und wogende Begeisterung von Angesicht zu Angesicht. Der HO-MU-

MIR-O mußte geschützt werden vor der Schaulustigkeit der BAR-BA-KIR-MA.

Mit der speziellen Behandlung wurde darüber hinaus sein besonderer Status auch optisch untermauert. So etwas wie ihn hatten die Stammesmitglieder noch nie gesehen. Und sie sahen ihn ja auch nicht (in die Augen). Sie sahen ihn und sahen ihn nicht. Einem Gott, auch wenn er ein Tier war, schauten die Menschen nicht ins Gesicht. Damit die Kleinen Schwarzhaarigen Vertrauen in die Göttlichkeit ihres HO-MU-MIR-O gewinnen konnten, mußte auch seine äußere Erscheinung alles bisher Dagewesene übertreffen. Der große Wagen, der thronartige Sitz, die hohen Stangen, der riesige Helm – die Ausstattung hinterließ sicherlich großen Eindruck und bestärkte die einzelnen Sippen in ihrer Unterstützung MIR-Os. Von überall schlossen sich die Menschen dem Zug an. Die Vermischung der Sippen und Stämme war von großer Bedeutung, schließlich mußten sie fruchtbar sein, um die Neue Welt zu erschaffen. Viele MO-DOLLs sollten entstehen als Vorhut eines neuen Zusammenlebens auf der Basis der patriarchalischen Einehe. Die alte Baumkultur wurde in den Bergen nicht mehr benötigt. Viele Traditionen und Rituale hatten sich überlebt. In Zukunft waren sie nur noch ein Volk: die MIR-O-MA – diejenigen, die das Metallzeitalter machten! In ihm würden die alten Zeugungsverbote fallen und die Großen Blonden beginnen, sich mit den Auserlesenen der Kleinen Schwarzhaarigen zu vermischen. Die Reinhaltung des Blutes spielte für MIR-O keine Rolle mehr – im Gegenteil. Dem Stadium der angeborenen Hellfühligkeit wollten die Menschen ja um jeden Preis endlich entkommen.

Der zweijährige Triumphzug diente demnach nicht nur der breiten Bekanntmachung des HO-MU-MIR-O und der Bildung des auserwählten Volkes der MIR-O-MA. Er wurde von den Großen Blonden auch benutzt, um neue Handels- und Verarbeitungskanäle in Anbetracht des zu erwartenden Produktionsschubes zu organisieren. Die Zeit war offensichtlich reif für eine Veränderung der einheimischen europäischen Kultur. Die Visionen lauteten:

ALLE MENSCHEN SIND KINDER MIR-Os!
ES SOLL KEINE UNTERSCHIEDE MEHR ZWISCHEN EUCH GEBEN!
NEHMT DAS METALL UND MACHT EUCH SEINE ENERGIEN ZUNUTZE!
ERHEBT EUER HAUPT AUS DEM MEER DER HELLFÜHLIGKEIT!
IN EUREM ICH SPIEGELE SICH GÖTTLICHES BEWUSSTSEIN!

Das Leben in den Bergen

Im Ötztal angekommen, änderte sich das Leben radikal. Eine Beobachtung, die nicht weiter verwundern muß. Alles hatte sich total gewandelt. Die Menschen waren wortwörtlich auf einem anderen Planeten. Nicht nur die äußeren Lebensbedingungen waren in den Bergen völlig andere. Auch die internen Veränderungen suchten ihresgleichen. Die MIR-O-MA waren ein zusammengewürfelter Haufen, auf der Suche nach einem neuen Selbstverständnis und einem neuen Lebensstil. So wie sich die Pioniere körperlich miteinander vermischten, so mischte sich auch die Kultur der Großen Blonden mit der der BAR-BA-KIR-MA. MIR-O schuf ein neues Volk.

Kern der neuen Lebensweise war die Spaltung zwischen weltlichen und geistigen Angelegenheiten. Wofür früher die Rituale der Sieben Genußebenen dienten, hatten sie jetzt ihren HO-MU-MIR-O. Die Erfindung des Stellvertreters und des Sündenbocks ging einher mit dem erklärten Willen der Menschen, NE-BETH die wertvollen Bodenschätze zu entreißen, um sie für persönliche Zwecke einzusetzen. Auf diesem Hintergrund ist es logisch, daß das kosmische Bewußtsein der Baumkultur den Ichinteressen der Menschen nicht länger von Nutzen war. Dementsprechend stellten die MIR-O-MA in den Bergen auch keinen zentralen Kultbaum mehr auf. Ihre Verbindung zur Geistigen Welt war der HO-MU-MIR-O. Wo früher auf dem Johannisberg der KIR stand, lebte nun ihr göttlicher Fuchs. Im Gegensatz zu den Genußebenen, die in den Bergen nicht mehr praktiziert wurden, hielten die MIR-O-MA allerdings noch an den drei Besiedlungsebenen fest. Wenn auch – wie eben angedeutet – in veränderter Form.

Die obere Ebene bildete der Gipfel des Similaun. Er repräsentierte die Verbindung zu TI-O-BETH. Unterhalb des Similaun gab es einen natürlichen Felsüberhang, der wie eine sich nach außen hin wölbende Muschel geformt war. Der archäologische Begriff dafür ist »Abri«. Ein höhlenähnlicher Spalt in ihr diente Gris als Behausung. Die Abri besaß einen geräumigen Vorplatz, der seinen Hauptaufenthaltsort darstellte. Ganz wichtig war, daß die eigenartige Felsformation vom Tal aus direkt eingesehen werden konnte. Der unmittelbare Sichtkontakt des Volkes zu ihrem Faustpfand im Kampf gegen NE-BETH mußte jederzeit gewährleistet sein. Sie konnten sich seiner Hilfe nur vergewissern, wenn sie ihn sahen.

Die mittlere Ebene bildete die heutige Kaser. Von hier reicht das Auge hoch bis zum Similaun. In der Jetztzeit befinden sich hier eine Kapelle, Reste von Steineinfriedungen und eines Menhirs, Überbleibsel von Steinbehausungen aus späterer Zeit, sowie ein gut erhaltener »Seelensitz«[24].

Das weitläufige Gelände stellte den Aufenthaltsort MIROs dar. Eine zweigeteilte Quelle symbolisierte TI-A-MA und garantierte Fruchtbarkeit, sowohl rein körperlich durch Kindersegen, als auch materiell im Sinne von reichlichen Erzfunden. Nicht zu vergessen auch die geistige Fruchtbarkeit in bezug auf Ichwachstum. Heute steht eine winzige christliche Kapelle über der Quelle. Die zweite Ebene diente als Sammellager für die gefundenen und gebrochenen Erze. Hier fanden die bergmännischen Erntedankrituale für den Gott des Metalls statt. Zahlreiche Menhire bezeugten damals seine Anwesenheit. Der Platz diente unseren Erstbesiedlern als Sommercamp.

Die untere Ebene bildete das heutige Vent. Hier in der

Talsohle – wo sich zwei Endtäler vereinigten – wurde die erste provisorische Verhüttung vorgenommen. Sie geschah in unmittelbarer Nachbarschaft zu den allmählich winterfest werdenden Behausungen der MIR-O-MA. Von dieser Stelle führte der Transportweg ins Ötztal hinab. Hier unten fand das gesellige Leben statt, bis hierhin kamen auch die fremden Händler und Spediteure zum Abtransport des wertvollen Rohstoffs. Die Logistik nach Norden und Süden schien ausgezeichnet funktioniert zu haben. Die Großen Blonden hatten ihr Organisationstalent eindrucksvoll unter Beweis gestellt.

Auch in den Alpen besaßen die drei Besiedlungsebenen dieselbe geistige Bedeutung wie im Rheingau: Auf der ersten wurde der direkte Kontakt zu den Göttern hergestellt. Auf der zweiten geschah die Umwandlung des Geistigen in das Materielle. Auf der dritten manifestierte sich das reale Leben als Ergebnis der beiden vorangehenden. Die göttlichen Energien mußten also in drei Stufen auf die Erde herabgeholt werden. Andersherum durchliefen die irdischen Kräfte drei Reinigungsgrade, um vom Reich der Menschen in die Geistige Welt zu gelangen. Durch das Wohnen in drei Ebenen blieben die Menschen auch in den Bergen mit dem göttlichen Schöpfungsprinzip verbunden.

Trotz des gleichen Siedlungsschemas gab es im Ötztal einige Veränderungen. Die Hütten der einfachen Sippenmitglieder standen nicht mehr (zumindest im Sommer) auf der untersten Ebene, wie auf dem Johannisberg, sondern auf der zweiten. Das Vorrücken um eine

Stufe drückte das gewachsene Selbstvertrauen der MIR-O-MA aus. Die Teilnehmer der Metallmission fühlten sich allesamt als Auserwählte und begriffen sich als Vermittler zwischen Gott und der Welt. Ihr mutiges Handeln war es schließlich, das MIR-O auf die Erde herabholte und seine Anwesenheit zum festen Bestandteil ihrer Kultur machen sollte. Hatte früher einzig und allein A-BO-KAM-MA die Zeichen TI-O-BETHs gedeutet und damit die Verbindung zum höchsten Gott gepflegt, so handelten nun alle im Auftrag eines neuen Gottes. Seine Ziele waren klar und deutlich, niemand mußte seinen Willen erst deuten. Der Einfluß A-BO-KAM-MAs ließ dementsprechend in den Bergen merklich nach.

Die Hütten selbst waren immer noch erhöht errichtet und hatten keinen direkten Kontakt mit dem Erdboden. Die Außenwände bestanden inzwischen allerdings aus massiven Bohlen. Jede Hütte hatte an einer Ecke einen kleinen KIR, der das Dach gerade so eben überragte. Aus dem zentralen Kultbaum für alle, hoch oben auf dem Johannisberg, war nur noch eine Miniaturausgabe übriggeblieben. Das Schrumpfen in der Länge entsprach der gesunkenen Bedeutung TI-O-BETHs und der alten Baumkultur. Andererseits besaß nun jedes Haus ein Exemplar. Das Gewicht des einzelnen zusammen mit seiner Wohngruppe war gestiegen.

In MIR-O offenbarte sich den Menschen endlich ein Gott, der direkt zu ihnen sprach, indem er das Bedürfnis nach Eigentum, ICH-heit und Erkenntnis in ihrem eigenen Innern weckte. Der Gott des Metalls benötigte keinen Vermittler mehr. Die Menschen brauchten nur die egoistischen Triebe in sich erkennen und wirken lassen. Die daraus entstehende Hemmungslosigkeit würde schon das ihrige tun, um sie von ihren Fesseln der Eingebundenheit in die Geistige Welt und deren vorbewußter Harmonie zu lösen. DAS METALL war schon immer dasjenige Mittel, im Menschen Gier und Habsucht zu wecken. Herausgerissen aus ihrer alten Ordnung, fielen die BAR-BA-KIR-MA in den Bergen ihren Versuchungen anheim. Sie vernachlässigten ihre Kinder, ihre Tierbeobachtungen und führten auch ihre Genußrituale nicht mehr aus.

Vielleicht vertrauten die Pioniere auch einfach zu sehr den Versprechungen der Großen Blonden. Viele Fehler wären vermieden worden, hätten sich die BAR-BA-KIR-MA weiterhin an ihre bewährten Tugenden gehalten und Vorsicht walten lassen. Die allgemeine Hochstimmung und die Begeisterung über die vielköpfige neue Gemeinschaft führte jedoch zur Überschätzung der eigenen Kräfte. Statt weiterhin die Natur genau zu beobachten, übertrugen sie alle Verantwortung leichtfertig auf ihren HO-MU-MIR-O. Was hätten sie auch tun sollen? Sie waren in einer völlig neuen Umgebung. Naturbeobachtung war hier oben überhaupt nicht möglich, da sie über keinerlei Erfahrungswerte und Vergleichsmöglichkeiten verfügten. In einer dermaßen extremen Umbruchsituation wie der ihrigen mußten die Menschen einfach auf geistige Führung vertrauen. Bislang hatte alles wunderbar geklappt, die Götter waren auf ihrer Seite. Alles weitere kam schon von selbst.

Zum Beispiel in Form von bisher unbekannten Schneemassen. Die ersten Hütten, die die frischgebackenen MIR-O-MA an ihrem neuen Wohnort errichteten, trugen dem veränderten Klima noch keinerlei Rechnung. Der meterhohe Schnee bedeckte die Rauchabzüge, so daß sie nicht genug feuern konnten. Sechs Kinder erfroren im ersten Winter, weil nicht genügend Wärme erzeugt wurde. Generell hatten es die Kinder schwerer als auf dem vergleichsweise gemütlichen Johannisberg, hier oben in der Wildnis zu überleben. Renate erinnert sich an eine Szene, wo ein Kind von einem Transportwagen fiel, sich verletzte, unbemerkt zurückblieb und von einem Bären angefallen wurde. Anstatt ihre eigene Unachtsamkeit zu tadeln, schoben sie alle Verantwortung auf den HO-MU-MIR-O. Er habe nicht genügend aufgepaßt und YA-BETH nicht veranlaßt, besser auf seine Raubtiere zu achten. Die Erwartungen der MIR-O-MA an ihren Tiergott in Menschengestalt waren von Anfang an viel zu hoch. Über kurz oder lang mußte das Ungleichgewicht zu Spannungen und zur Konfrontation führen.

Dabei fing alles so gut an. Ihr göttliches Kind hatte alle Prüfungen bestanden. Die beiden Wanderjahre in der künstlichen Dunkelheit hatten die gewünschte Wirkung gezeitigt. Seine Erinnerungen an das vorangegangene Leben seiner FER-Zeit waren fast vollständig gelöscht. Auch Gris hatte sich in den Bergen als HO-MU-MIR-O vollkommen neu zu orientieren. Er mußte alles neu lernen: laufen – sehen – tasten, ja sogar essen. Unter dem bienenkorbförmigen Astronautenhelm war ihm während der Reise über ein hölzernes Rohr flüssige Nahrung über eine verschließbare Klappe eingetrichtert worden. Nun sollte er wie ein Tier aus der Hand fressen. Er hat es Renate vorgemacht, wie er sich die Hand flach vor den Mund hielt und mit den Lippen Körner, Beeren oder Früchte zwischen den Fingern hervorfischte. Ein Pferd hätte es mit einem Stück Zucker nicht besser gekonnt.

Seit sie in den Alpen waren, durfte der Fuchs nur noch Fellkleidung tragen. Auch Fleisch stand jetzt auf seinem Speiseplan. Gris hat das Fleisch später jedoch zunehmend verschmäht, weil es ihn energetisch zu stark in die materielle Welt hinabzog. Da allerdings genau jener Effekt beabsichtigt war, bedrängten sie ihn, wenigstens Ochsenblut zu trinken, um sich den tierischen Energien anzugleichen.[25] Als Tier hatte er auch wie ein Tier zu leben, fernab von den Menschen, einsam hoch oben auf der Abri. Im Sommer, wenn die Kaser besiedelt war, markierten reißende Gebirgsbäche in Richtung Talende die Trennungslinie zwischen Tier und Mensch. Zum Talboden hin bildete eine tiefe Schlucht die natürliche Grenze, und talaufwärts versperrte das Gebirgsmassiv den Weg zu den Hütten. Nur wenn es regnete, durfte er den Bach überwinden und sich dem Anwesen der Menschen nähern. Er stellte dann seine reparaturbedürftigen Gerätschaften vor die Tür seiner TI-A-MA. Auch seine Kleidung wurde erneuert, falls es nötig war. Es wurde streng darauf geachtet, daß Mensch und Tier niemals in direkte Berührung kamen.

Im Winter sah die Sache notgedrungenerweise ein wenig

anders aus. Alle rückten eine Siedlungsebene talabwärts. Der HO-MU-MIR-O mußte dann als einziger auf der Kaser verbleiben. Das war schon besser als hoch oben auf der Abri, wo er keine Überlebenschancen gehabt hätte, auch wenn das Klima vor fünftausend Jahren deutlich wärmer gewesen ist. Wenn er nicht rechtzeitig vor Schneebeginn im Herbst herunterkam, war er oft tagelang eingeschneit. Ein kleiner Trupp – unter ihnen A-BO-KAM-MA, aber vor allem seine TI-A-MA – versorgte ihn den Sommer über von unten mit allem, was er nicht selbst herstellen konnte. Ansonsten war er Selbstversorger. Da ihm das Ötztal durch die eigenen Leute versperrt war, blieb ihm nur das heutige Südtiroler Schnalstal, um sich umzusehen. Selbst in der rauhen Jahreszeit, wenn er auf der Kaser verweilte, durfte niemand mit ihm Kontakt haben, und so blieb ihm nichts weiter übrig, als andere Lebensräume für sich in Anspruch zu nehmen. Der göttliche Fuchs sollte nicht mit menschlichen Energien verseucht werden und Gefahr laufen, seine göttlichen Kräfte zu verlieren. Die unterschiedlichen energetischen Kreisläufe von Mensch und Tier durften nicht unterbrochen werden. Seine Frau war der einzige Mensch, mit dem er offen Kontakt haben durfte, war sie doch sein »Eigentum«. Da das Verhältnis zu ihr von seiner Seite aus jedoch gefühlsmäßig neutral war, suchte Gris immer wieder die Zärtlichkeit seiner Mutter. Damit beide einander treffen konnten, bedurfte es besonderer Vorbereitungen. MA-RI-A hatte auf der Kaser eine eigene Hütte ein wenig abseits, wo sie den Sommer über allein lebte, ihrem Status als göttlicher

Mutter entsprechend. Ein Webstuhl stand im Raum. Ab und zu kam sie auch im Winter alleine hier herauf. Bevor ihr Sohn zu ihr in die Hütte treten durfte, legte sie sich einen weiten, selbstgewebten Umhang um. Tuch war der Stoff YI-MAs. Die göttliche Kraft der Innerlichkeit verhinderte die verbotene Mischung der Energien. Doch damit nicht genug. Erst wenn Gris auch noch die SHU – die hölzerne Fuchsmaske – aufsetzte, war die künstliche Trennung komplett, und sie durften einander näher kommen und sich verhüllt berühren. Obwohl Ausdruck einer tiefen emotionalen Beziehung zueinander, ähnelte die Prozedur eher einem Hund, der sich scheu, aber genußvoll an seiner Herrin reibt.

Später im Jahr, wenn der HO-MU-MIR-O am Similaun weilte, besuchten die MIR-O-MA ihren Prinzen des öfteren, um nach dem Rechten zu sehen. Meistens kam MA-RI-A mit drei weiteren Männern bis hoch zur Abri. Gris freute sich jedesmal auf ihre Ankunft. Oft war er richtig aufgeregt, wieder seine ursprünglichen Artgenossen zu sehen. Vor dem Eintreffen der Delegation setzte Gris die SHU auf, ohne die er sich den Menschen niemals zeigen durfte. Bevor die Besucher hier oben Kontakt mit dem HO-MU-MIR-O aufnehmen konnten, mußten sie das Tier ihn ihm wieder um die menschliche Komponente erweitern. Letztere war ja nicht vollständig verschwunden, sie war nur ausgeschaltet, überdeckt. Da sich unterschiedliche Energien nicht vermischen durften, mußten sie kurzzeitig neutralisiert werden. Der Kontaktaufnahme der Menschen mit ihrem göttlichen Fuchs diente ein Ritual mit dem Zeichen:

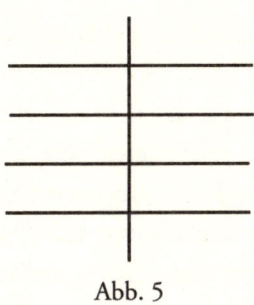

Abb. 5

Es bewirkte die Auflösung der Formen. Gris sollte weder Fuchs noch Mensch, sondern einfach nur göttliche Energie sein, die alle miteinander verband. Zur Umsetzung in die Realität sorgte eine mit Wasser gefüllte Holzschüssel. Auf ihren Rand wurden parallel vier Stäbe gelegt und im rechten Winkel darüber noch mal ein Holzstück. Nachdem sich die Menschen murmelnd aufeinander eingestimmt hatten, wurde der gesamte Inhalt über dem Fuchs ausgeschüttet. Das Wasser bewirkte auf diese Art und Weise die Trennung von den Tierenergien. Nachdem der Fuchs für eine kurze Zeit neutralisiert war, hockte sich die kleine Gruppe beisammen und begann sich zu fühlen. Auf der Energieebene – und nur dort – war Gris für einen Moment wieder Teil der menschlichen Gemeinschaft, denn gerade als Fuchs durfte der HO-MU-MIR-O die Verbindung zu den Menschen nicht verlieren. Immerhin war er für sie da. Er mußte schon erfahren, was sie bewegte, diente sein Schicksal doch der Verwirklichung ihrer kühnen Pläne.
Da der HO-MU-MIR-O sich auf NE-BETH zu konzentrieren hatte, war eine derartige Geselligkeit allerdings eher selten. Zudem blieb sie zweckbestimmt und bot

195

spontanen Gefühlen der Nähe um der Nähe willen keinen Raum. Ab und zu besuchte auch MIR-DI-MA ihren Mann. Da er außerhalb des normalen Miteinanders zu leben hatte, sollte ihre Liebe seine Ausgeglichenheit fördern und ein emotionales Band zu den MIR-O-MA knüpfen. Schließlich mußte vorgebeugt werden, damit sich der göttliche Fuchs dort oben nicht vollständig vergeistigte und den Kontakt zur realen Welt der Menschen verlor. Selbst unter dem Druck der Einsamkeit gelang es Gris allerdings nicht, die Gefühle seiner Frau zu erwidern. MIR-DI-MA hat sehr darunter gelitten, daß ihrer Liebe keine Gegenseitigkeit vergönnt war. Aber es war einfach zuviel geschehen. Gris besaß nicht nur keine Erinnerung mehr. Auch seine Männlichkeit war YA-BETH geopfert worden. Er verspürte keinerlei körperliche Impulse mehr, die ihm sonst vielleicht einen neuen emotionalen Zugang zu seiner Frau erleichtert hätten. Dennoch traf er sich hier oben gern mit ihr, denn das Beisammensein bedeutete eine willkommene Abwechslung in seinem Eremitendasein. Es wurde durch karge bis unwirtliche äußere Lebensumstände bestimmt. Die kleine Höhle im hinteren Teil der Abri war mit Heu ausgepolstert. Eine Ziege teilte seinen Unterschlupf mit ihm. Sie war sein Kamerad und seine Heizung. Gerne hat er sie gemolken und ihre warme Milch getrunken. Ein weiterer Begleiter seines Lebens auf den Berggipfeln war ein noch halbwilder Hund. Indem er ihn mit dem Fleisch fütterte, das er nicht aß, gelang es ihm, das Tier in seine Nähe und Abhängigkeit zu bringen. Es diente dem Fuchs als Verstärker der eigenen animalischen Energien. Oft hat er mit seinem Hund herumgetollt und ihn an seinem quadratischen Tuch zerren lassen, das seine menschliche Form symbolisierte. Zur Nacht hat Gris ihm Pfoten und Schnauze mit Stricken verbunden. Im Gegensatz zum angenehmen Tuchgewand auf dem Johannisberg bestand seine Kleidung hier oben vollständig aus Fellen. Er trug einen Rock und ein ärmelloses Hemd. Hinten hatte er eine Art lange Schürze, die er mit einem Gürtel zusammenhielt. Seine Beine schützten lange Leggings, die aussahen wie hohe Schaftstiefel, die oben unterm Rock befestigt waren. Seine Schuhe waren über dem Knöchel gebunden und mit Stroh ausgepolstert.

Wie bereits erwähnt, praktizierten die MIR-O-MA im Ötztal nicht mehr die alten Genußebenen. Ihrem neuen Verständnis nach brauchten sich die Anhänger MIR-Os außerhalb ihrer Arbeit am Metall nicht mehr um ihr geistiges Wohlergehen zu kümmern. Dafür hatten sie inzwischen ihren Stellvertreter. Es war ihr HO-MU-MIR-O, der den Kontakt zur Geistigen Welt hielt und sie durch seine Anwesenheit schützte. Gris trug auf dem Similaun alle Zeichen aller Sieben Ebenen des Seins mit sich. Er war der Sündenbock. Wenn die alten Götter nicht einverstanden waren mit dem Neuen Zeitalter, sollten sie sich an ihn halten. Die Menschen hatten sich schließlich große Mühe mit ihrem göttlichen Kind gegeben und es zu einem perfekten Vermittler zwischen Himmel und Erde gemacht. An mangelnder Vorbereitung und Sorgfalt konnte es nicht liegen, falls noch etwas schiefgehen sollte. Um sich der Mithilfe der alten Götter zu vergewissern, hatten die Großen Blonden den HO-MU-MIR-O mit

197

den vertrauten Symbolen ausgestattet. Dadurch gaben sie dem gesamten traditionellen Götterkosmos erstmals eine menschliche Ausdrucksform:

YA-O	Ohrring und Steinscheibe
TI-O-BETH	gemaltes Zeichen auf dem Rücken
TI-A-MA	gemaltes Zeichen auf dem Rücken
KIR-MA	quadratisches Tuch
YA-BETH	Brandzeichen und Fuchsmaske
YI-MA	Bogen und Pfeile
NE-BETH	Brandzeichen
MIR-O	Metallbeil

Von den zwei flachen, kreisrunden Steinscheiben mit dem Loch in der Mitte blieb in den Bergen nur noch eine übrig. Ein Leben hatte Gris bereits hinter sich gelassen. Der Mensch in ihm war YA-BETH geopfert worden, um die ausgeliehene Energie zu ihrem Ursprung zurückzuführen. Der Mensch war nur das Vehikel, mit dem der göttliche Fuchs in den »Besitz« der BAR-BA-KIR-MA und jetzigen MIR-O-MA gelangt war.

Der unfertige Bogen, den Gris in den Bergen mit sich herumschleppte, diente seinem Wiedererkennen als Mensch in den Augen YA-Os! Er war als Zeichen YI-MAs Ausdruck der menschlichen Innerlichkeit.

Die Zeichen TI-O-BETHs und TI-A-MAs hatte der HO-MU-MIR-O deshalb auf dem Rücken, weil der Rücken als dasjenige Körperteil galt, mit denen die Menschen den Göttern ins Angesicht schauten. Wir wissen nicht, ob heute auf Gris' Haut noch Reste einer gemalten Bezeichnung zu erkennen sind.

Das quadratische Tuch war schon bei den BAR-BA-KIR-MA der ureigenste menschliche Gegenstand gewesen. Als »Handtuch« diente es der Trennung von nicht-menschlichen Energien. In den Bergen hatte es die Funktion, den menschlichen Anteil seiner Abstammung zu dokumentieren.

Durch seine Zeichen und Symbole war der HO-MU-MIR-O oben auf der Abri eine Art Welt für sich. In Gris' Ausstattung in den Bergen zeigte sich einmal mehr die grundlegende Veränderung, die eingetreten war, seit aus den BAR-BA-KIR-MA die metallkultivierenden MIR-O-MA geworden waren. Was früher Angelegenheit der ganzen Sippe war, hatte nun ein einzelner zu tragen. Damit zeichnete sich die weitere Entwicklung ab. Was früher das hellfühlende Kollektiv empfand und durch gemeinsame Rituale regelte, würde sich in Zukunft im und auf den Körpern der Menschen abspielen. Der Schauplatz war nicht länger das unmittelbare Wir-Gefühl, sondern das Distanz schaffende ICH! War das Metall erst mal aus der Erde, blieb nichts mehr, wie und was es war. Die im Entstehen begriffene neue Menschenrasse würde die Inzucht ein für allemal geistig hinter sich lassen. Die »Internationalisierung« der Metallverarbeitung bildete die Grundlage für einen kontinuierlichen Austausch des menschlichen Erbgutes. Das in Zukunft flächendeckend Anwendung findende »Höhere Gesetz der Arten« beruhte lediglich auf der Zeugung zwischen einem Mann und einer Frau, egal aus welcher Rasse sie stammten. Menschen, in deren Denken DAS ICH einzieht, um das Leben von innen heraus zu bestimmen, benötigen kein »reines Blut« mehr. Die dadurch bewirkte angeborene Hellfühligkeit förderte nicht länger das Weltverständnis, sondern behinderte die Entwicklung der Seelen zu Selbsterkenntnis und Eigenverantwortung. Wir dürfen nicht vergessen, daß wir uns in einer Zeit befinden, wo das Menschsein als solches von einem Großteil der Bevölkerung noch nicht so klar definiert war. Gedachte Eindeutigkeit war eben erst im Begriff, Einzug zu halten in die gefühlte Vieldeutigkeit. Auch hierbei spielte DAS METALL eine wesentliche Rolle.

MIR-O war der erste Gott in fester Form. Er schien die Menschen so zu lieben, daß er sich ganz und gar materialisierte. In jedem metallenen Gegenstand war er verborgen. Endlich ein Gott, der sichtbar war! Endlich ein geistiges Wesen, das zu allen unmittelbar sprach! Der Gott des Metalls brachte eine Demokratisierung der Wahrnehmung. Er hatte keine Schamanen mehr nötig, die seine verschlüsselten Zeichen erst umständlich deuten mußten. Jede(r) konnte von nun an in direkte Beziehung mit dem neuen Gott treten. Logisch, daß solch ein anfaßbarer Gott überall willkommen war. Jetzt gab es etwas Handfestes! Mit MIR-O trat DIE FORM als solche in das Bewußtsein der Neuankömmlinge. Für hellfühlende Menschen war die Energie das wichtigste. Sie bewirkte das Zusammenspiel der Kräfte hinter den Äußerlichkeiten. Sie wurde direkt ohne Umweg wahrgenommen. Weil die Umgebung immer als Einheit erfahren wurde, kannten die BAR-BA-KIR-MA – wie bereits erwähnt – auch keine Unterscheidung zwischen Auge und Ohr. Das Sehen und das Hören bildeten zusammen ein Sinnesorgan. Das Gehirn interessierte sich noch nicht für Einzelheiten, nur für Einheiten.

Erst DAS ICH befähigte die Menschen, die Sinne voneinander zu unterscheiden. Die Spezialisierung der Wahrnehmung versetzte sie in die Lage, in der Gesamtheit der Umgebung einzelne Formen zu identifizieren und sie als eigenständig und dauerhaft zu begreifen. Das Auge wurde zum Symbol des ICHs, das sich und die Welt um sich herum in seinen voneinander abgetrennten Formen erkannte. Sobald das Auge zu unterscheiden begann, fing auch das Denken an zu unterscheiden. Die Welt war nicht länger ein großes Energiefeld, wo das eine auf das andere wirkte und wo alles von allem abhing, sondern ein mehr oder weniger geordnetes Sammelsurium von Gegenständen. Im Zuge dieser Entwicklung war es nur konsequent, daß auch die Götter Einzug in die Gegenstände hielten.

Jetzt können wir auch den geistigen Hintergrund begreifen, warum die MIR-O-MA auf der Kaser MENHIRE für ihren neuen Gott aufstellten. Sie dienten dem erstmaligen Zweck, ein geistiges Wesen mit einer Form zu identifizieren und sich darüber seiner Anwesenheit in der realen Welt zu erfreuen. Seiner scheinbaren Anwesenheit wohlgemerkt, denn die Stelen aus Stein waren natürlich nichts anderes als die ersten Götzenbilder. Mit ihnen schloß sich ein Kreislauf besonderer Art. Aus den unmittelbar gefühlten übersinnlichen Lebensenergien wurden unter dem Einfluß der Großen Blonden und ihrer sprachlichen Begriffe ferne, unnahbare Götter im Jenseits. Indem diese ihre eigenen gegenständlichen Formen bekamen, wurden sie wieder unmittelbar, nämlich jetzt sinnlich als Teil der stofflichen Welt erfahrbar. Sie waren endlich voll im Diesseits angekommen und konnten mühelos von dem sich ebenfalls auf das Materielle beschränkenden Ichbewußtsein als »Realität« wahrgenommen werden.

Wir halten es für denkbar, daß die MIR-O-MA schon Augensymbole in den Stein ihrer Götterwohnsitze meißelten. DAS AUGE wurde später ja noch des öfteren in den verschiedensten Kulturen zu einem geistigen Symbol. Es bedeutete *nicht,* daß die Götter durch sie die Menschen beobachteten, ob sie auch nicht sündigten. Solche Fehlinterpretationen erblühten erst im obrigkeitsstaatlichen Denken späterer Zeiten.

Nein, das Auge stand für DAS ICH, das DIE FORM wahrnahm und sich dadurch als ein Wesen begreifen lernte, das aus der Einheit des Geistes in die Welt der unterschiedlichen Gegenstände gefallen war, um sich selbst zu erkennen.

Der Übergang vom kollektiven zum individuellen Bewußtsein bedeutete einen gewaltigen Sprung. Was für uns heute selbstverständlich ist, war für die MIR-O-MA göttliche Offenbarung. DAS ICH war der Gott in einem selbst, der sich seine eigene Welt schafft. Durch DAS ICH hatten die Menschen nun einen direkten, inneren Kontakt zu ihrem Gott. Er offenbarte sich in den Handlungen eines jeden einzelnen. Der Einzelmensch erfuhr durch MIR-O eine ungeheure Aufwertung. Mit ihr einher ging das verantwortliche Handeln im reibungslosen

Ablauf der Gemeinschaft. Die äußeren Arbeitsprozesse wurden auf diese Weise zu den neuen Ritualen. Durch die Metallgewinnung selbst geschah die Vereinigung mit MIR-O. Wenn sie genug Metall produzierten, konnten sie sich »freikaufen« von den Verpflichtungen gegenüber den anderen Göttern. Denn letztendlich war es YA-O, der den Menschen MIR-O geschickt hatte, um die Welt von Grund auf zu erneuern. Die Großen Blonden hatten den Hellfühlenden mit der Sprache das Instrumentarium geschaffen, mit dem MIR-O überhaupt geistig erfaßt werden konnte. Immerhin sind »Eigentum« und »Ich« geistige Formen, die sich der menschlichen Wahrnehmung nur sprachlich erschließen. Aufgabe der MIR-O-MA war es demnach, sich voll auf die Metallproduktion zu konzentrieren. Je mehr sie von dem kostbaren Rohstoff an die Erdoberfläche holten und in nie zuvor gesehene Formen gossen, desto offensichtlicher war ihre göttliche Verbundenheit. Reichtum als Gottesbeweis – ein gedankliches Urmuster, das in unserer europäischen Geschichte noch des öfteren Anwendung fand.[26]

Gris selbst ist nie mitgegangen in die Höhlen oder in die in den Erdboden getriebenen Gänge. Er war kein Metallspezialist, und im übrigen hätten sich seine Energien nur wieder unzulässig mit denen der Menschen gekreuzt. Sein Part war es, oben unterhalb des Gipfels des Similaun zu hocken und Ausschau nach NE-BETH zu halten. Da er ihm, wenn notwendig, aber auch entgegengehen sollte, befand er sich praktisch immer auf der Lauer. Als HO-MU-MIR-O war Gris dazu verdammt, einfach abzuwarten, daß NE-BETH sich ihm zeigte.

Um das weitere Geschehen zu verstehen, müssen wir uns Gris' besondere Lebensumstände vor Augen führen. Gezeugt und geboren als tiergöttliches Kind, stand seine Funktion für die Gemeinschaft von Anfang an im Gegensatz zu seinem persönlichen Empfinden. Gris hat sich selbst immer nur als Menschen gesehen. Sein größter Wunsch war es, ein ganz normales Sippenmitglied zu sein. Die aus dem Kollektiv herausgehobene Lebensweise auf der ersten Siedlungsebene und die spezielle Erziehung als Vorbereitung auf seine spätere Aufgabe haben es zu keiner Zeit zugelassen, daß er so leben konnte, wie es seinem Herzen entsprach. Gris hat seine tiefe Enttäuschung über die abweisende Haltung der Menschen dadurch kompensiert, daß er etwas Besonderes war. Durfte er schon nicht zu ihnen gehören, so konnte er ihnen wenigstens helfen, sich in die von den Großen Blonden vorgegebene Richtung weiterzuentwickeln. Er war stolz darauf, alle Einweihungen überstanden zu haben und die zentrale Figur der kulturellen Umwälzungen geworden zu sein. Die fehlende soziale Verbindung zur Gemeinschaft hat er dadurch ausgeglichen, daß er ihnen half, etwas zu erlangen, was sie sich sehnlichst wünschten.

Auf diesem Hintergrund hat er seine Sache sehr ernstgenommen, trotz all der körperlichen und geistigen Strapazen, die seine Rolle ihm auferlegte. Gris hat sich in den Bergen voll mit dem Fuchs identifiziert und darauf gebrannt, NE-BETH zu treffen. Ins Zweifeln geriet er erst, als er merkte, daß der Wurm der Unteren Welt nirgends zu finden war.

Aufgrund seiner jahrelangen negativen Erfahrungen wuchs in ihm der Verdacht, daß es NE-BETH gar nicht in der Form gab, in der A-BO-KAM-MA und die Großen Blonden ihn beschrieben hatten. Da sie ihm zu verstehen gegeben hatten, daß der Hüter der Erde ihn erwartete und all die körperlichen und geistigen Veränderungen an ihm vorgenommen werden mußten auf Geheiß NE-BETHs, war Gris am Anfang ziemlich irritiert darüber, daß nichts passierte. In seiner Verzweiflung hat er den Lindwurm schließlich »ins Blaue hinein« gebeten, ihn gehen zu lassen, aber er wurde nicht erhört. Als dann noch ihm die Schuld für das nicht zustande kommende Treffen in die Schuhe geschoben wurde, war er schließlich nicht mehr bereit, sich als Fuchs auszugeben. Er begann daran zu zweifeln, ob es NE-BETH als seelenfressendes Ungeheuer überhaupt gab. Da die MIR-O-MA ihn immer wieder aufforderten, Geduld zu haben und sich stärker als bisher auf sein Erscheinen zu konzentrieren, begann das Thema »NE-BETH« ihn schließlich regelrecht zu nerven. Wir wissen nicht, wie lange es gedauert hat, aber eines Tages kam Gris zu dem Schluß:

»Den haben sie erfunden!«

Er fing an, das Spiel zu durchschauen. Als er sah, wie habgierig und ichbesessen seine Leute in den Bergen geworden waren, wurde ihm allmählich klar, daß er ihr Alibi war:

»Sie haben gedacht, ich wäre dumm genug, ihnen zu glauben.«

Es muß ein Schock für ihn gewesen sein zu erkennen, daß er alles umsonst erlitten hatte. Er wurde offensichtlich dazu mißbraucht, den neuen weltlichen Lebensstil zu rechtfertigen und MIR-O auf den Thron zu helfen. Da die MIR-O-MA ihn nicht verstanden und ihn auch nicht wieder in ihre Mitte ließen, kam es zum offenen Bruch. Gris weigerte sich zunehmend, vor seiner Abri zu meditieren und den ernsthaften HO-MU-MIR-O zu mimen. Statt dessen trieb er sich umher und war tagelang von unten nicht zu sehen.

Immer öfter quälte sich nun A-BO-KAM-MA – inzwischen auch nicht mehr der Jüngste – hinauf zum Similaun, um den ungehorsamen Fuchs zur Ordnung zu rufen. Aber so leicht wie damals als Vierjähriger war seine Wahrnehmung nun nicht mehr zu manipulieren. Als HO-MU-MIR-O war Gris stark genug, um sich gegenüber telepathischen Angriffen und spiritueller Einflußnahme zur Wehr zu setzen.

Seine andauernde Abwesenheit von der Abri machte den MIR-O-MA zunehmend angst. Sie begannen sofort, sich vor NE-BETH zu fürchten, wenn ihr göttliches Tier nicht dort oben saß und ihn in Schach hielt. Der Sichtkontakt war ihre einzige Kontrollmöglichkeit, denn sie fühlten schon lange nicht mehr, was er fühlte. Sie konnten auch gar nicht mehr wissen, was in ihm vorging, zu weit hatte sich sein erzwungener Lebensstil und seine Bewußtheit vom gemeinen Fußvolk entfernt. Weil sie Angst hatten, daß der HO-MU-MIR-O sich selbst verstümmelte, um nicht mehr von NE-BETH erkannt zu werden und sich auf diese Weise aus der Verantwortung zu stehlen, nahmen sie ihm sogar sein Beil weg. Gris verstand nun erst recht nicht mehr, was die Leute noch von ihm wollten, zumal sie ihm auch seinen Ohrring abgenommen hatten, damit er ihn nicht mutwillig ausreißen und sich durch Veränderung seines individuellen Schwingungsmusters unkenntlich machen konnte. Die MIR-O-MA drehten den Spieß um und behaupteten, er habe Angst vor NE-BETH und streife deshalb immer umher. Sie warfen ihm vor, seine Aufgabe nicht ernst zu nehmen. Wie sollte er auch? Als personifiziertes Wesen existierte NE-BETH für ihn nicht mehr. Er fühlte sich hinters Licht geführt und für eine Sache mißbraucht, die zum Scheitern verurteilt war. Er war es leid, den Sündenbock zu spielen für Ziele, die nicht die seinen waren, da die Grundannahme – NE-BETHs Existenz als furchterregender Lindwurm – sich als falsch erwiesen hatte. Aber was sollte er tun? Den Menschen im Tal war es offensichtlich egal, ob ihr HO-MU-MIR-O den Hüter der Erde nun auch tatsächlich traf oder nicht. Ihnen reichte es, den göttlichen Fuchs oben auf der ersten Siedlungsebene zu wissen. Den MIR-O-MA ging es schon lange nicht mehr um geistige Auseinandersetzungen. Die überaus erfolgreiche Metallsuche hatte sie vollkommen in der materiellen Welt ankommen lassen. Für sie war nicht nur MIR-O in den Menhiren gegenständlich geworden. Auch der HO-MU-MIR-O war zu einer Art Götze verkommen. Seine körperliche Anwesenheit reichte den Metallpionieren vollends. Solange sie sahen, daß er dort oben Schmiere saß, hatten sie keine Angst, in die Erde einzudringen und NE-BETHs Schätze zu plündern. Gris wußte um seine Bedeutung für den reibungslosen Ablauf der Metallsuche. Ohne ihn waren die Menschen aufgeschmissen, und immerhin waren es ja auch seine Leute. Trotz aller Entbehrungen und Mißverständnisse kümmerten sie sich weiterhin um ihn. Gris war hin- und hergerissen zwischen der Verantwortung, die er trug, und der Erkenntnis, daß er durch seine Anwesenheit einer Entwicklung Vorschub leistete, die ins Verderben führen mußte. Zu radikal hatten die Menschen vor seinen Augen ihr altes Leben und die Harmonie mit der göttlichen Weltordnung abgelegt. Was da unten zu seinen Füßen ablief, war zum Scheitern verurteilt, weil es die Menschen zu gierig und selbstsüchtig machte. Wo sollte es auch hinführen, wenn jemand wie A-BO-KAM-MA, der es einst verstand, mit TI-O-BETH zu kommunizieren, sich im Wald verlief? Ging die Entwicklung so weiter, würde bald niemand mehr den Weg zurück nach Hause finden. Wie oberflächlich die Menschen aus seiner Sicht unter dem Einfluß MIR-Os geworden waren!

Gris selbst hatte mit dem Gott des Metalls nie viel zu tun gehabt. Obwohl er als YA-BETHs Sohn ein MO-DOLL war und unreines Blut hatte, verspürte er nie eine innere Verbindung zum neuen Gott der Großen Blonden. Auch die Einehe mit MIR-DI-MA, einer Frau aus ihren Reihen, hatte nicht zu einer Identifikation mit patriarchalischen Strukturen geführt. Vielleicht blieb Gris der alten Kultur auf Basis der Hellfühligkeit deshalb sein ganzes Leben lang so verbunden, weil er niemals vollständig in diese integriert war.

Die einzigen Genußebenen, an denen er teilnehmen durfte, waren die zu Ehren YA-BETHs und TI-O-BETHs. Seine blauen Augen galten als Zeichen der Gunst des Gottes der Oberen Welt. Der innige Kontakt zum Gott des Lichtes, des Raumes und des Gefühls ist in der Folgezeit niemals abgerissen. Nach seinem erfolgreichen Ersttod war er während der spirituellen Einweihung bei den Großen Blonden darin geschult worden, Kontakt mit seinem Höheren Selbst aufzunehmen, durch das TI-O-BETH zu den Menschen sprach. In seiner Einsamkeit am Similaun machte Gris regen Gebrauch von diesen Fähigkeiten. Dem eigenen Bekunden nach war TI-O-BETH in den Bergen sein einziger Freund. Der Gott des Lichtes weihte ihn in die Geheimnisse des Kosmos ein. Im Gegensatz zu NE-BETH, den er nie zu Gesicht bekam, behauptete er:

»TI-O-BETH habe ich gesehen!«

In seinen Meditationen dreitausend Meter über dem Meeresspiegel gelang es ihm also, anstatt den Lindwurm zu treffen, in höhere geistige Dimensionen vorzudringen. Er hat TI-O-BETH geliebt und in ihm jemanden gefunden, dem er vertrauen konnte.

»Ich war *sein* Kind!«

Anhand dieser Aussage wird erneut deutlich, daß er sich niemals als YA-BETHs Sohn begriffen hat. Er hat sich immer als Mensch gefühlt und hatte keinen sehnlicheren Wunsch, als zu ihnen zu gehören. Als sich abzeichnete, daß sie ihn niemals wieder zu sich hinunter ins Tal lassen würden, war er zeitweise regelrecht verbittert und wollte »ihr Lügennest ausräuchern«. Seine Stimmung auf dem Alpenhauptkamm schwankte hin und her. Womit sollte er sich auch noch identifizieren?

»Sie wußten, daß ich als Mensch nur noch in meinem Körper lebte, ansonsten aber TI-O-BETH erreicht hatte.«

Gris hat also durchaus versucht, die erzwungene Isolation für sich zu nutzen.

»Der Haß in mir war tief, aber ich mußte versuchen zu leben, wie es kommt.«

Und er hatte ja auch die »andere Seite« erfahren, jene kraftvollen Energien aus der Höheren Geistigen Welt.

So wie die fleißigen MIR-O-MA inzwischen ausschließlich MIR-O verehrten, so gewann auch der aufmüpfige HO-MU-MIR-O die Vorstellung von dem EINEN Gott als Grund und Wahrheit aller Dinge.

»Es gehört zur Würde des Menschen, daß er daran glaubt, daß es unter der Erde keine Macht gibt. Es gibt nur TI-O-BETH ! Nichts existiert außer ihm. TI-O-BETH denkt in seinem Sinn für uns alle.«

Trotz der vielen Entbehrungen hatte Gris dort oben in seiner höhlenartigen und mit Heu isolierten Residenz auch wahre Erleuchtungsschübe.

Das Wesen TI-O-BETHs …

»… DAS IST DIE LIEBE! LIEBE IST DIE ALLMACHT GOTTES! LIEBE IST JEDE VERÄNDERUNG IN EUCH – MIT EUCH – UM EUCH HERUM!«

Diese Erkenntnisse bzw. Gefühle standen in krassem Gegensatz zu den aktuellen Erfahrungen der Metallpioniere weiter unten. Ein äußerst unangenehmer Zwiespalt machte sich in Gris breit. Auf der einen Seite nutzte er seine besondere Erziehung, seine Entmenschung und die zwei Jahre künstlicher Dunkelheit, um tatsächlich in die Geistige Welt einzudringen. Auf der anderen mußte er mit seinem veränderten Bewußtsein nur um so schärfer wahrnehmen, auf was für einem total entgegengesetzten Weg sich seine Leute befanden. Sie schnitten sich gerade ab von der Geistigen Welt, um dem Ruf ihres ICHs in die vorübergehenden Verlockungen der materiellen Welt zu folgen. Ihnen ging es nicht um Glück, Harmonie und göttliche Liebe – ihnen ging es um Eigentum, Macht, Reichtum und Konsum. Warum noch mühsam etwas herstellen, wenn Mensch sich mit Metall alle schönen Dinge des Lebens erhandeln konnte? Den MIR-O-MA kam es offensichtlich nicht auf die Überwindung des Tieres durch geistige Arbeit und zunehmende Bewußtheit an. Sie wollten die neuen Gefühle des Befreitseins von übersinnlichen Fesseln in sich einfach ausleben. Und das alles mit ihm – dem göttlichen Kind – als Alibi! Verständlich, daß sich derart unterschiedliche Interessen nicht miteinander verbinden ließen.

Dabei lief aus der Sicht der Großen Blonden und ihres Zivilisationsprojekts alles bestens. Das widerspenstige Verhalten des HO-MU-MIR-O war vorausgesehen worden. Daß Gris hinter den ganzen Schwindel kam, war nicht weiter schlimm, ja sogar ein wesentlicher Teil des Plans. Als »Wurm der Unteren Welt« existierte NE-BETH nur in den Vorstellungen der BAR-BA-KIR-MA. Der Glaube, die Siebte Genußebene verkörpere sich in tierischer Form, war ein geistiges Produkt aus der Stadt der Steine. Der Erfolg lag letztlich *nicht* darin, daß YA-BETHs Sohn ihn ablenkte, indem er zusammen mit ihm speiste. Dadurch wäre NE-BETH ja nur phasenweise und nur solange der HO-MU-MIR-O auf Erden wandelte unter Kontrolle gewesen. Überwunden wurde er einzig und allein dadurch, daß es jemanden gab, der glaubwürdig war und der mit der eindeutigen Sicherheit seiner eigenen Erfahrung bestätigen konnte, daß NE-BETH als Hüter des Metalls gar nicht existierte. Die BAR-BA-KIR-MA hätten den Großen Blonden allein niemals geglaubt, daß es überhaupt keinen Erdenwurm gab, der ihre Seele auffressen würde, wenn sie in sein Reich eindrangen und die Metalle stahlen. Es mußte jemand aus den eigenen Reihen sein, der zudem göttlich legitimiert war.

NE-BETH war der große Widersacher der Steinzeitler. Mittels ihrer Fastenrituale hatten diese schon immer versucht, unabhängig von seinen Kräften zu werden. Der Erdenwurm hatte die Macht, die Seelen der Menschen in der Materie festzuhalten und ihren Reinkarnationszyklus zu unterbrechen. NE-BETH repräsentierte die Hölle, das Gefangensein im Dichten und Dunklen, im eigenen Leid und Schmerz. Es waren die Würmer, die den Leichnam fraßen und mit ihm die Seele, wenn sie nicht rechtzeitig aus dem Körper freikam. Hierin lag auch der Grund für die Abhängigkeit der Menschen von NE-BETH. Wenn sie nicht auf ihn hörten und ihm opferten, würde er ihre Seelen nicht freigeben. Das geistige Verhältnis der Menschen zum Materiellen und damit zur Erde war geprägt von Angst vor Strafe. Es war die Absicht der Großen Blonden, alles Irdische gezielt in geistigen Mißkredit zu bringen, um in den Einheimischen den Wunsch zu wecken, sich von den behindernden Erdkräften zu befreien. Die Überwindung NE-BETHs diente also nicht nur dem Einreißen von produktionstechnischen Barrieren in bezug auf das Metall. Viel wichtiger und weitreichender war der Durchbruch geistiger Mauern! Die BAR-BA-KIR-MA waren entschlossen, sich von den Ängsten zu befreien, die ihr erwachendes Ichbewußtsein mit sich brachte. Deshalb vertrauten sie den Versprechungen der Großen Blonden und beteiligten sich an deren Zivilisationsprojekt. Erst in unserer heutigen Rückschau zeigt sich, daß die himmelwärts orientierten Menschen aus den frühen Steinstädten nicht nur die Heilmittel brachten, sondern vorher auch die Krankheit. DAS METALL war das Medikament.

Gris' Lebensaufgabe war es, NE-BETHs Nichtexistenz als Bewacher der Bodenschätze zu »beweisen«, um das Tor zum vermeintlich »wahren Menschsein« aufzustoßen. Zuerst hat die brave Anwesenheit des HO-MU-MIR-Os auf der Abri den Erdenwurm abgelenkt und die MIR-O-MA ermutigt, sich bei der Metallsuche in die Erde zu begeben. Es spielte noch keine Rolle, ob NE-BETH auch wirklich kam. Es genügte, daß sie jemanden dazu bestimmt hatten auf ihn zu warten, um ihn gegebenenfalls zu empfangen. Im Laufe der Zeit hat das offensichtliche Fernbleiben des Wurmes der Unteren Welt die MIR-O-MA endgültig von ihrer Angst befreit. Außerdem besaßen sie inzwischen schon die Erfahrung, in den Erdboden eingedrungen und immer noch am Leben zu sein. Anscheinend gab es wirklich keinen Wächter dort unten, denn niemand hinderte sie an ihrer Metallausbeute.

Im Gegenteil! In den ersten zehn Jahren ihrer Besiedlung des Ötztales sind die MIR-O-MA richtig reich geworden. So reich, daß sie schon aufhören wollten. Der Sprung war in der Tat gewaltig. In der zurückliegenden Baumkultur war die Welt ein einziger Kreislauf von Energie. MIR-O hatte ihn unterbrochen, um die Menschen daraus »zu befreien«. Die Entwurzelung aus den kollektiven Gefühlen war trotz der Begeisterung für die neue Lebensform nicht so einfach zu verarbeiten. Zum Glück hatten die an ihrem Erfolg zweifelnden MIR-O-MA ihren HO-MU-MIR-O, auf den sie ihre Schuldgefühle abwälzen konnten. Sein intimer Kontakt zur Geistigen Welt würde sie schon davor bewahren, zur Rechenschaft gezogen zu werden. Sie hatten zwar Gewissensbisse, lernten aber mit der Zeit, immer besser mit ihnen umzugehen.

Für den unfreiwilligen HO-MU-MIR-O hingegen war die Erkenntnis der Nichtexistenz des Erdenwurmes im wahrsten Sinne des Wortes tödlich. Sein Leben hatte keinen Sinn mehr. Er mußte für etwas herhalten, das es gar nicht gab. Zu allem Übel leistete er damit einer Lebensweise Vorschub, zu der er sowohl geistig als auch ganz real durch seine erzwungene Abgeschiedenheit keinen Zugang besaß.

Im Gegensatz zu den Metall- und ichbesessenen MIR-

O-MA hat Gris an TI-O-BETH und der Geistigen Welt festgehalten. Die unterschiedlichen Lebensräume symbolisierten ausgezeichnet die verschiedenen Geisteszustände. Unten im Ötztal lebten die Leute, die bereit waren, in die materielle Welt hinabzusteigen, und oben auf den Gipfeln wanderte der einsame Prinz, der seinen Göttern vom Rhein die Treue hielt.

Aber auch dieses Verhalten war Teil des Plans. Natürlich waren die Großen Blonden darauf vorbereitet, daß ihr NE-BETH-Bezwinger das Spiel durchschaute, lag doch gerade im Durchschauen der Erfolg. Der HO-MU-MIR-O wurde damit getröstet, daß sie ihn unsterblich machen würden. In einem zukünftigen Leben sollte er für seine Existenz als göttlicher Fuchs entschädigt werden. Gris konnte jedoch mit den Verlockungen einer fernen Zukunft nicht viel anfangen, zu diffus war ihm noch – wie allen anderen auch – die Vorstellung von abstrakter Zeit. Er hat sich mehr in sein Schicksal ergeben, als es innerlich anzunehmen. Solange er überleben wollte, blieb ihm auch gar nichts anderes übrig, da die Weichen schon mit den Umständen seiner Geburt in eine unausweichliche Richtung gestellt worden waren.

»Damit du heute ein Buch schreibst, mußte ich dieses Leben führen.«

Im Zusammenhang mit den Initiationen zum Tiergott wußte Gris durch seinen Aufenthalt in der Stadt der Steine, daß er einmal wiedergeboren würde, um seine Geschichte zu erzählen. Damals hatte er keine Stimme. Es hätte ihm auch niemand zugehört. Heute berichten die Medien der ganzen Welt über ihn.

Nach zwölf Jahren im hinteren Ötztal war die Situation zwischen den Metallpionieren und ihrem HO-MU-MIR-O total gespannt. Gris verstand nicht, warum sie ihn nicht hinunterließen, obwohl es NE-BETH doch gar nicht gab und alle froh darüber waren. Irgend etwas mußte geschehen, denn er war nicht länger in der Lage, sein für ihn nun sinnloses Dasein zu ertragen. Da er völlig isoliert war, blieb ihm nichts anderes übrig, als auf eigene Faust einen Ausweg für sich zu suchen. Er akzeptierte immer weniger den krassen Unterschied zwischen ihm und den anderen. Nachdem NE-BETH bezwungen war und sich der Reichtum eingestellt hatte, hätten sie ihn seiner Meinung nach wieder zum Menschen machen können. Seine Sehnsucht fand jedoch keinen Widerhall im Tal. Die MIR-O-MA waren nicht gewillt, den mühsam erkämpften Status quo der erfolgreichen Metallsuche aufs Spiel zu setzen. Der göttliche Fuchs hatte zu bleiben, wo er war. Es war DIE FORM, die gewahrt werden mußte. Die Menschen im Ötztal hatten begriffen, daß sich auch mit Äußerlichkeiten gut leben ließ. Ihre reiche Metallausbeute war der Beweis für das Einverständnis NE-BETHs, ob es ihn nun letztlich als Erdenwurm gab oder nicht. Wenn der HO-MU-MIR-O oben auf seiner Abri nicht mehr mitspielte, war das auch nicht weiter schlimm. Es war sowieso geplant, ihn als Dank an MIR-O zu opfern. Seine Zeit war lediglich noch nicht erfüllt. Schon auf dem Johannisberg hatten sie ihm versprochen, ihn unsterblich zu machen und für sein unmenschliches Leben als Tiergott zu entschädigen. Aber würden sie es auch tun? Was hatten sie vor? Die radikale Veränderung in den Bergen, die zielstrebige Abkehr vom alten Götterkosmos und seiner bewahrenden Baumkultur, hatten Gris an seinem vorbestimmten Schicksal zweifeln lassen. Alles hatte ihm A-BO-KAM-MA vorhergesagt, nicht jedoch den gegenwärtigen Zustand seines Volkes und seine eigene Verzweiflung. Selbst über die alte Hellfühligkeit gelang es ihm nicht mehr, aus der Distanz heraus mit seinen Leuten zu kommunizieren. Ihre Lebensumstände waren für ihn nicht mehr nachfühlbar, zu radikal standen sich die konkreten Lebensinhalte beider Seiten gegenüber.

Gris muß wirklich sehr gelitten haben, anders sind die Konsequenzen, die er zog, nicht zu verstehen. Zu seinem Lebensende hin war er fast ständig berauscht, um den Hunger, die Hitze und die Kälte, vor allem aber die Einsamkeit zu ertragen. Er selbst wollte auf keinen Fall – wie geplant – dem Gott des Metalls geopfert werden. Zu sehr unterschied sich mittlerweile seine eigene Lebensauffassung von der seiner Anhänger. Je tiefer die MIR-O-MA in den dunklen Erdboden eindrangen, desto mehr verloren sie den Kontakt zu ihren übersinnlichen Gefühlen und zu TI-O-BETH. Sie waren oberflächlich und unaufmerksam geworden. Die grobe Vernachlässigung ihrer geistigen Prinzipien wurde besonders deutlich, als der Fuchs mal wieder neuer Kleidung bedurfte. Die alte war zu unsorgfältig gegerbt worden. Jetzt hatte sich Ungeziefer eingenistet und begonnen, seine Haut zu zerfressen. Da kein Ersatz zur Verfügung stand, blieb ihnen nichts anderes übrig, als ihn vorübergehend in Tuchkleidung zu stecken. Er, der Fuchs – das Tier –, im menschlichen Tuchgewand! Gab es ein deutlicheres Zeichen für ihre Orientierungslosigkeit? Im Rausch des Metallreichtums haben die MIR-O-MA ihre eigenen spirituellen Grundlagen immer weniger ernstgenommen. Was Gris vielleicht noch hingenommen hätte, wäre er nicht ständig für ihre Fehler verantwortlich gemacht worden.

Über kurz oder lang mußte es zur offenen Konfrontation kommen. Die Lage spitzte sich zu, als Kritik aus den eigenen Reihen der MIR-O-MA aufkam. Ein Mann begann, sich auf die Seite des Einsiedlers wider Willen zu stellen und sich dafür einzusetzen, daß er herunter kommen konnte. Sie sollten sich auf ihre alten Tugenden besinnen und aufhören, dem Metall nachzujagen und den Fuchs endlich wieder in die Gemeinschaft der Menschen aufnehmen. Wie nicht anders zu erwarten, stieß er bei seinen Leuten auf taube Ohren. Und nicht nur das. Sie erschlugen ihn eines Tages kurzerhand, damit er Ruhe gab. Sie waren so berauscht von der entfesselten Energie in ihrem Innern, daß sie niemanden dulden konnten, der es wagte, sich gegen sie zu stellen. Wer nicht für sie und MIR-O war, der war gegen sie und hatte zu verschwinden.

Damit war der offene Bruch vollzogen. Die erste und die zweite Siedlungsebene hatten sich nichts mehr mitzuteilen. Sie lebten inzwischen gänzlich in verschiedenen Welten. Gris mied zunehmend die Abri unterhalb des Similaun und trieb sich immer häufiger im Schnalstal umher. Nicht zuletzt, um sich mit Eßbarem zu versor-

218

gen. Das Fleisch, das er als Fuchs fressen sollte und das auch dafür gedacht war, es mit NE-BETH am gemeinsamen Tisch zu teilen, verfütterte er entweder an seinen Hund oder an die Adler. Viel lieber aß er Fisch. Er benutzte seinen halbfertigen Bogen als Angel. Einmal rutschte er auf einem nassen Stein aus und brach sich mehrere Rippen. Aus Wut über die eigene Ungeschicklichkeit zerbrach er seinen Bogen. Damit er sich einen neuen halbfertigen Bogen anfertigen konnte, um den Menschenanteil seines Wesens vor YA-O zu dokumentieren, gaben die MIR-O-MA ihm sein Beil zurück. Die körperlichen Schmerzen infolge des Sturzes vertieften indes Gris' geistige Depression. Mehr und mehr wuchs in ihm der Wunsch, ganz zu TI-O-BETH zu gehen, dem einzigen Freund, den er hatte.

MIR-DI-MA empfand die Situation ebenfalls als unerträglich. Auch sie hatte jeglichen Einfluß auf die Gefühle ihres Mannes verloren. Da sie in der körperlichen Welt keinen Zugang mehr zu Gris fand, entschloß sie sich, es von der geistigen Welt aus zu versuchen. Ihr Opfertod war nur insofern freiwillig, als sie den Zeitpunkt wählte. Ansonsten war er Teil des geplanten Ablaufs. MIR-DI-MAs Lebensweg war ausschließlich auf ihren Mann – den späteren HO-MU-MIR-O – zugeschnitten. Sie mußte vor ihm gehen, damit er sterben konnte »wie ein König«. Sie starb, um ihrem Geliebten von der Geistigen Welt aus nahe zu sein. Sie wollte ihm Kraft geben, damit er die ihm zugedachte Rolle weiterspielte und das Glück und den Erfolg der MIR-O-MA nicht aufs Spiel setzte.

219

In den Augen der Metallpioniere war das Ziel seines Lebens MIR-O und niemand anderes. MIR-DI-MA wußte um die enge Verbindung zwischen Gris und TI-O-BETH. Aus diesem Grund wollte auch sie dem Gott der Oberen Welt durch die Art ihres Todes nahe kommen, um ihn zum Eingreifen zu veranlassen. TI-O-BETH sollte sich der MIR-O-MA und ihrer Schwierigkeiten mit dem HO-MU-MIR-O erbarmen und seinen Einfluß auf den Eigensinnigen geltend machen. Die tapfere Frau starb den Tod, den auf dem Johannisberg die geopferten Kinder im Genußebenenritual zu Ehren TI-O-BETHs erlitten. Diesmal kam nur eine Person in Frage, die alles am eigenen Leib miterlebt hatte, um TI-O-BETH auch genau informieren zu können. Wir gehen davon aus, daß es MIR-DI-MAs »privater« Wunsch war, ausgerechnet den Gott des Lichtes zu erreichen, mit dem die Menschen über ihr Höheres Selbst verbunden waren. Die MIR-O-MA ließen sie gewähren, weil ihnen inzwischen jedes Mittel recht war, um den Prinzen an seine königlichen Pflichten zu erinnern. Außerdem stand der Opfertod des HO-MU-MIR-O bevor. Er machte es notwendig, daß seine Frau vor ihm ging.

Wenn wir uns anschauen, wie sein Tod geplant war, wird deutlich, daß Gris als göttlicher Fuchs nicht nur NE-BETH bezwingen sollte. Als HO-MU-MIR-O hatte er obendrein die Aufgabe, mit seinem Körper, seiner Seele und seinem Geist die Verbindung zwischen dem alten Zeitalter und der glorreichen Neuen Ära zu verkörpern. Und zwar im wahrsten Sinne des Wortes.

Erinnern wir uns: Gris trug in den Bergen an seinem Körper und mit sich herum die Zeichen aller sieben Genußebenen. Der HO-MU-MIR-O war nicht nur das Gedächtnis der MIR-O-MA, sondern auch ihre Zukunft. Er war das Bindeglied, das »Missing link« zwischen dem im Tierischen verhafteten Leben der angeborenen Hellfühligkeit und dem wahren Menschsein des sich selbst erkennenden Ichs. Er war die Brücke zwischen dem Kollektiven und dem Individuellen. Wie schon in bezug auf NE-BETH, den er stellvertretend für das Neue Volk und der aus diesem entspringenden Neuen Welt bezwang, so war er auch im Hinblick auf MIR-O der Sündenbock. In seinen zwei Leben sollte er alles sammeln und bewahren, um am Schluß die Summe seiner Erfahrungen auf MIR-O zu übertragen. Der Gott des Metalls konnte nur dann die Nachfolge des Götterkosmos der Sieben Genußebenen antreten, wenn er durch den HO-MU-MIR-O – den Überlieferer – dazu legitimiert war. Zu diesem Zweck mußte der Prinz des Neuen Zeitalters für den Gott des Neuen Zeitalters sterben. Die Fackel mußte übergeben werden und vor allem in die richtigen Hände gelangen.

Früher starben die BAR-BA-KIR-MA im Heiligen Hain, um das Ungleichgewicht des Kosmos zu heilen. Jetzt starb der HO-MU-MIR-O, um die in alt und neu zerbrochene Welt in MIR-O zu vereinen und dadurch wieder ganz zu machen.

Als Gris nach seinem Ersttod bei den Großen Blonden in seine zukünftige Rolle als Wegbereiter eingewiesen wurde, gaben ihm seine Lehrer zu verstehen, daß er dereinst »als Gott« sterben würde, »wie ein König«. Als Gott sein Leben zu beenden bedeutete, seinen Körper freiwillig zu einem selbstgewählten Zeitpunkt ohne Gewaltanwendung von außen zu verlassen. »Ein Gott nimmt«, hat also die absolute Entscheidungsfreiheit. Ein König hingegen »gibt«, womit ausgedrückt werden soll, daß Gris den HO-MU-MIR-O in sich an MIR-O zurückzugeben hatte, den Initiator und Garanten des Neuen Zeitalters. Einzig in seinen Kronprinzenhänden war der Sinn und der Zweck seines Lebens für die Zukunft aufgehoben und für alle Zeiten bewahrt. MIR-DI-MA starb zuerst, damit Gris seinen Tod frei wählen und sich in MIR-Os geistige Obhut begeben konnte.

Sein Lebensende war folgendermaßen geplant: Wenn YA-O ein Zeichen gab, sollte er anfangen zu fasten, um sich durch den mutwilligen Stop der Nahrungszufuhr nach und nach vom Körper zu trennen. Er hatte Bescheid zu sagen, wenn es soweit war. Drei Männer hätten sich dann mit seinen Tier-Energien verbrüdert. Sie hätten sich mit ihnen YA-BETH geopfert, um die ausgeliehene Energie zu ihm zurückzubringen. Bevor der HO-MU-MIR-O seine irdische Existenz hinter sich ließ, mußte er also wieder rein werden. Nur als reiner Mensch sollte er wieder nach oben gehen und die Essenz seines Lebens MIR-O überantworten. Die besondere Art der »Sterbesakramente« sollte den HO-MU-MIR-O bis zum Schluß begleiten und kontrollieren, damit er keinen Schaden mehr anrichten konnte.

»Sie wußten, daß meine Seele krank ist.«

Zu offensichtlich hatte er sich im letzten Jahr abgesondert. Die MIR-O-MA hatten große Angst, daß er am Ende alles vermasseln und MIR-O durch seine Weigerung erzürnen könnte. Sie machten ihm daher Versprechungen, wo sie nur konnten. Eine war, ihm einen Seelensitz auf der zweiten Ebene zu errichten. Wenn er wie abgemacht stürbe, dürfe er wiederkommen und endlich bei ihnen sein. Allerdings nur als körperloses Energiewesen. Seine sterblichen Überreste beabsichtigten die MIR-O-MA in einem Steingrab zur letzten Ruhe zu betten. Sie waren ein Geschenk an NE-BETH, der Erntedank. Das Grab war eine in den Erdboden versenkte Kammer. Gris graute davor, sich durch den vorgeschriebenen Tod körperlich NE-BETH und geistig MIR-O auszuliefern. Ersterer war für ihn nicht real, denn er hatte ihn nie getroffen. Letzterer war vor seinen Augen talabwärts so überaus real geworden, daß es einfach nicht gutgehen konnte, sich so einseitig auf die Verlockungen der materiellen Welt einzulassen. Es mußte also etwas geschehen.

In der Rückschau hatte er sein ganzes Leben einer Sache zur Verfügung gestellt, die am Ende nicht mehr die seine war. Selbst sein Tod war von vorne bis hinten geplant. Würde er seiner MIR-Oschen Bestimmung Folge leisten, verriet er TI-O-BETH, seinen über alles geliebten Gott. Würde er ihm folgen, verriet er die Visionen der Großen Blonden.

Nach langem gefühlsmäßigen Hin und Her entschloß er sich, auf sein Herz zu hören und TI-O-BETH die Treue zu halten. Indem er an ihm und der alten Kultur festhielt war er auch in der Lage, sein »Volk zu retten«. Nur wenn er ihnen am Schluß einen Strich durch ihre Rechnung machte, gelang es ihm vielleicht, sie noch zu einer inneren Umkehr zu bewegen.

Der Tod des HO-MU-MIR-O

Um als Mensch in die Geistige Welt zurückzukehren, mußte Gris den Fuchs in sich aus eigener Kraft überwinden. Wir wissen nicht, wie er es geschafft hat, aber offensichtlich war er dazu in der Lage. Renate hatte Wahrnehmungen, die die Befreiung von den Tierenergien versinnbildlichten.

Gris war gerade von einer Wanderung zurückgekehrt, als ihm ein strenger Geruch aus seiner Behausung entgegenkam. Mutig umfaßte er sein Kupferbeil und trat ins Innere der Höhle. Als er wieder herauskam, hatte er einen bluttriefenden Fuchskörper ohne Kopf unterm Arm. Sein hysterisches Lachen war Ausdruck einer unendlichen Erleichterung.

Bevor das physische Ende tatsächlich eintrat, war Gris schon lange über seinen Tod hinaus. TI-O-BETH hatte ihn vorbereitet, er hatte keine Angst mehr. In seiner Verzweiflung hat er sich an seinen Gott gewandt und ihn gebeten, ihn zu holen.

Der letzte Abend war wunderschön. Das Panorama des Alpenhauptkamms lag ihm zu Füßen. Ein leuchtender Sonnenuntergang tauchte die Berggipfel in ein versöhnliches Licht. Tief atmend nahm der HO-MU-MIR-O die Herrlichkeit der Welt in sich auf. Renate empfand die Wahrnehmung des letzten Tages wie einen bewußten Abschied. Er spürte, daß die Zeit reif war.

Am nächsten Tag machte Gris seinen gewohnten Rundgang. Er begrüßte die Adler, zu denen er sich in letzter Zeit sehr hingezogen fühlte. Früher auf dem Johannisberg offenbarten sich im Flug der Vögel TI-O-BETHs Gedanken. Auf dem Rückweg zur Abri machte er Rast an seinem Lieblingsplatz. Er lag windgeschützt in einer flachen Mulde hoch oben auf dem Felsgrat. Er war müde und fühlte sich erschöpft. Das Fasten der letzten Wochen – schon in Vorbereitung auf sein Sterben für MIR-O – hatte ihn vollends abmagern lassen. Die Hitze war unerträglich. Da er in den letzten Jahren fast permanent unter Bauch- und Kopfschmerzen litt und sich vor kurzem erst mehrere Rippen beim Fischen gebrochen hatte, war er auch heute von Pilzen berauscht. Wenn doch nur bald TI-O-BETH käme und ihn erlöste!

Sein göttlicher Freund ließ nicht lange auf sich warten. Ein Unwetter zog auf und verwandelte die Bergwelt in ein lebensfeindliches Gebiet. Während sich unten im Tal Wolkenbrüche und Gewitter festsetzten, fegte der erste Schneesturm des Herbstes über die Bergspitzen. Es war Mitte September, als Gris beschloß, einfach liegenzubleiben. Er bemerkte nicht, wie die eisige Kälte in ihn kroch und seine hageren Glieder steif machte. Sein Körperempfinden hatte er abgestellt. Jetzt war er nur noch Bewußtsein. Renate erinnert sich genau an die Wahrnehmung seines Hinübergehens. Plötzlich löste sich sein Geist mit aller Gewalt vom Körper. Wie ein dicker

Laserstrahl fuhren seine Energien nach oben. Mit der Ablösung entwich ein befreiender Todesschrei seiner Seele:

» TIII–OOO–BEEETH!«

Ganz deutlich vernahm Renate das letzte Wort des HO-MU-MIR-O. Daß er sich mit seinem letzten Atemzug an seinen besten und einzigen Freund gewandt hat, verwundert nicht weiter. Wohl aber, daß es ihre heutige Frauenstimme war, mit der der stumme Gris seinen Geist in die Obhut seines Gottes entließ.

Obwohl das alte Hellfühlen nicht mehr funktionierte wie daheim auf dem Johannisberg, war den MIR-O-MA schon klar, daß das Ende ihres HO-MU-MIR-O unmittelbar bevorstand. Die Grabkammer war fast fertig. Er hatte bereits begonnen zu fasten, wie sie es ihm aufgetragen. Dennoch haben sie ihm mißtraut, zu offen war seine Weigerung, die Dinge wie geplant zu Ende zu bringen. Aber was sollten die Großen Blonden machen? Die einzigen Zwangsmittel, die sie besaßen, waren spiritueller Natur. Die Energieübertragung von den alten Göttern auf den neuen Gott MIR-O funktionierte nur freiwillig. Alles hing von der aktiven Mitwirkung des HO-MU-MIR-O ab. Wenn er nicht mitspielte, fehlte dem ganzen Projekt sein vorgesehener Abschluß.

Dementsprechend herrschte helle Aufregung, als er am nächsten Tag leblos aufgefunden wurde. Er war über Nacht vollständig eingeschneit und mußte erst freigelegt werden. Seine Leute wußten allerdings, wo er zu suchen war, denn sein Sterbeort war als sein Lieblingsplatz bekannt. Sie konnten nur noch seinen Tod feststellen. Eine seit ihrer Ankunft in den Bergen verdrängte Furcht ergriff die Menschen. Wie würde MIR-O reagieren, wenn sein Prinz ihm nicht die alte Zeit durch seinen Tod opferte und dadurch deren geistigen Gehalt auf ihn übertrug? Bislang hatten sie sich auf die Metallausbeute konzentriert, in der beruhigenden Annahme, ihr HO-MU-MIR-O würde den Übergang schon zu einem guten Ende führen. Jetzt war wieder alles offen. Alte Zweifel kamen hoch und mit ihnen fundamentale Ängste vor ihren alten Göttern. Nur mit viel Mühe gelang es dem alten A-BO-KAM-MA, das Volk der Metallpioniere zur Besinnung zu bringen. Noch war nicht alles verloren!

Es wäre zwar am einfachsten gewesen, wenn ihr HO-MU-MIR-O stellvertretend für sie den Übergang in das Neue Zeitalter vollzogen hätte. Dazu war er schließlich da. Hätte Gris seine Rolle wie geplant eingehalten, hätten die MIR-O-MA von ihrer schweren Arbeit nur kurz mal aufzuschauen brauchen, um sich des vorgestellten Laufes der Dinge zu vergewissern. Ihr Prinz hätte alles für sie geregelt. Sie hatten ihre Ängste, Begierden und Hoffnungen im Laufe der Jahre auf ihn projiziert, und er hätte ihre Seeleninhalte nur noch bei MIR-O abzuliefern brauchen. Keiner – selbst A-BO-KAM-MA und die Großen Blonden nicht – hatte damit gerechnet, daß ausgerechnet YA-BETHs Sohn sich widersetzen würde. Aber genau das war geschehen. Gris hatte die extremen Umstände seines Lebens am Ende dazu benutzt, eine extreme Entscheidung zu treffen. Dabei war der Antrieb für sein Verhalten nicht Eigennutz oder gar Rache für die erlittenen Entbehrungen. Er hat seine Sache nur mit seinem gesamten Wesen ernstgenommen. Er war in dem festen Glauben, sein Volk zu retten, wenn er TI-O-BETH die Treue hielt. Da er von frühester Kindheit an mitbekommen hatte, wie wichtig er war, hat er seine Bedeutung am Ende schließlich selbst geglaubt und gemeint, sein Leben in die Waagschale werfen zu müssen. Obwohl er äußerlich als Fuchs fernab der Menschen lebte, hatte er niemals die innere Distanz zu ihnen, die notwendig gewesen wäre, um die Veränderungen in ihnen nachvollziehen zu können. Es gehörte zur spirituellen Aufgabe des HO-MU-MIR-O, sich voll mit der Neuen Zeit und ihren Neuen Menschen zu identifizieren und nicht an den alten Vorstellungen und Gepflogenheiten festzuhalten. Mit dem, was er sah und spürte, war er jedoch überhaupt nicht einverstanden. Da er durch seine Entfremdung vom konkreten Alltag der MIR-O-MA auch nicht mehr mitbekam, welche positiven Veränderungen für das allgemeine Menschsein das Neue Leben bewirken mochte, blieb ihm nichts anderes übrig, als am Ende stur am Althergebrachten festzuhalten. Gris hatte subjektiv nur die Möglichkeit, die Neue Zeit des Metalls, dessen Herold er war, abzulehnen. Die MIR-O-MA wußten um seine inneren Zweifel. Was seine Person anbelangte, so wurde er immer auf die Zukunft und nachfolgende Inkarnationen vertröstet. Offensichtlich glaubten sie, mit Versprechungen genügend Einfluß auf sein Verhalten auszuüben. Gris' Tod für TI-O-BETH bedeutete für sie eine Niederlage, mit der sie nicht gerechnet hatten.

Aber noch war nicht alles verloren. Ein Trumpf steckte noch in ihrem Ärmel.

Wir müssen uns einmal mehr vor Augen führen, daß für die Damaligen unsere heutige Trennung zwischen Leben und Tod nicht existierte. Der HO-MU-MIR-O hatte lediglich seinen Körper verlassen, seine Seelenenergie war weiterhin aktiv. Wenn es ihnen nicht gelang, ihn im nichtstofflichen Zustand zu erreichen und positiv zu stimmen, damit er sich mit ihnen versöhnte, konnte ihr eigenwilliger Prinz ihnen auch von der Geistigen Welt aus schaden. Es mußte verhindert werden, daß er MIR-O durch seine ablehnende Haltung von der Energieebene her negativ beeinflußte. Sie mußten alles ihnen zu Gebote stehende tun, um seine »kranke« Seele im exkarnierten Zustand zu heilen.

Als körperliche Grundlage ihres Vorhabens diente die Mumifizierung seiner sterblichen Hülle. Sie war die Voraussetzung für alles weitere. Nur ein erhaltener Körper ermöglichte es in ihrem Verständnis, die Seele weiterhin an ihre irdische Existenz zu binden. Die Großen Blonden nahmen Zuflucht zu dieser extremen Maßnahme, weil sie sich nicht anders zu helfen wußten. Sie waren nicht bereit, ihren HO-MU-MIR-O so einfach sang- und klanglos gehen zu lassen. Sie benötigten eine Zugriffsmöglichkeit auf seine Seele auch über seinen physischen Tod hinaus, um ihn für ihre Zwecke einzuspannen. Die Mumifizierung wurde daher mit äußerster Sorgfalt vorgenommen.

Es spricht für die sorgfältige Planung des »Ötztal-Projektes«, daß entsprechende Experten anwesend waren.

Wir stoßen immer wieder auf das immense Wissen der Großen Blonden, was die Beeinflußung von Geist und Materie und ihre Nutzbarmachung für weltliche Interessen betrifft.

Da sie es sich mit Gris' Seele auf keinen Fall verscherzen durften, haben sie es nicht gewagt, die Todesumstände zu verändern. Er wurde an Ort und Stelle mumifiziert. All seine Sachen wurden bei ihm gelassen, denn auch sie waren Teil seiner Persönlichkeit und trugen seine Energien. Außerdem wollten sie von nun an alles tun, um sich seiner Gunst sicher zu sein. Als ersten Schritt zur Versöhnung wollten sie ihm zeigen, daß sie sein Handeln respektierten. Nach erfolgter Einbalsamierung »mit der Frucht von dem Baum da« (Zitat Gris) wurde er wieder so präpariert, wie er gestorben war.

Gris hatte einen hervorragenden Platz zum Sterben ausgewählt. Er lag abseits der menschlichen Siedlungen oben auf dem Alpenhauptkamm, mitten in einer natürlichen, windgeschützten Mulde. Noch heute ist es ein überwältigender Platz. Kein Wunder, daß sich Gris schon zu seinen Lebzeiten hier am liebsten aufhielt. Was die Mumifizierung anbetraf, so lag der Sterbeort weit oberhalb der Schneegrenze im ewigen Eis und war gleichzeitig absolut sicher vor den zerstörerischen Kräften irgendeines Gletschers. Schnee und Eis waren die einzige Möglichkeit, die sterblichen Überreste zu konservieren und vor Mensch und Tier zu schützen. Die Mumie mußte ja nicht nur solange »überleben«, wie sich die MIR-O-MA und ihre unmittelbaren Nachkommen im Ötztal aufhielten. Sie mußte über fünftausend Jahre dort oben liegen können, um ins Bewußtsein ihrer eigenen Seele zurückzukehren und ihr Schicksal zu erzählen. Die Hinterbliebenen haben sich große Mühe gegeben, ihren HO-MU-MIR-O »am Leben« zu erhalten. Siebzig Jahre lang haben sie sich intensiv um ihn gekümmert. Sie haben ihm eine regelrechte Eiskammer zurecht präpariert, in die auch in späterer Zeit niemand mehr – und schon gar nicht ein Gletscher – würde eindringen können. Der vermeintliche »einmalige Glückstreffer«, einen vollständig erhaltenen Leichnam im Eis zu finden, entpuppt sich also bei näherer Betrachtung als saubere Handwerksarbeit der Mumifizierer. Was für hervorragende Dienste die MIR-O-MA geleistet haben, zeigt das Ergebnis. Der außergewöhnlich lebensechte Zustand der Mumie inspiriert die heutigen Menschen zu den vielfältigsten Fragestellungen und Untersuchungen. Als wäre er aus einem tiefgekühlten Dornröschenschlaf erwacht: Ötzi ist wieder da und in aller Munde, und alle machen sich wieder Sorgen um ihn!

Die Zeit danach

Was die MIR-O-MA zu Lebzeiten des HO-MU-MIR-O versäumt hatten, holen sie jetzt aus Angst nach. Sie befürchteten, der Heimgegangene könne ihnen von der Geistigen Welt aus schaden. Also mußten sie ihm schmeicheln und ihn zum Objekt ihrer Verehrung machen, damit es ihm nicht noch mal einfiel, sie zu verraten. Sie schütteten die bereits fertiggestellte Grabkammer wieder zu und errichteten ihm den versprochenen Seelensitz auf der zweiten Ebene, der heutigen Kaser.[27] Ihr einstmals göttlicher Fuchs war nicht einfach dadurch verschwunden, daß er seine Existenzform gewechselt hatte. Nach eigenem Bekunden hat er oft in ihrer Mitte Platz genommen und sich ihre Sorgen und Nöte angehört. Wir dürfen nicht vergessen, daß er sich auch weiterhin eng mit seinen Leuten verbunden fühlte, jenseits aller Unterschiedlichkeiten, die die besonderen Lebensumstände mit sich gebracht hatten. Er machte sich Sorgen um ihr Seelenheil. Sie sollten TI-O-BETH nicht vergessen und nicht die Verbindung zum Geistigen hinter den zunehmenden Äußerlichkeiten verlieren. Aber auch die MIR-O-MA hatten ein existentielles Interesse an einem fortbestehenden Kontakt. Sie erinnerten den Entkörperten an MIR-O und seine uneingelösten Pflichten dem Gott des Metalls gegenüber.

Irgendwie muß es zu einem Einvernehmen gekommen sein, denn der Totentanz für den HO-MU-MIR-O im nächsten Frühjahr wurde zu einer großen Siegesfeier. Zwölf mühevolle, aber auch erfolgreiche Jahre machten sich endlich Luft! Sie hatten Metall gefunden, und zwar überreichlich, mehr als sie gewagt hatten zu träumen. Sie hatten NE-BETH besiegt. Es gab keinen Erdenwurm, der sie davon abhalten konnte, auch ins Erdinnere vorzudringen, um die dunkle Seite ihrer Existenz zu erforschen. Es hatte sich gelohnt, den Visionen der Großen Blonden zu vertrauen und ihnen in die Berge zu folgen. Das viele Metall um sie herum war der »Beweis«! Sie waren ein neues Volk geworden mit neuen Kindern und einer vollkommen neuen Lebensperspektive. Ihr göttliches Kind hatte ihnen durch seinen Tod zu verstehen gegeben, daß sie TI-O-BETH und der Lichtseite ihres Lebens – der Liebe – die Treue halten sollten. Und MIR-O war damit einverstanden, solange der alte Gott seine Pioniere nicht davon abhielt, Metall zu produzieren.

Das Ritual, das das Neue Zeitalter besiegeln sollte, trug dieser neuen Einheit Rechnung. Die MIR-O-MA waren erleichtert, daß sich ihr Prinz nach seinem Tod ihnen wieder zugewandt hatte. Die Mumifizierung hatte offensichtlich gewirkt. In der körperlichen Welt hatte er keine Stimme besessen, auf der übersinnlichen Ebene konnte er sich nach seinem Tod endlich Gehör verschaffen. Wenn die MIR-O-MA ihrerseits TI-O-BETH weiterhin einen Platz im Leben einräumten, war er zu einer Übergabe der gesammelten Energien an MIR-O bereit. Beiden Göttern gemeinsam war schließlich die erfolgreiche Überwindung des Tieres, zu der die BAR-BA-KIR-MA einst angetreten und den Großen Blonden in die Berge gefolgt waren.

Die MIR-O-MA waren wie berauscht von dem neuen Gefühl der Unabhängigkeit. Kein Wunder, daß die Feier auf der Basis einer derartigen Masseneuphorie zu einer regelrechten Metallorgie ausartete. Endlich konnten sie ihre trotz aller Neuerungen noch immer vorhandene Hellfühligkeit reaktivieren und ihre Gefühle zum Dank nach oben schicken. Die Tänzer hatten Helme aus leuchtendem Metall auf dem Haupt, vielleicht handelte es sich um Gold. Aus dem gleichen Rohstoff waren die großen, kreisrunden Schilde. Sie besaßen in der Mitte schon die kleine Wölbung nach außen, die Funde aus späteren Zeiten ans Tageslicht brachten. Der Kreis war das Zeichen YA-Os und symbolisierte als »O« die Ewigkeit. Sowohl der Helm als auch der Schild dienten noch keinerlei kriegerischen Zwecken. Das Goldene Kalb, um dessen Besitz sich spätere Generationen die Köpfe einschlagen sollten, war eben erst im Begriff, von NE-BETH aus den dunklen Tiefen der Erde freigegeben zu werden. Helm und Schild hatten rein magische Funktionen. Sie symbolisierten die Abwehr der hellfühlenden Energien, von denen sich die Menschen bewußt abgeschnitten hatten. Zuerst schützten Helm und Schild die Menschen geistig. Erst später, als die Habgier im Inneren und die Reichtümer draußen zugenommen hatten, sicherten die beiden Gegenstände auch den Körper vor mutwilligen Angriffen. Wie schon im Fall des Bogens wurden auch hier geistige Insignien erst später zu realen Waffen.

Die Siegesfeier selbst war sehr aufschlußreich. Die Tänzer bewegten sich hintereinander mit einem gleichseitigen Holzkreuz an der Spitze in Schlangenlinien. Das Kreuz war das Zeichen NE-BETHs. Die getanzten Schlangenlinien symbolisierten TI-O-BETH und das Metall der Ausrüstungsgegenstände MIR-O. In der Choreographie kam ihr Verhältnis zueinander zum Ausdruck. TI-O-BETH zwang NE-BETH seine Form auf, während MIR-O durch die Ausstattung der Tänzer Einfluß nahm auf den Gott der Oberen Welt. Vom hellgefühlten

Götterkosmos vergangener Zeiten war im Zuge der Metallsuche nicht mehr viel übriggeblieben. Die Zeugungsrituale waren verschwunden. An ihre Stelle trat die Paarbeziehung, vorweggenommen schon am Johannisberg in der Verbindung von Gris und MIR-DI-MA. Mit den Tieren wurden die Menschen nun durch eigene innere Kraft fertig und benötigten deshalb auch nicht länger einen KIR, um sich selbst zu erfahren. YI-MA und die mit ihr verbundene freudige Naturerfahrung und -verbundenheit war inzwischen abgelöst durch den Spaß an der Arbeit und dem selbstgeschaffenen Lohn.

Im Ablauf des Totentanzes für die alte Zeit kam deutlich zum Ausdruck, daß die Tänzer mit Hilfe von MIR-O und TI-O-BETH den materiellen Kräften eines NE-BETH ihre Bewegungen aufzwangen. Die Beteiligten besaßen also eine Vorstellung davon, wie sie ihrerseits Macht über ihre innere Unterwelt erlangen konnten. Niemand, der das Metall verehrte und TI-O-BETH die Treue hielt, brauchte sich mehr von den niedrigen Kräften der Welt und damit auch seines eigenen Wesens abgehalten zu fühlen, den Pfad der Selbsterkenntnis und der Eigenverantwortung einzuschlagen.

Die Mondlandung war geglückt. Sie befanden sich auf einem anderen Planeten. Ihn galt es nun, in Besitz zu nehmen. So wie alle Ankömmlinge in einer Neuen Welt ihre Zeichen setzen, um ihre Besitzansprüche geltend zu machen, so errichteten auch die MIR-O-MA ihrer Ankunft und ihrem Sieg über NE-BETH ein Denkmal. Sie errichteten auf der zweiten Siedlungsebene ein Heiligtum für ihren HO-MU-MIR-O. Ein gewaltiger Menhir bildete sein Zentrum und symbolisierte die Verschmelzung von TI-O-BETH und MIR-O. Der neue KIR war aus Stein. Das Denken der Menschen war im Metall gegenständlich geworden und hatte seine unvergängliche Form gefunden.

Die bei dem feierlichen Einweihungsritual der Erinnerungsstätte benutzten Helme und Schilder verblieben am Ort ihres Einsatzes. Sie dienten als Zeichen für die einmalige Überwindung der niederen Mächte durch die MIR-O-MA und ihren HO-MU-MIR-O. Wir halten es für denkbar, daß bei Ausgrabungen an dieser Stelle der eine oder andere sakrale Gegenstand aus Metall das Tageslicht erblickt.

In der unmittelbaren Folgezeit nach dem Tod ihres Tiergottes wurden auf dem Heiligtum große Sonnenwendfeiern abgehalten. Im Mittelpunkt stand MA-RI-A, die Mutter, die das göttliche Kind geboren hatte. In den Bergen war sie die TI-A-MA, die die Fruchtbarkeit des Neuen Volkes garantierte. Waren früher alle Frauen die irdischen Organe der Großen Zeugungsmutter, so hatte auch MA-RI-A inzwischen eine Stellvertreterfunktion. Aus dem kollektiven Gottesdienst der Sieben Genußebenen wurde individuelle Götzenverehrung. Es war die Erfindung der Großen Blonden, daß ein Mensch alles verkörpern und auf sich nehmen könne, um die anderen zu befreien. Das heroische Weltbild ward geboren. Die für die Entwicklung des Ichs notwendige Trennung zwischen Geistiger und materieller Welt benötigte einzelne Menschen, auf die die Mehrheit all ihre Schuld und ihre

Hoffnungen abladen konnte, um sich frei im neuentdeckten Diesseits zu bewegen.

Was unseren Fall betrifft, so war MA-RI-A die große Nutznießerin der Ereignisse. Ihr ward göttliche Anerkennung zuteil, ohne daß sie aus der Gemeinschaft ausgeschlossen wurde. Solange sie als Verkörperung der Großen Zeugungsmutter TI-A-MA persönlich unter ihnen weilte, waren sich die MIR-O-MA ihres stetigen Bevölkerungswachstums sicher.

Es verwundert daher nicht, daß MA-RI-A es war, die sich im Gedächtnis der Menschen bis in die Gegenwart hinein hielt. Die Venter[28] vollziehen bis auf den heutigen Tag christliche Rituale auf der alten Kultstätte. Nicht umsonst steht in der Gegenwart eine kleine Kapelle über der ehemaligen, immer noch feuchten Quelle. Laut Legende[29] soll genau an dieser Stelle vor Tausenden von Jahren eine fremde Frau mit einem Kind niedergekommen sein. Zwar hat MA-RI-A ihren Sohn nicht körperlich hier oben geboren. Aus geistiger Sicht jedoch war Gris in den Bergen »der Neugeborene«.

Das Gedenken an ein besonderes Ereignis vor langer Zeit hielt sich nicht nur im abgelegenen hinteren Ötztal bis in die heutige Zeit. Auch der Johannisberg, der Ausgangspunkt unserer Geschichte, blickt auf eine lange Besiedlungszeit. Archäologische Untersuchungen datieren die Zeugnisse menschlicher Kultur dreitausend Jahre zurück. Schon damals hatten offensichtlich Kelten den Hügel am Rhein bewohnt. Uns würde es nicht wundern, wenn irgendwo eine Legende des Johannisbergs existierte,[30] in der erzählt wird von einer Mutter, die hier ihr göttliches Kind gebar zu Anbeginn eines neuen Zeitalters.

Wir vermuten, daß auf dem Johannisberg ein ähnliches Heiligtum errichtet worden ist wie im Ötztal. Gegenstand der Verehrung waren hier keine Menhire, sondern jene Steinplatte, auf der der göttliche Fuchs im Schoße der Erde geboren ward, um als HO-MU-MIR-O den Erdenwurm zu bezwingen. Sie symbolisierte aber auch die Auferstehung des ICHs und seiner Verstandesmacht über die niederen Naturreiche. Wir halten es für möglich, daß sie als Reliquie des unsterblichen HO-MU-MIR-O den späteren Kelten als Zeichen ihrer besonderen Abstammung galt.

Die Steinplatte existiert noch heute, wenn auch nicht mehr in ihrem ursprünglichen Zustand. Das Exemplar befindet sich im Städtischen Bauhof zu Geisenheim. Es ist nur noch halb so groß und stark verwittert. Die Bearbeitung ist aber noch deutlich erkennbar. Das Relief zeigt einen Einsiedler (!) und ist umkränzt mit der Inschrift, die den Namen »Hieronymus« enthält. Der heilige Hieronymus lebte von 347 bis 419 n. Chr. und half entscheidend mit, den Gedanken der Wiedergeburt aus der offiziellen Lehre der Kirche zu verbannen. Er war Berater des Papstes und lebte als Eremit in Bethlehem. Von ihm stammt die sog. »Vulgata«, eine vereinfachte Bibelübersetzung. Und »Übersetzen« bedeutete damals in der Regel ein »Umschreiben« in das eigene Dogma.

Die Steinplatte wurde erst 1991 (!) bei Erdarbeiten neben der Pfarrkirche St. Johannisberg entdeckt. Leider trägt sie keinerlei Spuren ihrer ursprünglichen Bearbeitung mehr. Da jedoch bekannt ist, wie sehr die christlichen Obrigkeiten heidnische Orte und Gegenstände übernahmen, um sie mit ihrem eigenen Inhalt zu füllen, wundert uns der heutige Zustand des kostbaren Fundstückes nicht weiter.

Wir haben es also mit zwei Funden zu tun. Einmal ein Stück im Mittelalter bearbeitete Steinplatte unweit des Johannisbergs und einmal die Mumie am Hauslabjoch. Beide zusammen markieren Ausgangspunkt und Ende unserer Geschichte. Ihr gleichzeitiges Erscheinen aus der Erde bzw. aus dem Eis diente Renate als realer Anstoß für ihre Erinnerungen. Anscheinend ist die Zeit gekommen, daß wir Europäer uns Gedanken machen über unsere Herkunft und unsere Zukunft. Wie damals, so stehen wir auch heute an der Schwelle eines neuen Zeitalters. Die Ära des Metalls ist vorbei. Wir haben beschrieben, aus welchen geistigen Gründen die Menschen damals in die Metallzeit aufbrachen und welche Hoffnungen sie damit verbanden. Heute sehen wir, wie weit wir gekommen sind und was für einen Preis wir für unsere Erfahrungen gezahlt haben. Noch weiter können wir nicht in die materielle Welt und ihre Begierden hinabsteigen, ohne unsere physische und planetare Existenzgrundlage zu zerstören.
Wir haben endlich einen halbwegs klaren Verstand und ein entwickeltes Ichbewußtsein. Es ist an der Zeit, den abgebrochenen Kontakt zur Geistigen Welt wiederher-

zustellen und erneut zu jener hellgefühlten Einheit mit der Schöpfung zu kommen, von der alles einmal seinen Ursprung nahm. Der qualitative Unterschied zu damals besteht darin, daß wir heute ein ICH besitzen und der Weg zur verlorengegangenen kosmischen Einheit heute über die Selbsterkenntnis laufen kann und muß.

Als BAR-BA-KIR-MA lebten wir in einem Zustand der Gnade, die uns unbewußten Anteil an der göttlichen Weltordnung gewährte. Wir waren erdverbunden und bescheiden. Als Bewohner der frühen Städte verfügten wir über eine geistige Tradition und wußten bereits, mit unseren Erkenntniskräften umzugehen. Wir waren himmelorientiert und selbstbewußt. Indem wir dem Gott des Metalls folgten und uns gegenseitig vermischten, nahmen wir unser Schicksal in die eigenen Hände. Am Anfang der europäischen Geschichte stand die Vereinigung zweier gegensätzlicher Kulturen. Ihre Verschmelzung entwickelte eine Dynamik, die uns noch heute antreibt. Inzwischen kennen wir uns aus in der Welt. Wir haben im Zeitalter des Metalls unsere materiellen Erfahrungen miteinander gemacht und sind reifer geworden. Heute können wir die dabei verlorengegangene Einheit mit der Geistigen Welt in uns selbst aus eigenem Antrieb heraus herstellen. Es ist unsere Bestimmung, wieder ganz zu werden und unser gesamtes in der Zwischenzeit entwickeltes Potential zu entfalten. Im folgenden dritten Teil des Buches wollen wir Anregungen und Denkanstöße für diese, gerade für uns Europäer so wichtige, Aufgabe geben.

TEIL III

Voran zum Ursprung
oder
Wir überwinden das,
was uns trennt

Körper und Geist gehören zusammen

Nachdem wir Ötzis Geschichte erfahren und einen Blick in die Vergangenheit geworfen haben, sind wir nun wieder in der Gegenwart. Wir stehen vor der Frage, was wir mit unserem neuen Wissen anfangen können. Wir sind zurückgekehrt zu den Wurzeln unseres aktuellen Weltbildes. Wir haben erfahren, daß wir einmal die offensichtliche Fähigkeit besaßen, mit der übersinnlichen Geistigen Welt direkt zu kommunizieren. Nicht die materielle Form war die Grundlage unseres Lebensgefühls, sondern die alles durchdringenden Energiefelder. Wir wurden Zeuge, wie die Identifikation mit dem Stofflichen Ausdruck einer gezielt herbeigeführten Bewußtseinsveränderung war. Unsere heutige Sicht der Welt, die voll auf unseren körperlichen Sinnen und deren Befriedigung aufgebaut ist, geschah durch Umwandlung von Wahrnehmungsenergie. Die MIR-O-MA gründeten ihre Metallkultur auf die neu entdeckte »Objektivität«. Die Entwicklung der eigenen Triebe des Menschen und ihre Loslösung aus dem gemeinschaftlichen Ritual führte zur Wahrnehmung einer »Subjektivität«, nach deren individuellen Begierden sich bewußter, aktiver, erforschender leben ließ als in der alten

Einheit, die lediglich das hinlänglich Bekannte bewahrte.

Ötzis Lebensgeschichte zeigt uns, wie es zum Bruch zwischen Innen- und Außenwelt kam und wo die Beweggründe dafür lagen, daß die Menschen in Europa begannen, sich einseitig mit der Materie und ihren Möglichkeiten zu identifizieren.

Bis auf den heutigen Tag leiden wir an der künstlichen Trennung zwischen weltlichen und geistigen Angelegenheiten. Die Art und Weise, wie sich der Große Plan in unserer Gegenwart realisiert, trägt dieser noch immer anhaltenden Spaltung unseres Weltbildes Rechnung. Auf der einen Seite gibt es die Wissenschaftler, die sich Ötzis Körper annehmen, und auf der anderen Seite uns, die wir seinen Geist und sein Bewußtsein wieder zum Leben erwecken. Natürlich gehört beides zusammen. Die Mumie ist weder Eigentum der Innsbrucker Universität noch von Renate Spieckermann, obwohl diese noch am ehesten ein »Recht« auf ihren Körper hätte. Die Ereignisse seit dem September 1991 haben vielmehr einen hohen symbolischen Stellenwert.

Weder Prof. Dr. Konrad Spindlers Buch »Der Mann im Eis«, in dem er die ersten zwei Jahre wissenschaftlicher Untersuchungen zusammenfaßt, noch unser Buch können für sich die ganze Wahrheit beanspruchen. Wie im wirklichen Leben gehören auch hier Körper und Geist zusammen.

Genauso hatten wir es vorgesehen: Von der Trennung ausgehen, um die Trennung zu überwinden! Ötzis Ankunft in der Gegenwart hätte ja schließlich auch ganz anders ablaufen können. Renate hätte sich zum Beispiel aus eigenem Antrieb heraus erinnern können, ohne Mumie. Ihre Geschichte wäre in diesem Fall eine Geschichte unter vielen und hätte mit Sicherheit kaum Beachtung gefunden. Vorstellbar wäre auch, daß Renate ihren damaligen Körper selbst entdeckt hätte und jetzt zu Hause in der Gefriertruhe aufbewahren würde. Auch in diesem Fall wäre sie nur soweit ernstgenommen worden, als sie der Nekrophilie beschuldigt oder womöglich gar des Mordes an sich selbst bezichtigt worden wäre. Auf der anderen Seite ist es auch vorstellbar, daß Renate gar nicht mit von der Partie war und die Mumie die für uns entschlüsselbare Botschaft selbst bei sich gehabt hätte. Warum haben die MIR-O-MA nicht geplant, auf direktem Weg mit uns in Kontakt zu treten? Warum der »Umweg« über die Wiedergeburt?

Für uns liegt die Antwort auf der Hand. Zum einen sollen wir uns erneut unserer realen Unsterblichkeit bewußt werden, und zum anderen sollen wir aus eigener Kraft die Trennungen aufheben, die unser gegenwärtiges Bewußtsein wie Schützengräben durchziehen. Mit Ötzi erhält die Wissenschaft den überfälligen Anstoß, die Geistige Welt erneut mit in ihr Weltbild hineinzunehmen. Immerhin ist das wissenschaftliche Denken die reinste Form einer einseitigen Objektivierung der Welt. Als Forschungsgegenstand hat Ötzi das Potential, objektive und subjektive Erkenntnisprozesse miteinander zu vereinen. Wir befinden uns in einem Lehrstück, von dem wir alle lernen. Die Wissenschaft bestätigt geistige Phänomene, und mit geistigen Methoden erworbene

Informationen liefern der Wissenschaft die Bedeutungen und Sinnzusammenhänge, in denen ihre Fakten aufgehen.

Das Schöne am Geschehen rund um Ötzi ist die enge Verknüpfung von Wissenschaft und Esoterik in einem Fall von großem öffentlichen Interesse. Nie zuvor gab es die Verbindung von archäologischem Fund und dazu gehörender Wiedergeburt. Wir kommen der Wahrheit nur näher, wenn wir uns mit unseren unterschiedlichen Erkenntnissen gegenseitig befruchten. In der Person des Ur- und Frühgeschichtlers Dr. Walter Leitner hat die gegenseitige Unterstützung schon erfolgreich begonnen. Durch seine freundliche Aufgeschlossenheit bekam Renate bekanntlich in einer Phase Boden unter die Füße, als sie ihre inneren Bilder und den Sinn ihrer Erinnerung noch lange nicht verstand. Wir revanchieren uns, indem wir unsererseits die offenen Fragen der Wissenschaftler beantworten. Wie bereits aus dem Ablauf des Geschehens in Teil II ersichtlich wurde, sind wir in der Lage, Gris' körperlichen Zustand und die Funktion der Beifunde im wesentlichen zu erklären.

1 Schädel:
Eingerissener Mundwinkel, gebrochenes Nasenbein und eingerissener Nasenflügel, Frakturen an Schläfe und Stirn
= Unfall am KIR während der Himmelsreiterei (S. 150).
Löcher in beiden Schläfen
= Initiation (S. 164).

Fehlen des rechten Weisheitszahns
= Initiation (S. 168).
Vertiefung im rechten Ohrläppchen
= Ohrring (S. 149/207).
Fehlende Stimme
= Kontakt mit Ötzi[31] und Beschreibung seiner Geburt
(S. 148).

2 Arme und Hände:
Streifen ums Handgelenk
= Transport in die Alpen (S. 181).

3 Rumpf:
Verletzungen an der Wirbelsäule
= Ersttodbestattung (S. 165).
Gebrochene Rippen
= Unfall am KIR (S. 150) und beim Fischen (S. 219).
Deformation an Penis und Hoden
= Initiation (S. 161 f.).
Tätowierungen
= Initiation (S. 161 f.).

4 Beine und Füße:
Beschädigtes linkes Hüftgelenk
= Ersttodbestattung (S. 165).
Tätowierungen
= Initiation (S. 161 f.).

Was die Beifunde anbelangt, so haben wir beschrieben,
welche Bedeutung Ötzis Beil hatte (S. 152), warum sein

halbfertiger Bogen und seine halbfertigen Pfeile dennoch »fertig« waren (S. 125/198) und wozu er die Stricke verwendet hatte (S. 196). Die Birkenporlinge dienten nicht nur als »Reiseapotheke«, sondern auch der eigenen Berauschung (S. 217). Renate hatte die Existenz und das Aussehen der Pelzkappe in ihren Telefongesprächen mit Dr. Walter Leitner vorausgesagt, bevor sie bei Nachgrabungen an der Fundstelle entdeckt wurden. Auch die geborgenen Strohbündel wurden von ihr richtig als Reste eines Strohumhanges beschrieben und nicht als Teile einer Matte, wie es die Archäologen anfangs vermuteten.

Im August 1992 hat sie bei einem Notar handschriftlich ein paar Aufzeichnungen hinterlegt. In Gesprächen mit Mitgliedern des Innsbrucker Teams war ihr geraten worden, Aussagen schriftlich zu hinterlegen, damit nach Veröffentlichung unseres Buches nicht behauptet werden kann, wir hätten unsere Informationen aus den wissenschaftlichen Forschungsergebnissen. Sie beschreibt darin die Art von Ötzis Verletzungen, die fehlenden Backenzähne, seine fehlende Stimme und welche Kleidung er getragen hat. Es handelt es sich dabei um Fakten, die sowohl zwischenzeitlich wissenschaftlich bewiesen wurden, als auch im Rahmen zukünftiger Untersuchungen beweisbar sind.

Wir möchten an dieser Stelle darauf hinweisen, daß die Innsbrucker Wissenschaftler während unserer Kontakte niemals unveröffentlichte Einzelheiten an uns weitergegeben haben. Eine Bitte um Bildmaterial wurde abgeschlagen mit dem Hinweis, daß wir als »Konkurrenzunternehmen« betrachtet würden.

Nachdem wir nun die Lebensgeschichte des HO-MU-MIR-O kennen, verwundert es nicht, daß sein Körper gerade heute wieder aufgetaucht ist. Nie zuvor in unserer neueren Geschichte waren wir einerseits so verstrickt in rein materielle Angelegenheiten und andererseits so offen für geistige Impulse. Laut neuesten Umfragen hält die Hälfte aller Deutschen die eigene Wiedergeburt für denkbar. Wir glauben nicht, daß wir mit diesen Daten im europäischen Vergleich völlig aus dem Rahmen fallen. Die Zeit ist allerorten reif, daß wir uns massenhaft auf die Suche nach unserem wahren Kern machen. So wie Renate heute nicht mehr auf dem Scheiterhaufen landet, so wenig muß ein jeder von uns um Leib und Leben bangen, wenn er sich aus sich selbst heraus auf die Suche nach seiner geistigen Wahrheit macht. Was Jahrhunderte, ja Jahrtausende lang Geheimwissen war und strengstens gehütet wurde, gelangt schon seit einiger Zeit in die Öffentlichkeit. Nie zuvor gab es soviele esoterische Buchläden und spirituell erwachte Menschen, die wichtiges geistiges Wissen in Seminaren und Workshops unters Volk bringen. Es rumort gewaltig an der Basis. Institutionen aller Art haben ihre Glaubwürdigkeit verloren und sind nicht mehr in der Lage, die Menschen von oben herab mit einem Lebenssinn zu beglücken. Im Gegenteil: Jene bemerken zunehmend, daß sie selbstverantwortlich sind und ihnen die Suche nach der eigenen ewigen Wahrheit niemand abnehmen kann. Viele der gegenwärtig auf der Erde inkarnierten Menschen haben einen seelischen Entwicklungsstand erreicht, der es ihnen ermöglicht, sich während der Verkörperung dem Kontakt mit der Geistigen Welt und damit dem wesentlichen Teil ihres Selbstes zu öffnen. Es gibt nicht den einen Weg und den allein seligmachenden Glauben. »Der Erleuchtung ist es egal, wie du sie erlangst.« Hauptsache, die Menschen machen sich von dort aus, wo sie stehen, auf den Weg. Den einen spricht Yoga an, den anderen Reiki, einen dritten Tai Chi oder die Fünf Tibeter. Sei es Heilen mit Edelsteinen und gesunde Ernährung, Energiearbeit mit Aura und Chakras oder Meditation und bewußtes Atmen – die Menschen suchen diese Erfahrungen nicht nur aus einer konsumorientierten Neugier heraus, auf der Suche nach dem nächsten Abenteuer und einem neuen Gesprächsthema. Oberflächliche Beweggründe hätten die ganze spirituelle Selbsterfahrungsbewegung schon längst zusammenbrechen lassen. Sie besteht aber und breitet sich aus, weil *es wirkt*!

Immer mehr Menschen machen die Erfahrung, daß es da etwas gibt, das ihnen hilft, sich wohl zu fühlen und besser zu verstehen. Vieles, was noch nicht wissenschaftlich erklärbar ist, läßt sich bereits empfinden und wahrnehmen. Wir sind als Menschen eingebunden in die Energie, das Wissen und die Liebe des Universums. Diejenigen, die sich bemühen und sich geeignete spirituelle Techniken aneignen, haben Zugang zur Fülle des Lebendigen, die alles Sein erschafft. Kaum jemand würde heute von Esoterik und der Notwendigkeit geistiger Arbeit an sich selbst sprechen, wenn nicht überall Erfolge der unterschiedlichsten Art und Weise unmittelbar erfahrbar geworden wären.

Es ist an der Zeit, in noch größerem Ausmaß wie bisher den notwendigen Schritt aus dem Privaten heraus in die Öffentlichkeit zu tun. Indem wir unsere übersinnlichen Erfahrungen einander mitteilen, erweitern wir den geistigen Horizont aller Menschen. Es muß einfach wieder normal werden, »paranormal« zu sein. Der Mensch ist nicht nur ein sinnliches Wesen, sondern auch ein übersinnliches. Er hat Anteil an der Materie und am Geist. Zwischen beiden gibt es keinen wesensmäßigen Unterschied. Geist und Materie sind Ausdruck desselben ungeteilten Seins und gehen fließend ineinander über.

Ötzi ist zurückgekommen, um uns seine – unsere – Geschichte zu erzählen. Das geistige Abenteuer, das für uns Europäer mit den MIR-O-MA in den Alpen seinen Anfang nahm, kommt zu seinem Abschluß. Wir haben jetzt das notwendige Ichbewußtsein, um uns unseres wahren Wesens zu erinnern. In Wahrheit sind wir unsterblich und alle eins. Getrenntheit ist Illusion. Wir alle haben dieselben Gefühle und Gedanken, Wahrnehmungen und Bewegungen. In dem Maße, in dem wir uns dessen bewußt werden und die darin verborgenen Kräfte nutzen, wachsen wir geistig und kulturell.

Schenken wir den umfangreichen Informationen Glauben, die uns derzeit durch dafür empfängliche Menschen aus der Geistigen Welt erreichen und die Buchläden füllen, so ist die Erde dabei, ihre Schwingung zu erhöhen. Wir leben tatsächlich in einer »Endzeit«, die einen neuen Anfang auf einer bewußteren Ebene hervorbringt. Die schon vor zweitausend Jahren prophezeite »Apokalypse« ist im Werden, aber wir bestimmen durch unser Verhalten ihr Aussehen. Nur das, was sich nicht geistig in uns aus eigenem Antrieb in Liebe fortentwickelt, muß auf materieller Ebene angeschoben werden. Die Erde ist nur ein Teil einer den gesamten Kosmos betreffenden Erneuerung. Es handelt sich dabei um einen ganz natürlichen Vorgang, der sich schon oft abgespielt hat und der sich noch oft abspielen wird. Das Universum muß die Summe seiner »regionalen Bewußtseine« von Zeit zu Zeit synchronisieren, damit eine gemeinsame Entwicklung möglich bleibt. Die Ereignisse um Ötzi stehen für aufmerksame Beobachter also nicht isoliert da. Als ihre Überbringer sehen wir Autoren in der »Botschaft aus dem Eis« einen Teil einer großen Kampagne, um unser selbstbeschränktes menschliches Bewußtsein auf dem Planeten Erde so zu erweitern, daß es in die Lage versetzt wird, mit den kosmischen Veränderungen Schritt zu halten.

Ötzi lebt

Von Anfang an war »der Jahrhundertfund« ein Phänomen für die b(e)reite Öffentlichkeit. Entsprechend hatten wir es geplant. So wie manche Menschen sich einen Knoten ins Taschentuch machen, um sich an irgend etwas zu erinnern, so legten wir uns eine Mumie ins Eis, um nach fünftausend Jahren nicht zu vergessen, wo wir herkommen. Die Zeit, die wir uns gaben, um mit unserem ICH zu experimentieren, neigt sich ihrem Ende zu. Ein neuerlicher Bewußtseinswandel liegt in der Luft und beginnt bereits, reale Gestalt in veränderten Lebensweisen anzunehmen. Die Nachricht vom Fund ging demnach nicht nur aus Sensationslust rund um den Globus. Als Medienereignis spiegelt ÖTZI unbewußt die massenhafte Bereitschaft, sich mit dem, was er uns mitzuteilen hat, auseinanderzusetzen. Die Tatsache, daß der Mann aus dem Eis mit »Ötzi« sofort einen Kosenamen erhielt, zeigt, wie sehr das Ereignis direkt die Herzen der Menschen anspricht. Ötzi beflügelt die menschliche Phantasie auf allen Ebenen. Das Institut für Ur- und Frühgeschichte in Innsbruck, unter dessen Regie die Bergung und Haltbarmachung der Mumie erfolgte, weiß ein Lied davon zu singen. Neue Telefonanschlüsse mußten gelegt und neue MitarbeiterInnen eingestellt werden, um mit der Flut der Neugier fertig zu werden. Alle wollten zur Lösung des Rätsels beitragen. Dicke Aktenordner – in denen sich übrigens auch Renates frühe Briefe befinden müßten – legen Zeugnis davon ab, wie sehr der Gletschermann die Menschen aus aller Welt bis in den intimen und übersinnlichen Bereich hinein fasziniert. Wann immer es etwas Neues über den Fund zu berichten gab, raschelte es im gesamten Blätterwald.

Was für ein »einmaliger Glückstreffer«, daß aus dem vermeintlichen Nichts ein so gut erhaltener Körper auftauchte, wie aus dem Leben gegriffen und gestern erst gestorben. Mit Sicherheit war es sein hervorragender körperlicher Zustand, der – dem berühmten Kindchenschema gleich – die Bemutterungsreflexe der Menschen aktivierte. Der Fund hat auf vielen Ebenen in den verschiedensten kulturellen Bereichen seine Spuren hinterlassen. Auch für die Wissenschaft stellt die einzigartige Mumie eine spannende Herausforderung dar. Selten zuvor – wenn überhaupt – hat ein Forschungsgegenstand dermaßen viele Wissenschaftler aus so unterschiedlichen Disziplinen und so vielen Ländern spontan an einen Erkenntnistisch gebracht wie ausgerechnet Renates früherer Leib.

Doch damit nicht genug: Nicht nur der von den MIRO-MA so sorgsam und erfolgreich versiegelte Körper Ötzis ist wieder da, auch sein Geist lebt! Wir danken an dieser Stelle all den Menschen, die dazu beigetragen haben, Ötzi in unser aller Bewußtsein zu verpflanzen. Wir danken den Findern, den Bergern, den Schaulustigen, den Kameraleuten, den Fotografen, den Journalisten, den Wissenschaftlern, den Bürokraten, den Politikern, den Juristen, den Zeitungslesern und Fernsehzuschauern und all denen, denen Ötzi in Tag- oder Nachtträumen erschienen ist. Dank ihrer Mithilfe gehört Ötzi der ganzen Welt. Die Mumie ist gemeinsames Erbe der Menschheit. Die so prächtig erhaltenen Überreste sind in die Weltpresse gelangt, um die konstruktive Zusammenarbeit der Menschen bei der Rekonstruktion ihrer Vergangenheit zu fördern. Ötzi ist gekommen, um die Ehrfurcht vor dem vermeintlich »Unmöglichen« zu nähren, das Staunen, was nicht alles passieren kann. Sein Erscheinen fördert das Vertrauen

und die Gewißheit, daß es mehr gibt, als unser zurecht-
gestutztes Denken sich zu erfassen erlaubt.

Das Phänomen »ÖTZI« bietet den Menschen unserer
Meinung nach eine einmalige Chance. Alle Beteiligten
sind aufgerufen, über ihren eigenen Tellerrand hinauszu-
schauen. Erst wenn die Menschen aus ihren unterschiedlichen Methoden und weltanschaulichen Ecken
herauskommen, werden neue Perspektiven möglich.
Kein Teil ist in der Lage, von sich aus das Ganze zu erfassen. Allein die Vernetzung der verschiedenen Denk-
weisen und die radikale Nutzbarmachung der von Natur
aus gegebenen menschlichen Vielfalt läßt uns auf die
Ebene kommen, wo unser Geist beginnen kann, die
wahrhaften Zusammenhänge zu erahnen und schließlich zu begreifen und umzusetzen.

Renate amüsiert sich köstlich bei dem Gedanken, wie
Gris erneut all denen das Leben schwermacht, die versuchen, ihn für ihre Zwecke einzuspannen. Damals waren
die MIR-O-MA in Panik, als er eines frühen Herbsttages
leblos unter frischem Neuschnee lag. Heute verzweifeln
die Wissenschaftler an ihrer Fähigkeit, die Forschungen
für alle Beteiligten zufriedenstellend zu gestalten, und
haben alle Hände voll zu tun, ihn weiterhin schadensfrei
zu konservieren, damit ihnen ihre »Beute« nicht in fla-
granti vergammelt. Damals wie heute sind die Menschen eifrig bemüht, seinen Körper zu erhalten. Den
MIR-O-MA gelang es, durch die Mumifizierung Einfluß auf den dazugehörigen Geist zu bewahren. Gris
blieb offensichtlich bis in unsere Gegenwart hinein in
erdgebundenen Sphären verhaftet. Ein Umstand, der

vielleicht wesentlich dazu beigetragen hat, daß es zu einer Kontaktaufnahme mit Renates Bewußtsein hatte kommen können. Durch die Konservierung seiner sterblichen Überreste in der Jetztzeit wird sein Geist erneut »eingefangen«. Es war der sensationelle Fund selbst, der den Startschuß dazu gab, die geistigen Zusammenhänge zwischen damals und heute wieder ins Bewußtsein der Beteiligten zu befördern.

Die »Botschaft aus dem Eis« gibt uns die Möglichkeit, uns nicht nur mit den gegenständlichen Teilaspekten zu beschäftigen, sondern uns auch den geistigen Inhalten zu öffnen. Wir erleben dabei unsere gewohnte Raum- und Zeiterfahrung als eingebettet in etwas, das wir den »Großen Plan« nennen. Im Phänomen Ötzi wird für uns endlich wieder jene Wirklichkeit konkret faßbar, in der alles enthalten ist, was jemals geschah, geschieht und geschehen wird. Raum- und Zeiterfahrung sind nur eine Bewußtseinstechnologie, mit deren Hilfe ein begrenzter Verstand versucht, die Einheit allen Seins wahrzunehmen. Beides sind willentliche Schöpfungen des ICHs, um sich selbst als von der Umwelt getrennte Individualität zu begreifen. Wir sind so unaufmerksam gegenüber den alles durchdringenden und miteinander verbindenden Lebensenergien des Universums geworden, daß wir die willkürlichen eigenen Beschränkungen unseres Wesens bereits für die einzig wirkliche Realität halten. Sie ist ein Phantasieprodukt unseres Bewußtseins, das uns den Blick auf unsere eigentliche Identität versperrt.

Im Phänomen Ötzi greifen jedoch nicht nur Welten ineinander. Wer den Ereignissen vorurteilslos auf den Grund geht, bemerkt sehr schnell, daß es sich hier auch um ein Modell übergreifender Zusammenarbeit in der Gegenwart handelt. Wir haben es mit einem Ereignis zu tun, bei dem WISSENSCHAFT und ESOTERIK gleichberechtigt beteiligt sind. Deshalb ist es so ungeheuer wichtig zu realisieren, was damals wirklich ablief und warum Ötzi zurückgekehrt ist. Natürlich ist er erst mal gekommen, um uns Ärger zu machen und uns vor Probleme zu stellen. Das ist grundsätzlich gut, und wir sollten ihm dafür danken, legt er doch den Finger auf unsere Hauptwunde: die unzulässige Trennung zwischen Körper und Geist. Dafür brauchen wir uns nur die Situation anzuschauen, wie sie sich uns gegenwärtig präsentiert. Auf der einen Seite die, die seinen Körper und seine Habseligkeiten untersuchen, und auf der anderen jene, die seinen Geist und seine Gefühle rekonstruieren. Unsere gesamte westliche Kultur krankt an dieser fundamentalen Trennung zwischen Kopf und Bauch. Die gegenseitige Abgrenzung ist die Krankheit, an der wir leiden. Ötzi ist gekommen, um uns wieder heil zu machen, uns auf den bereits eingeschlagenen Weg zurück zur Ganzheit – voran zum Ursprung – zu bestärken. Er erscheint, Körper und Geist getrennt, in derselben Gegenwart mit der Aufforderung, ihn komplett zu machen. Er ist gekommen, damit wir uns seine Geschichte anhören und den Anlaß seiner Wiederkehr. Was selbstver-

257

ständlich nichts anderes heißt, als daß wir unsere eigentliche Identität wiederherstellen, indem wir seine Botschaft in unser Herz lassen.

Daß es um die Wiederherstellung der verlorengegangenen Einheit geht, um eine neue, bewußte Form der Hellfühligkeit zeigt das uns zur Verfügung stehende Ausgangsmaterial. Ein toter männlicher Körper und ein lebendiger weiblicher Geist. Erst wenn sich das Sinnliche, das durch den toten Körper symbolisiert wird, und das durch den lebendigen Geist repräsentierte Übersinnliche in uns vereinen, gelangen wir zur wahren Erkenntnis unseres Menschseins. In Mann und Frau getrennt auf uns selbst gestellt, haben wir den weitesten Punkt draußen, fernab von unserem geistigen Ursprung erreicht. Zum wahren Verständnis unseres, die Polarität der Geschlechter übergreifenden Wesens können wir erst dann durchdringen, wenn wir über unser gegenwärtiges Leben hinausgehen und erkennen, wie es sich aus früheren Existenzen – gerade auch im anderen Geschlecht – heraus entwickelt hat. Wir erfahren eine fruchtbare Erweiterung unserer Selbsteinschätzung, wenn wir erkennen, daß wir mit dem, was wir heute denken, fühlen, wollen, unsere zukünftigen Inkarnationen vorbereiten. Wir sind verantwortlich, weil unser Leben nicht bedeutungslos ist und niemals abbricht. Wir haben Anteil am ungeteilten Sein alles Lebendigen. Von uns hängt ab, was wird.

Der »Große Plan« macht uns nicht zu Marionetten. Im Gegenteil, wir sind die Handelnden. Wir müssen nur nicht ins Blaue hinein agieren, sondern sind aufgehoben in einem übergeordneten Sinnzusammenhang, der die individuellen Erfahrungen miteinander verknüpft und sie für das Ganze produktiv macht. Jede(r) von uns ist eine Nervenzelle der EINEN, Raum und Zeit übergreifenden WAHRNEHMUNG. Dadurch sind wir unserem Wesen nach beides: sowohl die Einzelheit als auch die Einheit. Es unterliegt unserem freien Willen, mit welchem Aspekt unserer selbst wir uns in welchem Ausmaß identifizieren.

Da es sich bei dem soeben Ausgeführten um eine Grundproblematik des Menschseins handelt, blieb auch Gris von dieser »Qual der Wahl« nicht verschont. Wir müssen unterscheiden zwischen der Funktion, die ihm die BAR-BA-KIR-MA und späteren MIR-O-MA gaben, und seinen eigenen Lebensbedürfnissen, die dahin gingen, ein ganz normaler Mensch sein zu dürfen. Wie er Renate beim ersten Kontakt erzählte, hätte auch er z. B. gerne Kinder gehabt. Statt dessen hielt sein Leben dafür her, ein neues Menschenbild in die Realität umzusetzen. Anhand seiner Person begann die Trennung, die den europäisch geprägten Teil der Menschheit bis auf den heutigen Tag durchzieht. Es handelt sich dabei um jene gefährliche Spaltung des äußeren Lebens vom inneren Wesen des Menschen. Verursacher der entstehenden Kluft war DAS ICH, das mit MIR-O und seinem Metall Einzug in die menschliche Gemeinschaft hielt. Die Menschen sperrten sich bewußt vom Umgang mit der Geistigen Welt aus und verloren damit die Fähigkeit, die feinstofflichen Zusammenhänge der Natur auf der

Ebene reiner Energie wahrzunehmen. Die Menschen entdeckten ihre Lust, aus sich selbst heraus zu handeln, ohne Rücksicht auf Verluste. Daß so etwas nur funktioniert mit dem Mut zur Blindheit, Lüge und zum Mißbrauch, liegt auf der Hand. Eine der Botschaften von Gris durch den Mund von Renate lautet demnach:
»Was mir damals widerfahren und was um mich herum geschehen ist, darf nie wieder passieren!«
Es geht nicht an, daß eine Gruppe sich einen Stellvertreter ausguckt, ihn mit Spezialaufgaben überfrachtet und seine körperliche Unversehrtheit angreift, nur um alle Verantwortung auf ihn abschieben zu können. Jeder ist für sein Leben selbst verantwortlich. Niemand darf einen anderen für seine Zwecke mißbrauchen. Die Würde des Menschen ist unantastbar!
Die MIR-O-MA haben dieses Gebot mit Füßen getreten. Der schwarzgelockte Wasserträger mit den blauen Augen hatte von vornherein nicht die geringste Chance, ein normales Leben zu führen. Seine ganze Existenz war »total gezüchtet«, wie Renate sich ausdrückte. Allein schon die Umstände seiner Geburt wiesen den Weg in die Exklusivität. Was ihre gemeinsame Überseele damals dazu bewogen haben könnte, sich als MO-DOLL zu verkörpern und zum menschlichen Tiergott zu werden, soll an dieser Stelle nicht Gegenstand der Untersuchung sein. Tatsache ist, daß Gris die Spezialbehandlung über sich hat ergehen lassen, ja seinen Ausgewähltenstatus sogar den Großteil der Zeit sehr genossen hat. In seinem Verhalten begegnet uns erneut eine Grundproblematik des Menschseins. Es sind die materiellen Verlockungen,

die einem als Gegenwert für die Aufgabe der körperlich-geistigen Selbständigkeit angeboten werden. Immerhin trug Gris in seinem ersten Leben nur Tuch, durfte alles essen und trinken und hatte die besten Lehrer und die fürsorglichste Mutter von allen. A-BO-KAM-MA und seine großen blonden Artgenossen mußten gewußt haben, daß sich das menschliche Geltungsbewußtsein nutzen ließ, wenn es darum ging, außergewöhnliche Vorhaben in die Tat umzusetzen. Gris hatte keine Möglichkeit, sich zu wehren. Also genoß er es, heilig zu sein und überall verehrt zu werden. Was hätte er unter seiner Käseglocke auch anderes tun sollen? Da sie ihm seine Erinnerung genommen hatten, war er zudem frei von den Schatten der Vergangenheit. Und natürlich nahm er seine Aufgabe auch ernst, schließlich liebte er seine Leute und wollte ihnen aus ganzem Herzen dabei helfen, Metall zu finden und das Neue Zeitalter zu beginnen.

Aus diesem Grund hatte er sich anscheinend bis heute auch nicht verziehen, »Verrat« begangen zu haben, indem er TI-O-BETH die Treue hielt und das Spiel nicht wie geplant zu Ende spielte. Bis auf den heutigen Tag hat er sich verantwortlich gefühlt für das Schicksal »seiner« Leute. Erst durch Renate scheint sich die gemeinsame Überseele in die Lage zu versetzen, die vermeintliche »Schuld« auszugleichen. Abgesehen von dieser persönlichen Ebene läuft natürlich alles nach Plan. Wir haben uns damals verabredet, einmal wiederzukommen, um die Erfahrungen mit MIR-O und seinen Nachfolgern gemeinsam auszuwerten.

Renate Spieckermann ist nicht die einzige, die wieder da

ist. Da unsere Schicksale über viele Inkarnationen miteinander verbunden sind, erscheinen wir in der Regel immer wieder mit den gleichen Zeitgenossenschaften in der physischen Form. Konkret weiß Renate bis heute von sechs Personen zu berichten, die damals mitgewirkt haben und die auch heute wieder anwesend sind. In ihren Wahrnehmungen sah sie die Menschen anfangs mit weißen, konturlosen Gesichtern. Auf die Frage, wer die entsprechenden Menschen seien, kamen die Gesichter aus der Jetztzeit. Es handelt sich dabei um:

– MA-RI-A,
– den unbekannten Vater vom anderen Rheinufer,
– A-BO-KAM-MA,
– einen der beiden Männer, die Gris »entmenschten«,
– einen Jüngling aus der Delegation, die den HO-MU-MIR-O auf der Abri versorgten,
– den Mann, der getötet worden war, weil er sich dafür einsetzte, daß der göttliche Fuchs wieder zu den Menschen gehören sollte.

Die neue Zeitqualität

Gris und Renate verbindet nicht nur die gemeinsame Überseele. Auch vom Inhalt her existiert eine auffallende Parallelität. Auf das Wesentliche gebracht, geschahen beide Inkarnationen zu Beginn eines Neuen Zeitalters. Gris' Körper markiert dabei Anfang und Ende der Metallära. Als er lebendig war, diente er dazu, MIR-O auf die Erde zu holen und an der irdischen Entwicklung teilhaben zu lassen. Ihm verdanken wir Europäer unser sich von seiner Umgebung getrennt empfindendes ICH, die Idee des Eigentums und der organisierten Arbeitsabläufe, sowie als logische Folge daraus den Krieg zur Durchsetzung egoistischer Interessen auf Kosten anderer. MIR-O lehrte uns nicht nur, Kupfer, Bronze, Eisen, Silber und Gold zu schmieden, sondern auch, unsere Brüder und Schwestern damit zu töten. Wir haben seine Ideen konsequent umgesetzt und stehen nun am Rand des Abgrunds – genau dort, wo wir hinwollten. Erschreckt sehen wir, daß es nicht so weitergehen kann, wir einen Sprung machen müssen, um aus eigener Kraft in jenes Neue Zeitalter zu gelangen, in dem wir uns unseres geistigen Ursprungs wieder voll bewußt werden. Gris' Körper ist tot, die Vergangenheit ist wertlos, die Ziele des Metallzeitalters sind schrottreif. Die Mumie steht nicht für Auferstehung, sondern für Tod und endgültigen Abschluß. Es ist die »Botschaft aus dem Eis«, die in die Zukunft weist.

Obwohl der Name »Gris« feine Materie / Sand bedeutete, reichte er als einzelner nicht aus, um als Sand im Getriebe des eisernen Fortschritts das drohende Unheil zu verhindern. Seiner Meinung nach war die von den Großen Blonden aus den Urstädten betriebene Zivilisierung der eingeborenen Menschenrasse »der größte Fehler der Menschheit«. Die Menschen hätten sich nie von TI-O-BETH und seiner Liebe abwenden dürfen. Schon die BAR-BA-KIR-MA ahnten, daß im ICH nicht nur positive Kräfte schlummerten, die nützlich waren gegen die degenerationsbedingten Auswüchse der Hellfühligkeit. Während ihrer Siedlungszeit am Rhein mußten sie Ausgleich schaffen für individuelle Störungen. Gris: »Wir mußten etwas von uns geben.« Die Menschen spürten die zentrifugalen Kräfte des Ichs, glaubten aber, sie kontrollierbar zu halten. Und was hätten sie auch tun sollen? DAS ICH versprach so viele Segnungen, daß die Menschen es einfach ausprobieren mußten, sich seinen Wirkungen auf breiter Ebene auszusetzen. Was die frisch zusammengewürfelten MIR-O-MA dann in den Bergen taten, war natürlich nichts anderes, als das Öffnen der Büchse der Pandora. Sobald die Flamme des Ichs einmal entzündet war, gab es kein Halten mehr. Aber Flächenbrände haben auch ihre guten Seiten. Sie machen den Boden fruchtbar für eine neue Aussaat.

Und leben wir laut einem, der es wissen muß, auch »in der perversesten Menschheit, die es je gab«, so hat eben diese Perversion durchaus ihren Sinn. Durch die Erfahrung der Extreme lernen wir die Mitte in uns selbst und den Ausgleich aus eigener innerer Kraft schätzen. Auch DAS ICH mußte durch alle erdenklichen Wechselbäder hindurch, um seine Unersättlichkeit zu erfahren. Vor-ich-bewußte Menschen leben noch voll in der Verbindung mit der Geistigen Welt. Eine angeborene Nabelschnur verbindet sie mit dem Ursprung aller Dinge. Auf dieser Basis ist es leicht, ein götterfürchtiges Leben ohne Irrtum und Fehler zu führen. Der Mensch hat in diesem Stadium real überhaupt nicht die Chance zu sündigen. Auf der anderen Seite hat er aber auch nicht die Möglichkeit der Erkenntnis. Er ist den Steinen, Pflanzen und Tieren gleichgestellt, lebt in Frieden mit ihnen. Irgendwann aber kommt er zum Baum der Erkenntnis. Früher sah er den Wald vor lauter Bäumen nicht. Jetzt erkannte er ihn, weil er sich als etwas von seiner Umgebung Getrenntes wahrnehmen konnte. Aus keinem anderen Grund als diesem suchten die BAR-BA-KIR-MA ihren Kultbaum auf der höchsten Siedlungsebene auf. In seiner Gegenwart fühlten sie sich als Menschen, als etwas Besonderes, als etwas von den übrigen Naturreichen Verschiedenes. Die Erkenntnis kam den vorzeitlichen Johannisbergern nicht durch den Genuß irgendwelcher Früchte, sondern durch die Belehrung einer entwickelteren Menschenrasse, deren Auftrag es war, Menschen zu zivilisieren, sprich: ihnen das Ichbewußtsein zu bringen. Auf der Basis der Metallproduktion trat es seinen Siegeszug an. DAS ICH hat sowohl seine zerstörerischen als auch seine erkenntnisbringenden Kräfte entfaltet. Erkennen funktioniert nicht ohne Zerstören, denn wer sich getrennt sieht, schafft Getrenntes und vernichtet mit jeder Lebensäußerung des gespaltenen Bewußtseins die göttliche Einheit. Die MIR-O-MA wollten erkennen und zerstören, und für diesen Mut sollten wir ihnen dankbar sein. Ohne sie wären wir heute nicht in der glücklichen Lage, von uns aus bewußt den Kontakt zur Geistigen Welt aufzunehmen. Wir sind aufgefordert, die Einheit *in uns* aktiv herzustellen. Früher war die Erfahrung der Göttlichen Weltordnung eine Gnade, heute bedarf sie unserer persönlichen Bewußtseinsarbeit. Wir sind aufgerufen, den kleinen schwarzhaarigen und den großen blonden Anteil in unserem Erbe zur bewußten

Einheit zu bringen. Es macht keinen Sinn, daß wir unseren Planeten zerstören, weil wir planen, uns sowieso eines Tages technologisch ins Weltall abzusetzen. Wir können unsere wahre Heimat nur erreichen, wenn wir uns unseres eigentlichen Ursprungs erinnern. Und der wurzelt im Geist und in der Liebe und nicht in der Materie und persönlichem Vorteil.

Die Kleinen Schwarzhaarigen wußten, wie Menschen mit dem Universum kommunizieren können, ohne auf eine äußere Technik angewiesen zu sein. Unsere geistigen Möglichkeiten sind um ein vielfaches größer als unsere technischen Fähigkeiten. Nur durch die Entwicklung unseres spirituellen Potentials kann es uns gelingen, mit jenen nichtstofflichen Ebenen des Universums zu kommunizieren, die die materielle Welt hervorbringen und versorgen. Als BAR-BA-KIR-MA wußten wir zwar vom Verstand her noch nicht um diese Zusammenhänge, wir haben sie jedoch aus der Fülle des Gefühls heraus schon einmal gelebt.

Die Kontaktaufnahme zu Höheren Intelligenzen kann unserer Meinung nach nur hergestellt werden, wenn wir über das einseitige Weltbild, das uns unser Verstand vorgaukelt, hinausgehen. Und sie sind da, unsere Brüder und Schwestern aus dem All und von den anderen Ebenen der EINEN Wirklichkeit! Sie wollen helfen, die Menschheit und »ihren« Planeten zu heilen. Nur wenn wir uns ihnen geistig öffnen, können wir von ihrem Wissen profitieren und es nutzbringend für den gesamten Kosmos anwenden. Wir sind nicht allein. Weder im Universum noch in unserem eigenen Wesen.

Ein wichtiger Schritt auf dem Weg über die künstlichen Begrenzungen unseres ICHs hinaus ist der Glaube an die Seelenwanderung. Besser noch als »Glaube« ist natürlich, die Unsterblichkeit unserer Seele einfach als ganz normale Tatsache zu begreifen. Spektakulär wird die Wiedergeburt doch nur in einer Kultur, die sich im materiellen Diesseits eingekesselt hat. Die größte Lebenslüge, zu der Menschen überhaupt fähig sind, besteht in der Annahme, sie seien sterblich. Kein Wunder, daß derart – nämlich auf ihr eines Leben – beschränkte Zeitgenossen sich wie Elefanten im Porzellanladen aufführen. Über kurz oder lang mußte ihr eingeschränktes Denken und Fühlen zu einer echten Bedrohung für unseren Planeten werden.

Aber wir können aufatmen. Ötzi ist auf der (Fernseh-) Bildfläche erschienen, um sein Bewußtsein zu aktivieren und die westliche Durchschnittskultur erneut mit der Idee der Seelenwanderung zu befruchten. Die Gewißheit des eigenen Immer-weiter-Geborenwerdens ändert das Leben fundamental. Wir erkennen, daß unsere körperliche Existenz in einem physischen Universum nur ein Durchgangsstadium ist, eine Facette unseres schillernden Wesens. Unsere wahre Identität ist nicht das Bewußtsein, zu dem wir »ich« sagen, sondern unser Höheres Selbst. Jenes umfaßt alle unsere Wahrnehmungsebenen, sowohl stofflicher als auch nichtstofflicher Art. In Teil I haben wir anhand des Begriffs der »Überseele« bereits Einblick in ihren möglichen Aufbau gegeben. An dieser Stelle möchten wir auf die befreienden Konsequenzen hinweisen, die sich aus einem Weltbild auf der Basis von Wiedergeburt ergeben. Wir selbst sind es, die unsere Lebensumstände frei gewählt haben, um aus ihnen, entsprechend unserer seelischen Bedürfnisse, zu lernen. Es gibt niemanden, den wir dafür verantwortlich machen können, daß wir uns dort befinden, wo wir gerade sind. Es gibt keine »Schuld«, weil »gut« und »schlecht« als moralische Kategorien nur in unserer Einbildung existieren, nicht aber in der Realität. Dort existieren lediglich Erfahrungen, die wir gemeinsam aus eigenem Antrieb machen, um uns selbst und die Welt verstehen zu lernen. Das Universum kennt keine Opfer. Wir erleben auf der Erde das, was wir in unserem Raum und Zeit übergreifenden Höheren Bewußtsein vorbereitet haben. Es ist ungeheuer wichtig zu erkennen, daß unsere materielle Existenz nur die Formen annehmen kann, die wir auf geistigen Ebenen selbst erschaffen. Indem wir unsere ureigensten, intimsten Gedankenmuster ändern, heilen wir uns und die Welt. In Wahrheit existiert nur eine Krankheit, und sie ist rein geistiger Natur. Es ist der Fall in den Dualismus, die künstliche Trennung zwischen Innen- und Außenwelt. Wir haben ihn vor langer Zeit selbst inszeniert, also können auch nur wir ihn wieder rückgängig machen. Das vielzitierte »ganzheitliche Denken« umfaßt nicht nur die materielle Ebene der ökologischen Kreisläufe. Wir stoßen erst dann zur Ganzheit vor, wenn wir die rein energetischen Ebenen mit in unsere Wahrnehmung einbeziehen. Es gibt keinen wesensmäßigen Unterschied zwischen Geist und Materie. Die Trennung existiert nur in unseren Köpfen. Wir betrachten von außen, statt von innen her mitfühlend zu erfahren. Auf diese Art und Weise haben wir uns empfindungsmäßig von der uns umgebenden Natur abgeschnitten. Für die BAR-BA-KIR-MA waren Bäume keine Holzlieferanten, sondern eigenständige Wesen, an deren Kräften die Menschen durch geeignete Rituale teilhaben konnten. Seit MIR-O richten wir unser Augenmerk zu einseitig auf die flüchtigen Formen. Wir haben den direkten Kontakt zum übersinnlich erfahrbaren, geistigen Ursprung der Dinge verloren. Umweltzerstörung ist nur eine Folge davon. Ebenso gravierend wie die materielle Verschmutzung ist die Verseuchung der nichtstofflichen Bereiche mit zerstörerischen Gedanken und Gefühlen.

Was die Menschen denken und fühlen ist genauso real, wie das was sie tun. Alles hat Auswirkungen auf alles. Die Verstopfung des feinstofflichen Körpers der Erde mit verwirrten Seelen ist ein ernstes Problem. Wer glaubt, nach seinem Tode tot zu sein, der oder die ist natürlich schrecklich irritiert, wenn das eigene Bewußtsein weiterexistiert. Statt ins Licht zu gehen und sich mit dem Höheren Selbst zu vereinen, klammern sich solche Seelen an das, was sie kennen und bislang als einzig wirklich betrachtet haben, nämlich ihre materielle Existenz auf der Erde. Spuk, Gespenster und Besessenheit werden zum Großteil ausgelöst von Seelen, die nicht wissen, wohin mit sich, weil sie extrem einseitige Vorstellungen von der Wirklichkeit haben. Die Gewißheit der Wiedergeburt nützt uns demnach nicht nur bei der Bewältigung unserer materiellen Existenz zwischen Geburt und Tod. Auch nach unserem Ableben kann sie uns helfen, den neuen körperlosen Tatsachen bewußter ins Auge zu sehen und das Vergangene hinter uns zu lassen.

Es gibt keinen Grund zur Verzweiflung. Ötzi ist da, um uns allen ans Herz zu legen, daß wir unsterblich sind. Es ist kein Zufall, daß er im ungläubigen Westen erscheint und sogleich vor Fernsehkameras ans Licht der Öffentlichkeit gehackt wurde. Das materialistische Abendland bedarf seiner Botschaft am dringlichsten. Es hat die technischen Voraussetzungen geschaffen, damit der Gedanke der Reinkarnation die Medien ergreifen kann. Ohne den heutigen Stand der Nachrichtentechnik hätte Renate gar nichts von Gris erfahren. Gäbe es keine Fernsehberichte, sie hätte nie und nimmer das Schloß Johannisberg als ehemalige Wohnstätte identifizieren können. Im Falle von Ötzis Reinkarnation verschmilzt uralte menschheitliche Weisheit und modernste Technologie. »Wiedergeburt« wird zum Thema. Ötzi setzt erneut auf die Tagesordnung, was bei einem Teil der Menschheit aus dem Blickfeld geraten ist. Und der geistige Fortschritt ist gewaltig. Wir erkennen, daß wir unsterblich sind und immer wieder- und weitergeboren werden, damit wir geistig wachsen und uns aus eigener Kraft zu vollkommenen Geschöpfen entwickeln. Wir hören auf, uns selbst und gegenseitig wie Müll zu behandeln. Niemand nimmt uns unsere eigene Entsorgung ab. Wir selbst sind es, die wir uns recyceln. Wir stoppen den Raubbau an uns selbst und unserem Planeten. Von wegen: »Nach uns die Sintflut!« Was nach uns kommt, ist dasselbe, was vor uns kam – nämlich wir selbst! In Anbetracht unserer Unsterblichkeit und der Wiederkehr unserer Seelen sind wir unsere eigenen Kindeskinder. Die Weichen, die wir jetzt für die Zukunft stellen, stellen wir für uns. Genauso steht es mit der Vergangenheit. »Damals« – das waren wir! Auf der Ebene der Wiedergeburt ist niemand mehr da, dem wir die Schuld in die Schuhe schieben könnten. Was vor fünftausend Jahren begann, haben nicht irgendwelche unterentwickelten Neandertaler inszeniert, um uns zu ärgern – wir selbst waren es! Unser Interesse an der Vergangenheit gilt dem Interesse an uns selbst, denn wir sind – in viel größerem Ausmaß als bisher angenommen – die Vergangenheit. Sie lebt in uns fort, weil wir kontinuierlich auch als körperlose Wesen weiterleben. Sie bestimmt uns solange, bis wir uns bewußt von ihr verabschieden. Das Vergangene lebt nicht nur durch die gewachsenen äußeren Umstände in uns, es ist Teil unseres Inneren. Alles was ist, ist, weil wir es sind und weil wir es gemacht haben, um so zu sein. Die sog. »Außenwelt« ist in Wirklichkeit Teil unserer inneren Wahrnehmung. Ihre willkürliche Spaltung in Objekt und Subjekt hilft uns nicht länger, neue Erfahrungen zu machen. Unsere Zukunft liegt in der Reaktivierung unserer übersinnlichen Fähigkeiten, durch die wir direkten Zugang haben zur wesensmäßigen Einheit allen Seins. Obwohl wir inzwischen einen scharfsinnigen Verstand haben, werden wir das Universum und damit unsere eigenen Lebensgrundlagen nie verstehen, wenn wir den wesentlichen, den geistigen

Anteil an der Schöpfung weiterhin ausblenden. Dabei ist jede(r) von uns unmittelbar mit ihm verbunden. Ötzi erinnert sich deshalb in aller Öffentlichkeit, weil es für uns alle an der Zeit ist, sich auf sich selbst zu besinnen. Die MIR-O-MA besiegten NE-BETH und bliesen zum Sturm auf alle Schätze dieser Erde. Die materielle Welt ist abgegrast. Der brennende Regenwald schreit nach einer Neuen Baumkultur. Es ist der lange Weg zu uns selbst, der jetzt vor uns liegt. Wir treten ihn bewußt, aus einem entwickelten·ICH heraus an. Kein quadratisch zugerichteter, monolithischer Kultbaum mehr, sondern ein blühender Baum mit einer prächtigen Krone.
Wir wollten vergessen, wer wir sind.
Nun erinnern wir uns.

Die Göttlichkeit in uns

Wir sind auf dem Weg, nicht erst seit heute. Seit Anbeginn der Zeit in ihrem Bewußtsein ist die Menschheit auf der Suche nach der verlorenen Zeitlosigkeit. DAS ICH hatte unsere Wahrnehmung in eine Außenwelt und eine Innenwelt gespalten. »Die Erkenntnis« war geboren. Fortan waren wir zwar geschützt vor den verwirrenden Energien der niedrigeren Naturreiche, saßen aber in unseren Körpern wie in einer Falle. Die erfahrbar gewordene Begrenztheit des eigenen Wesens ließ sich nur sprengen, indem wir begannen, die Außenwelt unseren inneren Vorstellungen gemäß zu manipulieren. Die Geschichte der Zivilisation erscheint unter diesem Blickwinkel als ein gigantischer Versuch, die vormals besessene Einheit dadurch wiederherzustellen, daß wir die Außenwelt gemäß unseren inneren Bedürfnissen nach Sicherheit, Sinn und Glück gestalteten. Auf diesem Irrweg sind wir Europäer in den letzten fünftausend Jahren ein schönes Stück vorangekommen. Wir sind soweit in die Materie eingedrungen, daß wir unsere Innenwelt als Außenwelt wahrnehmen und uns nur noch als materielle Wesen betrachten. Damit allerdings ist das Ende der Fahnenstange erreicht. Weiter geht es nicht. Wir beginnen, unsere eigene Existenzgrundlage zu zerstören und uns so der Möglichkeit der Umkehr zu berauben. Das Zeitalter des Metalls und der Eroberung des Planeten durch das gierige Ich ist vorüber. MIR-O hat seine Schuldigkeit getan.

Nach fünftausend Jahren stürmischer Entfesselung der inneren Triebe unseres Wesens stehen wir wieder – wenn auch auf anderer Ebene – vor dem gleichen Problem wie die BAR-BA-KIR-MA. Waren die Prä-Johannisberger aufgrund von Degenerationserscheinungen infolge permanenter Inzucht von ihrer Hellfühligkeit verwirrt, so sind ihre Nachfolger heutzutage nicht mehr Herr und Frau ihrer Ichsucht. Die MIR-O-MA waren wie berauscht von ihrer neuentdeckten Fähigkeit, auf eigene Faust zu handeln. Bis vor kurzem hatte die den Planeten zerstörende aggressive wissenschaftlich-technische Avantgarde der Menschheit völlig den Kontakt zum wahren Ursprung der Dinge verloren. Zum Glück haben wir begonnen, das Ruder herumzureißen. Ötzi ist gekommen, um uns auf seine Weise dabei zu helfen, endlich das richtige Ziel anzusteuern. Eigentlich war es von Anfang an abzusehen, daß das Ansinnen von Menschen, nach den eigenen Maßstäben zu leben, irgendwann in einer Sackgasse enden mußte. Durch Renates Erinnerungen sind wir in der Lage, einen Blick darauf zu werfen, wie alles begann. Die Wiedergeborene ist der beste Beweis dafür, daß am Anfang schon der größte Fehler gemacht wurde, den ein Mensch – zu welcher Zeit auch immer – begehen kann. Er besteht in der Trennung der weltlichen und der geistigen Angelegenheiten. Durch sie werden nicht nur einzelne dafür mißbraucht, Stellvertreter und Sündenböcke zu sein. Der Rest beraubt sich durch die Abspaltung der weltlichen von der geistigen Arbeit auch des direkten Zugangs zum Geist in sich.

Zuerst mußten die Gottgeweihten nur die Dreckarbeit tun. In unserem Fall bestand sie darin, einen nicht-existenten Wurm der Unteren Welt in Schach zu halten. Später drehten die zu geistigen Wachposten Gezüchteten den Spieß um. Sie nutzten ihre spezielle Ausbildung und die privilegierten Erfahrungen sowie die von Generation zu Generation zunehmenden Informationslücken der sich auf die weltlichen Belange konzentrierenden Sippenmitglieder, um sich als Herrschaftsschicht zu etablieren. Ohne ihre Auslegung der Ereignisse und Vorhaben lief schließlich überhaupt nichts mehr. Gott bekam seine Stellvertreter auf Erden. In seinem vermeintlichen Namen geschahen fortan jene Aktionen der Menschheit, die am meisten Geist und Liebe vermissen ließen. Bis in die Gegenwart prägen unsere Taten in Ausführung »höherer Befehle« unser menschheitliches Schicksal. Das verwerfliche Tun ließ sich damit rechtfertigen, daß es seinen Segen von oben hatte. Schluß damit! Es gibt nur eine Wahrheit, und die besteht im eigenen Erleben. Die eigene Empfindung ist das Barometer der EINheit. Was nicht aus Freude, Begeisterung und Liebe heraus getan wird, bliebe besser ungeschehen. Niemals kann etwas gut werden, was nicht von Anfang an als gut empfunden wird. Es gibt keinen anderen Maßstab der Wahrheit als das eigene Erleben! Jede(r) erlebt die Welt anders, nämlich auf *seine* und *ihre* Art und Weise, und gerade diese »Andersartigkeit« bereichert uns!

Das Zeitalter des Metalls ist vorbei. Ötzi kam aus dem Eis, um die zwischenzeitliche Eiszeit zu beenden. Es ist kein Zufall, daß er weder aus der Wüste kam noch aus dem Salz. Und er wurde auch nicht fachgerecht in einem Eisblock geborgen, wie es die Wissenschaftler gerne gesehen hätten. Auch die Umstände seiner Bergung sind symbolisch zu sehen. Kaum entdeckt, hackten die Menschen ihn begierig aus dem Eis. Dieses unterbewußte Verhalten zeigt deutlich die Sehnsucht nach den geistigen Inhalten, die dazu bestimmt waren, mit dem Körper ans Tageslicht zu kommen. Daß die wertvolle Mumie dabei beschädigt wurde, deutet einmal mehr auf die Gefahren voreiliger menschlicher Wissensgier hin. Wir schaden uns, wenn wir etwas tun, wovon wir keine Ahnung haben. Wir zerstören dadurch die Geschenke der Natur, die für die gesamte Menschheit bestimmt sind. Das Zeitalter des Mißbrauchs ist vorbei. Wir hören damit auf, aufeinander herumzuhacken, sei es mit Worten, Gesetzen, Waffen oder Skistöcken.

275

Wir machen uns nicht länger gegenseitig zu Sünden-
böcken. Jeder Mensch hat sein eigenes Schicksal und
kann sich nur selbst erlösen. Niemand kann ihr oder
ihm die Aufgabe abnehmen, den Kontakt zur Geistigen
Welt in sich selbst herzustellen, d. h. seinen Anteil an der
universellen Lebensenergie ernst zu nehmen. Es macht
jedoch Spaß, einander bei der Selbstentdeckung zu helfen. Es gibt keine Stellvertreter und damit auch niemanden, der einen davon abhalten könnte.

Alles, was vermeintlich außerhalb von uns existiert, ist
nur eine Projektion, die unser ICH geschaffen hat, um
sich selbst wahrzunehmen. Hellfühlende Menschen haben kein Ich und keine Außenwelt. Alles lebt in ihnen.

Es ist an der Zeit, diesen »Zustand« in uns wiederherzustellen. Und zwar diesmal *mit* unserem dadurch über
sich hinauswachsenden Ich. Heute können wir *bewußt*
hellfühlen, wenn wir unsere, seit fünftausend Jahren
brachliegenden, übersinnlichen Fähigkeiten aus eigenem Antrieb und aus freier Wahl heraus reaktivieren.
Wir brauchen nur all das aufzugeben, was uns von dem
Gefühl der EINheit trennt. Das ist genauso einfach getan, wie gesagt. Wir brauchen lediglich die totale Verantwortung für uns selbst zu übernehmen. Wir haben
uns aus eigenem Antrieb von der Geistigen Welt getrennt, wir können daher auch nur aus eigenem Willen
heraus die abgebrochene Verbindung wiederherstellen.
Das beglückende Gefühl der EINheit allen Seins offen-
bart sich uns erst dann, wenn wir es in uns durch uns erfahren.

Furcht, Angst, Leid und Schmerz entstehen doch nur

aus der Illusion heraus, daß wir allein seien, uns selbst aus eigener Kraft behaupten und alles Übel dieser Welt bekämpfen müßten. Das einzige Übel, das es gibt, ist zu glauben, es gäbe ein Übel.

Wir sind frei, uns selbst zu erkennen. Tief in uns drinnen haben wir aufgrund unserer vielen Leben die Wünsche, die uns genau das erleben lassen, was wir erleben. Es gibt keine Außenwelt, die uns fremdbestimmt und der wir ausgesetzt wären. Wir haben in uns all die Anlagen und Fähigkeiten, die wir brauchen, um mit dem fertig zu werden, was wir selbst erschaffen haben. Der einseitige Gebrauch unseres Verstandes hat unsere übersinnlichen Qualitäten nur überlagert. Wir sind wie eine Zwiebel mit vielen Schalen. Die Zeit ist gekommen, daß wir uns wieder mit der ganzen Frucht identifizieren.

Die »Botschaft aus dem Eis« will nichts anderes, als uns mit uns selbst konfrontieren. Wir blicken in einen Spiegel, in dem wir nicht nur unseren gegenwärtigen Zustand erkennen. Wir sehen auch, wie sich unser heutiges Sein aus der Vergangenheit heraus entwickelt hat und was die Zukunft erfordert. Vielleicht ist nicht nur das Metallzeitalter zu Ende, sondern überhaupt die geschichtliche Zeit, zumindest in ihrer linearen Form, wie wir Europäer sie bisher verstanden. Wie aus den Geschehnissen in Teil II ersichtlich geworden ist, ist »Zeit« ein Begriff, der sich erst parallel zur Vorstellung von »Ich« und »Eigentum« entwickelt hat. Zeit ist nichts anderes als eine menschliche Erfindung, in Wahrheit sind wir nicht an sie gebunden. Unser Höheres Selbst, mit dem wir ständig verbunden sind, existiert jenseits von Raum und Zeit. Im Grunde genommen geschieht alles im Universum gleichzeitig. Täte es das nicht, wären wir gar nicht in der Lage, in die sog. »Vergangenheit« und die sog. »Zukunft« zu schauen.

Als BAR-BA-KIR-MA lebten wir noch in jener zeitlosen, hellgefühlten Einheit. Als die Großen Blonden animierten wir uns, unser Schicksal in die eigenen Hände zu nehmen. Jetzt stehen wir vor den Errungenschaften unserer geschichtlichen Zeit und können Bilanz ziehen. Hat das Dasein unter eigener Regie uns mehr Glück gebracht und uns zu liebenswürdigeren und -fähigeren Menschen gemacht? Welchen Nutzen hat uns das Ichbewußtsein gebracht? Hat es überhaupt einen schöpferischen Eigenwert in der geistigen Harmonie des Universums oder sind seine besitzergreifenden Kräfte rein destruktiver Natur? Aber auch Zerstörung ist Schöpfung. Ist DAS ICH vielleicht die geistige Form, die Zeitalter beendet? Wartet auf uns ein neues Goldenes Zeitalter ohne Trennungen und Illusionen; eine Zeit, in der wir wieder unser volles Potential verwirklichen ohne die willkürlichen Aufspaltungen der Wahrnehmung?

Die Neue Zeit kommt nicht von außen. Der Keim steckt in uns allen. Es sind unsere eigenen geistigen Kräfte, die ihn zum Wachsen bringen. Wir beginnen, unser Ich endlich konstruktiv zu gebrauchen. Wir erkennen mit seiner Hilfe, daß wir geistige Wesen in einer Geistigen Welt sind, die weit über das hinaus geht, was wir als »Realität« empfinden. Das Versteckspiel in der Materie ist aus. Ötzi hat sich – des langen Wartens überdrüssig –

278

aus seinem eisigen Versteck bequemt. Mit ihm hat sich symbolisch unser Selbst zu erkennen gegeben. Damit ändert sich alles.

Wir spielen ein neues Spiel auf einer neuen Erde in einem neuen Kosmos unter gänzlich neuen Bedingungen. Was auch immer geschehen mag, Ötzi ist gekommen, um uns zu sagen, daß wir unsterblich sind. Wir können nicht auf ewig tot sein, so sehr wir uns auch bemühen. Nicht nur Ötzi kam zurück, jede(r) kommt wieder. Was wir in einem Leben besitzen, haben wir in einem anderen nicht, und was wir während einer Existenz vermissen, bescheren wir uns in der nächsten. Wir können damit aufhören, uns die Köpfe einzuschlagen im Streit um die Pfründe. Irgendwann kommt jede(r) an die Reihe. Wir kommen alle wieder. Ob mit oder ohne Körper oder sogar in zweifacher physischer Ausfertigung wie Renate im Augenblick – auch das körperliche Sein ist letztlich viel zu schön, um nicht zu sein.

Unsere Aufgabe

Die Ereignisse rund um ÖTZI konfrontieren die westliche Kultur erneut mit lebensnotwendigen Tatsachen, die sie aus dem Blickfeld verloren hat. Das ist ihr Sinn und Zweck. Die östliche Idee des »Karma« wird aktualisiert und bereichert durch den westlichen Weg. Uns Europäern geht es nicht um Weltflucht. Für uns bezeichnet »Karma« unsere aktiven, selbstverantwortlichen Lernschritte in Richtung Selbsterkenntnis und Vollkommenheit.

Ötzi ist wieder da, damit wir unsere eigenen geistigen Wurzeln erkennen und unsere eigenständige europäische Tradition wieder aufnehmen. Weil wir Europäer so tief in die materielle Welt eingedrungen sind wie kein anderer Teil der Menschheit, benötigen besonders wir ein Zeichen zur Besinnung. So war es geplant. Wir haben uns offensichtlich vorbeugend eine Frist gesetzt für unsere Erfahrungen in der materiellen Phantasiewelt des ICHs. Indem wir uns den geistigen Kräften des Geschehens rund um den wahrhaft sensationellen Fund öffnen, werden uns Kräfte zuteil, von denen wir bislang keine Ahnung hatten. Renate und ich erleben es am eigenen Leibe. Wir alle reaktivieren unser übersinnliches Potential, das wir die letzten Jahrtausende haben verkümmern lassen, weil unsere Interessen anders lagen, und entdecken völlig neue (nämlich die alten) Wahrnehmungsmöglichkeiten und Kommunikationskanäle, die wir in unser zwischenzeitlich erworbenes Weltbild integrieren. Wir erleben das Wiedererwachen unseres archaischen Bewußtseins, das damals wie heute mit der gesamten kosmischen Natur sinnlich und übersinnlich verbunden ist. Wir erkennen, daß wir essentieller Bestandteil eines gigantischen Netzwerkes voller Leben sind, in dem es keinen Zufall gibt, sondern alles seinen Sinn für das Ganze hat. Wir entdecken unsere vielfältigen Anlagen, die verborgene Einheit des Seins zu empfinden und seine Energien für die praktische Bewältigung des Alltags zu nutzen. Es kommt auf jeden und jede an. Wir alle sind Mitinitiatoren des Großen Plans. Individuelles Bewußtsein ist ein lehrreiches Durchgangsstadium. Wir müssen einander nicht auf ewig übervorteilen und bekämpfen. Vor uns liegen weitaus wertvollere Erfahrungen, wenn wir endlich wieder Vertrauen, Mitgefühl und Liebe zur Basis unserer gegenseitigen Beziehungen machen.

Und damit kommen wir zum Schluß unserer »Botschaft«. Im Grunde genommen ist alles ganz einfach: Entweder Sie haben sich durch den Inhalt dieses Buches davon überzeugen lassen, daß Renate Ötzis Wiedergeburt ist, oder Sie halten alles für Schwindel. Im letzteren Fall kann das Leben weitergehen wie bisher. Wer sich aber mit dem Herzen angesprochen fühlt, der oder die steht vor einem einschneidenden Erlebnis. Die erfolgreiche Rekonstruktion der »Botschaft aus dem Eis« macht uns alle zu Zeugen eines so großartigen Ereignisses, daß wir nicht länger bleiben können, was wir waren.
Bringen wir die Fakten noch einmal auf den Punkt:
Eine Mumie übersteht fünftausend Jahre im Eis, um durch das Auftauchen in der Gegenwart ihr eigenes Bewußtsein zu aktivieren. Wir erfahren ihre Lebensgeschichte und stellen fest, daß wir mit ihr einen Blick in die Anfänge unseres noch immer aktuellen Weltbildes werfen, um es anzuschauen und zu überwinden. Wir erfahren, wie wir geplant hatten, uns zu erinnern, und sehen, daß es auf wundersame, aber ganz reale Art und Weise geklappt hat. Das erfolgreiche Zusammenspiel zwischen dem körperlichen Fund auf dem Hauslabjoch

und der geistigen Erinnerung in Niedersachsen macht uns Mut. Wir vertrauen auf die geistige Führung, die alles möglich gemacht hat und uns auch weiter begleiten wird bei der Revision und Restaurierung unseres Selbstverständnisses. Denn erst wenn wir anders (über uns) denken, werden wir uns auch anders verhalten. Es gibt kein Hintertürchen, durch das wir uns aus unserer Verantwortung für das eigene Leben und DAS LEBEN überhaupt davonstehlen könnten. Wiedergeburt lehrt uns, daß wir solange mit uns selbst konfrontiert werden, bis wir die Illusion aufgeben, wir wären etwas vom übrigen Universum Getrenntes.

Renate und ich – wir sind ein Beispiel, wie Mann und Frau sich gegenseitig ergänzen und durch ihre Zusammenarbeit etwas erschaffen, zu dem sie auf sich selbst gestellt niemals vordringen könnten. Wir haben das Gefühl, daß sich in unserer Beziehung der alte Konflikt zwischen den Kleinen Schwarzhaarigen und den Großen Blonden symbolisch auflöst. Letztendlich befruchten sich beide »Parteien« wunderbar gegenseitig. Renate lernt, ihre auf übersinnlichem Wege zustande gekommenen Bilder und Gefühle erneut sprachlich (diesmal in Buchform) zu artikulieren. Ich lerne, meine (vom Erdboden) abgehobene geistige Strukturierfähigkeit mit Lebensnähe und Mitgefühl zu füllen. Durch das Ritual der geistigen Durchdringung im Aufschreiben vereinigen sich Ansichten, die bis heute nebeneinander existiert haben, weil sie auf zwei gegenseitigen Sichtweisen basierten. Die ortsansässige hellfühlende Kultur sah in der Erde den Mittelpunkt des universellen Geschehens. Das importierte ichbewußte Weltbild hingegen war geprägt von einer unstillbaren Sehnsucht nach den Sternen. Beides gehört zusammen. Ohne eine planetarische Basis können keine Wesen physisch inkarnieren, und ohne den Blick in den Himmel zum Licht der Erkenntnis kann keine Entwicklung der individuellen Seelen zurück zum Geist und der Einheit in Liebe erfolgen. Das eine wird immer erst vollständig durch das andere.

Alle Menschen sind aufgefordert mitzumachen. Ohne einen fruchtbaren Acker hat der Same keine Chance. Mehr als jemals zuvor gilt gerade heute für jede(n) von uns: Finde deinen Weg! Wenn zwei weinen, ist es nicht das gleiche, und unser Lachen ist einzigartig. Jede(r) trägt den Schlüssel in sich. Jede(r) kennt die Wahrheit. Ötzis »Du weißt es!« an Renate richtet sich an uns alle. Wir wissen es. Im Grunde genommen braucht niemand irgendwelche Belehrungen. Auch dieses Buch ist eigentlich überflüssig. Was Renate zu erzählen hat, steckt in jedem von uns. Entscheidend ist, sich selbst auf die Suche zu machen.

Wir waren Pharaonen und Sklaven, Mörder und Heilige. Wir sind unzählige Tode auf jede nur erdenkliche Art gestorben. Wir sind nicht totzukriegen. Wir leben. Wir leben immer. Wir leben ewig. Wir sind immer die gleichen, doch jedesmal anders. Wir wissen alles und haben von nichts eine Ahnung. Ich bin Du und Du bist Ich.

In den Bergen war Gris als HO-MU-MIR-O das »Eigentum aller Lebewesen«. Jetzt verstehen wir den Sinn. Was er kann, können wir auch. Wir alle sind Handelnde des Großen Plans, jenes Megaspiels der Schöpfung, das wir gemeinsam erfunden haben, um uns selbst zu erfahren. Wir alle sind Kinder des EINEN Lebens. Jede(r) von uns ist ein HO-MU, ein Prinz und eine Prinzessin der Erde. Das Neue Zeitalter des Lichts und der menschlichen Wärme beginnt dort, wo es keine Stellvertreter mehr gibt. Wir alle tragen drei unsichtbare Striche für »Höheres Geistiges Wesen«. Wir wissen, wie Gott aussieht. Wir schauen uns um und schauen uns an!

Anhang

Anmerkungen

[1] Christopher M. Bache: »Das Buch von der Wiedergeburt«, München 1993, S. 140.

[2] Ebd., S. 141.

[3] Ebd., S. 142 f.

[4] Ebd., S. 146.

[5] Ebd., S. 150.

[6] Ebd., S. 150 f.

[7] Varda Hasselmann, Frank Schmolke: »Welten der Seele. Trancebotschaften eines Mediums«, München 1993, S. 49 f.

[8] Ebd., S. 50.

[9] Ebd., S. 51.

[10] A. a. O., S. 167.

[11] Renatus (lat.) = wiedergeboren; speaker (engl.) = Sprecher/in.

[12] Ebd., S. 165.

[13] Ebd., S. 165 f.

[14] Wir gebrauchen den Begriff »Schamane«, weil wir ihn für den geeignetsten halten. Da er aus der Gegenwart entlehnt ist, beschreibt er die damalige Funktion jedoch nur unvollkommen. »Unser« Schamane war sowohl geistiger als auch weltlicher Führer. Die Trennung zwischen beiden existierte noch nicht. Er lebte in sozialer Einheit mit seinen Leuten und verkörperte gleichzeitig ein anderes Menschenideal, das sich auch deutlich von der Umgebung unterschied.

[15] Siehe dazu auch die Kultur der australischen Aborigines, vorzüglich dargestellt in dem Buch von Robert Lawlor: »Am Anfang war der Traum«, München 1993.

[16] Siehe auch Johannes von Buttlar: »Drachenwege«, München 1988, und »Adams Planet«, München 1991.

[17] Wie wurde aus dem Bogen ein Jagdinstrument? Anfangs war er ein geistiges Symbol für das geistige Wachstum des Menschen

über das Tier in sich hinaus. Mit dem Abstieg in das materielle Denken und der damit einhergehenden Machtübernahme der Männer wurde aus einem geistigen Zeichen eine Waffe, ein Gewaltinstrument. Der Mensch bezwang das Tier in sich nicht mehr geistig, sondern erlegte es körperlich außerhalb seiner selbst. Aus der geistigen Transzendierung der tierischen Energien wurde die körperliche Umformung des eigenen Leibes und seiner Energien und Schwingungen durch Fleischverzehr.

[18] Bedeutung der Silben siehe – wie auch bei allen nachfolgenden Eigennamen – Anhang!

[19] H = Atemlaut / O = Ewigkeit.

[20] Interessant ist an dieser Stelle die Ähnlichkeit zwischen HO-MU und dem späteren HOMO als Namen des Menschen.

[21] Die Verbindung von Metall / Eigentum / Ich in einem Begriff – *einer* untrennbaren Bedeutung – ermöglichte dem europäischen Bewußtsein seinen speziellen Weg. Bei anderen Völkern in anderen Erdteilen – den Chinesen zum Beispiel – führte die Nutzbarmachung des Metalls nicht zu dem ich-zentrierten Besitzdenken, das die westliche Zivilisation heutzutage auszeichnet.

[22] Nicht mit dem »Ego« verwechseln! Das »ICH« MIR-Os meint den bewußten Verstand der Existenz als Einzelwesen, der es den Menschen ermöglicht, aus eigenen Antrieben heraus zu handeln. Das Ego dient diesem ICH lediglich bei der Umsetzung seiner erkenntnissuchenden Kräfte in der materiellen Welt.

[23] Als Ausdruck für Selbständigkeit und Erkenntnis.

[24] Hierbei handelte es sich um einen drei(!)eckigen, pyramidenförmigen Felsbrocken, der wie eine Rückenlehne wirkte. Heute sind davor flache Steine zu einem Sitz mit Armlehnen aufgeschichtet.

[25] Was ihm – nach eigenem Bekunden – zum Lebensende hin fast permanente Bauch- und Kopfschmerzen verursachte.

[26] Zum Beispiel durch den Reformator Calvin (1509 bis 1564), der damit frühkapitalistisches Gewinnstreben göttlich zu legitimieren versuchte.

[27] Wo er auch heute noch zu bestaunen ist.

[28] Der heutige Ort Vent liegt genau dort an dem einen Südausläufer des Ötztales, wo sich vor über fünftausend Jahren das Basislager der MIR-O-MA befand.

[29] Erwähnt bei Hans Haid: »Mythos und Kult in den Alpen«, Rosenheim 1990, S. 11.

[30] Vielleicht in römischen Archiven.

[31] Als Renate ihn während einer körperlichen Wahrnehmung erlebte, fragte sie einmal, warum sie bislang nie einen Laut, geschweige denn ein Wort gehört hatte. Als Antwort kam aus ihrer Kehle ein verzweifeltes »Krrrch...«

Sprachbeispiele

Zwei Silben besaßen eine fundamentale Bedeutung

A = *Seelenenergie / eigene Identität*
Bezeichnete etwas als lebend
Unterschied zwischen dem Allgemeinen und
Konkreten
Stand entweder vorne oder hinten: aktiv / passiv
bewegt / unbewegt u. ä.
- A-BA = Wasser (konkret)
- PAN-A = Bäume
- MA-RI-A = Mutter
- A-BAR = Wind (konkret)
- GIN-A = Liebe
- A-BO-KAM-MA = Name des Schamanen
- MA-A-BA = Rhein

MA = *Die Energie, die alles zusammenhält*
Die Kraft hinter den Tätigkeiten dieser Welt
Die Energie, die Menschen brauchen, um etwas
zu machen
- MA-A-BA
- MA-RI-A
- A-BO-KAM-MA
- MIR-DI-MA
- TI-A-MA
- KIR-MA
- YI-MA

Verzeichnis der Silben nach den in ihr enthaltenen Vokalen

a   = *Eigenschaften der lebendigen Form*
      YA = Form
      KAM = erreicht
      BA = Wasser (allgemein), außen
      BAR = Wind (allgemein)

o   = *Die Ewigkeit / das Immer-gültige / der geschlossene*
      Kreislauf
      HO = derjenige, der für die Ewigkeit atmet
      (besonderer Status)
      BO = 4 / das vollendete Menschsein im Sinne
      der Großen Blonden
      MO = das Höhere Gesetz der Arten
      DOLL = Sippenzugehörigkeit

i   = *alles, was mit den Menschen zu tun hatte*
      Der Strich mit dem Punkt als Menschenpiktogramm
      KIR = das menschliche Denken, der Kultbaum
      KIR-MA = die menschliche Ebene als Entwicklung
      RI = mein
      TI = die Luft, der Geist
      DI = Mann / Männer
      YI = innen
      MIR = Metall, Eigentum, Ich

u   = *alles, was mit der Erde zu tun hat (mit Aufnahme-*
      fähigkeit)
      Halbkreis als Gefäßform und unvollständige Ewigkeit
      (=Vollkreis), nämlich Materie
      MU = die Erde (als Planet)
      SHU = die Fuchsmaske (Fuchs lebt in der Erde)
      DU = Frau / Frauen

e = *alles, was mit Raum und Zeit zu tun hat*
Die symbolisierte Spirale als Zeichen der
Entwicklung
FER = Kind
PER = Erwachsener
DEN = der Morgen
KIR-DEN-A = sich morgens gemeinsam wohlfühlen
PES = Lust (zeitlich begrenzt, auch im Sinne von Antrieb)
MER = List (Abschätzung von Zeit und Raum)
MA-FER = zunehmender Mond
MA-PER = abnehmender Mond (Zeiteinteilung)
BETH = in Raum und Zeit verkörpern
NE = das Feste

Erklärung der Eigennamen

YA-O = das ewig Form gebende
TI-O-BETH = der den ewigen Geist beheimatet
TI-A-MA = dem Geist eine eigene Identität in der materiellen
Welt erschaffen
KIR-MA = das Menschsein als Entwicklung
YA-BETH = derjenige, der die körperliche Form erzeugt
YI-MA = diejenige, aus der die Innenwelt entsteht
NE-BETH = der die Materie verkörpert
MIR-O = das Ich als der ewige Name Gottes

GRIS = Sand / feine Materie
A-BO-KAM-MA = der das volle Menschsein erreicht hat
MIR-DI-MA = dem Mann zum Eigentum gemacht / in
Einehe lebend
MIR-DU-MA = der Frau zum Eigentum gemacht / in Einehe
lebend

Die Echtheits»beweise«

Von der wissenschaftlichen Seite her taucht natürlich die Frage auf, womit wir denn »beweisen« können, daß Renate sich nicht alles eingebildet hat und Ötzis Lebensgeschichte nicht eine Ausgeburt unserer gemeinsamen Phantasie ist. Abgesehen davon, daß auch eine wissenschaftliche Beweisführung der sich entwickelnden subjektiven Erkenntnis unterliegt und keinerlei Anspruch auf ewiggültige Objektivität (die es nicht gibt) besitzt, wollen wir zum Abschluß noch einmal konkreter auf die wissenschaftlichen Forschungsergebnisse zu sprechen kommen.

Wir sind in der glücklichen Lage, vor Redaktionsschluß unseres Buches auf die Veröffentlichung »Der Mann im Eis« von Prof. Dr. Konrad Spindler zurückgreifen zu können, wo der bisherige Stand (1993) der wissenschaftlichen Untersuchungen kompetent zusammengefaßt ist. Wir empfehlen dieses Buch auch aufgrund des ausgezeichneten Bildmaterials, auf das wir bewußt verzichtet haben.

Bei der Lektüre wird deutlich, wie gerade von wissenschaftlicher Seite sehr phantasievoll mit den Fakten umgegangen wird, wenn es darum geht, ein lebensechtes Bild des Mannes aus dem Eis zu zeichnen. An dieser Stelle zeigt sich, wie leicht wissenschaftliche Hypothesenbildung zu reiner Spekulation verkommen kann, wenn vorgefaßte Meinungen und Absichten der Forschenden nicht ebenfalls hinterfragt und einer wissenschaftlichen Analyse unterzogen werden. So hat denn auch das Bild, das Prof. Dr. Spindler vom »Mann im Eis« entwirft, im Gegensatz zu unserer Darstellung keine stimmige Grundlage. Der Zeitsprung von über fünftausend Jahren wurde nicht vollzogen, so daß die Erklärungsmuster der heutigen Zeit und deren Vorstellungsvermögen verhaftet bleiben müssen. Zu oft stoßen die Leser auf die Absicht des Autors, den Normalzustand zu behaupten. Die sehr gut aufge-

293

führte faktische Beweislage wird leider dem Wunschbild des »Urtirolers«, das in den Medien gezeichnet wurde, angepaßt. Wenn jedoch nicht klar getrennt wird zwischen objektiver wissenschaftlicher Beweislage der Fundstücke und persönlicher Phantasie, entfernen sich auch diejenigen von der exakten Wissenschaft, deren Berufsausbildung sie als Wissenschaftler ausweist.

Aber wir sind alle Menschen und neigen dazu, voreilige Schlüsse zu ziehen. Wir bitten daher, mit dem Wort »Beweis« behutsam umzugehen und nicht so zu tun, als ob es je eine Seite geben könnte, die die Wahrheit für sich gepachtet hat.

Auch unsere Echtheits»beweise« sind in diesem Sinne zu verstehen und stehen von daher bewußt in Anführungszeichen. Wie schon erwähnt, wollen wir unseren Teil zur gemeinsamen Wahrheit beitragen. Wir wissen, daß wir keinen Menschen etwas »beweisen« können, die nicht bereit sind, sich aktiv an der Beweisführung zu beteiligen, indem sie ihr eigenes Herz öffnen, damit ihr Verstand unvoreingenommen die Sachlage beurteilen kann. Um den Interessierten den eigenen Zugang zur Wahrheit zu erleichtern, wollen wir in einer Auswahl wissenschaftliche Deutungen mit unseren Aussagen vergleichen.

1 Eingetroffene Voraussagen

Die Kaser

Renate hat 1992 bei einem Treffen im Innsbrucker Institut erzählt, daß sich an ihrer Stelle damals das Basislager von Ötzis Leuten befand. Bei Ausgrabungen im Sommer 1993 kamen dort tatsächlich Besiedlungsspuren zum Vorschein, die bis sechstausend Jahre zurückliegen. Quelle: Martin Gstrein, Bergführer aus Sölden, bisher (Stand Frühjahr 1994) unveröffentlicht.

Die Mütze

Anfang März 1992 hat Renate Dr. Leitner am Telefon die Existenz einer Mütze vorhergesagt. Als sie bei Nachgrabungen gefunden wurde, hatte sie das gleiche Aussehen, wie von Renate vorher im Detail beschrieben, nämlich eng am Kopf anliegend, die Ohren bedeckend, »wie eine alte Motorradmütze« (siehe auch STERN Nr. 34 / 1993, S. 57).

Der Strohumhang

Frage von Dr. Leitner: »Welche Funktion hatten die gefundenen Strohreste?«
Anwort Renate: »Sie dienten als Umhang!«
Später im STERN (Nr. 34 / 1993, S. 56) und in Prof. Spindlers Buch (S. 166 f.) wird Ötzi dann tatsächlich mit »Grasmantel« dargestellt!

Das Becken

Ebenfalls im Telefongespräch mit Herrn Dr. Leitner hat Renate im Frühjahr 1992 darauf hingewiesen, daß sie als Ötzi gehinkt habe. In den Veröffentlichungen der Universität Innsbruck Nr. 187: »Der Mann im Eis«, Band 1 (erschienen im September 1992), steht in wissenschaftlichem Amtsdeutsch zu lesen:
»Im Os sacrum stellt sich linksseitig ein großer Substanzdefekt dar; der Femur links ist aus der Hüftpfanne luxiert« (S. 134).
Obwohl die Beschädigungen auf unsachgemäße Bergung zurückgeführt werden (bei der leider die linke Hüfte aufgerissen ist – siehe Bild im STERN Nr. 29 /1992, S. 12), müßten sich unserer Meinung nach auch ältere Verletzungen am Becken nachweisen lassen.

2 Übereinstimmungen mit körperlichen Merkmalen

Anhand des körperlichen Zustands der Mumie werden Aussagen von Renate nachprüfbar.

Die Weisheitszähne
Spindler: »Alle vier Weisheitszähne fehlen. Teilweise sind diese zwar im Kiefer angelegt, doch keiner von ihnen ist durchgebrochen« (S. 209).
Renate: »Der (einzig durchgekommene) Weisheitszahn rechts unten fehlt, weil bei der Initiation zum Tiergott gezogen« (S. 168). Siehe hinterlegte Aufzeichnungen beim Notar!

Die Schädelverletzungen
Spindler: »Mechanisch verursachte Asymmetrien« (S. 212) durch Eisdruck und Bewegung des Leichnams.
Renate: »Unfall am Kultbaum während ritueller Übungen« (S. 150).
Hätte tatsächlich ein Gletscher die Verletzungen verursacht, so hätte er viel mehr beschädigen müssen. Die Mumie ist aber in einem ausgezeichneten Zustand, sogar die Augäpfel (!) sind erhalten.

Das rechte Ohr
In den bereits erwähnten Veröffentlichungen der Universität Innsbruck Nr. 187 steht auf Seite 154 unter einer Abbildung: »Aufsicht auf das rechte Ohr; auffallend ist die grubige Vertiefung im Bereich des Ohrläppchens.«
Renate: »Ab seinem achten Lebensjahr trug Gris einen Ohrring, der ihm kurz vor seinem Tod jedoch abgenommen worden war« (S. 149 u. 207).

Der Zahn- und Kieferapparat
Spindler: »... eine starke Abnutzung im linken Frontalbereich des Oberkiefers« (S. 210).
Renate: »Infolge des Unfalls am Kir war es für Gris bequemer, links zu kauen, um die nicht intakte rechte Seite des Kiefers zu entlasten.« Siehe Spindler: »... Bruch des rechten Jochbogens ...« (S. 212) und »Auch die rechte knöcherne Augenhöhle ist geringfügig verzogen« (S. 212).

Brief an Innsbruck (Januar 1992)
Renate: »Ich habe vorne gegessen wie ein Tier.«
Spindler: »Des weiteren lassen sich im Frontzahnbereich, also an den Schneide- und Eckzähnen, wenige Millimeter große, flächige Schliffacetten nachweisen« (S. 210).

Das Fettgewebe
Das folgende Beispiel zeigt sehr schön die voreilige – und daher falsche – Interpretation eines Untersuchungsergebnisses.
Spindler: »Immerhin zeigte der Aufbau der Haut, daß das Unterhautgewebe bemerkenswert schwach ausgebildet ist. Damit ist ein Hinweis auf den Ernährungsstand zum Zeitpunkt des Todes gegeben. Das darf nicht dahingehend interpretiert werden, daß der Mann im Eis unterernährt oder gar magersüchtig gewesen wäre. Richtiger ist sicher festzustellen, daß er kein Gramm Fett zuviel am Leibe hatte … Seine Lebensweise, die mit einiger Gewißheit nicht mit einem nur vorübergehenden Aufenthalt im Hochgebirge verbunden war, ließ es nicht zu, daß er Fett ansetzte« (S. 205).
Renate: »Gris' körperlicher Zustand war das Resultat seiner Sterbevorbereitung. Durch Hungern sollte sich sein Bewußtsein nach und nach vom Körper trennen« (S. 222).

Die Löcher an der Schläfe
In den Veröffentlichungen der Innsbrucker Universität Nr. 187 über den »Mann im Eis« (Band 1: Bericht über das Internationale Symposium 1992 in Innsbruck) sind sie noch deutlich zu sehen (S. 117).
Bei Spindler, der sich auf eine zweite Untersuchung beruft, als nicht existent korrigiert (S. 212).

Der lädierte Nasenflügel und der eingerissene Mundwinkel
Beide Verletzungen rühren ebenfalls vom Unfall am Kultbaum her, finden aber keine Erwähnung, obwohl sie auf allen Bildern (besonders im STERN Nr. 29 / 1992, S. 11) zu sehen sind.

Der Genitalbereich

Aufgrund der öffentlichen Gerüchte, Ötzi sei kastriert worden,[1] haben die Innsbrucker Wissenschaftler im April 1993 eine erste oberflächliche Untersuchung der Geschlechtsteile vorgenommen. Die Ergebnisse sind – auch wegen des gefrorenen Zustands – vorläufig (S. 202). Die durchgeführten Untersuchungen lassen alles offen.

Spindler: »... erscheint der Hodensack jetzt an seiner Ansatzstelle in der Vorderansicht zwischen den Leistenbeugen als rund sechs Zentimeter breites, im Umriß unregelmäßig halbkreisförmig gewelltes und etwa ebenso langes Gebilde. Die Dicke nimmt von oben nach unten ab« (S. 202). – »Die beiden Hoden selbst ließen sich nicht tasten« (S. 203). – »... am unteren Rand des Hodensacks ließen sich ... Läsionen feststellen ...« (S. 203).

Renate: »Während der Initiation zum Tiergott (S. 161) wurden Manipulationen an den Geschlechtsteilen vorgenommen, um Gris seine menschliche sexuelle Energie zu nehmen.«

3 Möglicherweise noch beweisfähige Details

Die fehlende Stimme

Wissenschaftliche Untersuchungen müßten ergeben, daß die Mumie keine Sprachfähigkeit besaß.

Der Bogen

Gris war Linkshänder. Da er das Exemplar, das zu den Beifunden gehört, selbst geschnitzt hat, könnten die Bearbeitungsspuren diese Eigenart belegen. Auch seine Kleidung hat er mit links repariert.

---

[1] Siehe dazu auch: Michael Heim, Werner Nosko: »Die Ötztal-Fälschung«, Reinbek 1993, S. 153–163.

Das Beil
Gris: »Ich halte mein Beil fest in der Hand, damit die Menschen wissen, wo ich hergekommen bin.« Sowohl seine Form, als auch die Zusammensetzung des Kupfers lassen vielleicht Rückschlüsse auf den Entstehungsort zu.

Die Steinscheibe
Die Zusammensetzung ihres Gesteins läßt möglicherweise ebenfalls auf eine bestimmte Gegend schließen.

Hundehaare
In ihren Telefonaten mit Dr. Walter Leitner erwähnte Renate auch den Hund, der mit Gris in der Höhle der Abri lebte. Seine Haare lassen sich vielleicht noch feststellen.

Die Form der Tongefäße
Ebenfalls in ihren Gesprächen mit Dr. Leitner beschrieb Renate das Aussehen der Tongefäße. Sie waren schmal und länglich und besaßen keinerlei Verzierungen. Bei Grabungen auf der Kaser könnten Scherben diese Aussage bestätigen.

Die Abri
Eigentlich müßte auch Gris' Aufenthaltsort unterhalb des Similaun auffindbar sein. Er lag in direkter Sichtlinie zur Kaser. Das Gebiet ist heute zwar vergletschert, aber von Satelliten aus dürfte die Erstellung eines Bergprofils ohne Eis kein Problem sein. Die massive Oberfläche der Antarktis ist auf diese Art und Weise schon erfolgreich vermessen worden.

Das Genitalienbrett
Gelingt es, die Abri zu lokalisieren, ist es vielleicht auch möglich, sie freizulegen. Im Inneren der Höhle werden sich mit Sicherheit noch andere Überbleibsel befinden, denn wie im Text beschrieben, haben es die MIR-OₜMA nicht gewagt, die Sterbeumstände zu verändern.

Als auffälligster Gegenstand befindet sich noch das Genitalienbrett an diesem Ort. Es spielte eine wichtige Rolle bei Gris' Initiation zum Tiergott. Auf ihm wurden die Teile von Penis und Hoden aufbewahrt, die [1] bei der »Entmenschung« YABETH geopfert worden waren.

Die gemalten Zeichen auf dem Rücken

Als HO-MU-MIR-O trug Gris die gemalten Zeichen TI-O-BETHs und TI-A-MAs auf dem Rücken. Möglicherweise sind hiervon noch Spuren übriggeblieben.

4 Andere Interpretationsmöglichkeiten des Fundmaterials

Beispiel: Die mitgeführten Waffen

Spindler: »Irgendwann ... muß sich ein Desaster ereignet haben, dessen Ablauf freilich, da uns ja nur der Mann im Eis als Auskunftsperson zur Verfügung steht, im einzelnen nicht rekonstruierbar ist. Auf jeden Fall kam es zu einer oder vielleicht auch mehreren gewalttätigen Auseinandersetzungen, in deren Folge der Mann im Eis flüchten mußte. Er verlor dabei einen Teil seiner Ausrüstung, ein anderer Teil wurde beschädigt« (S. 285).
Mit Ausnahme seines Kupferbeils, das lediglich ein Symbol und ein Handwerkszeug war, besaß Ötzi nicht ein einziges unversehrtes, einsatzfähiges Waffenteil. Sowohl der Bogen als auch die Pfeile und der Köcher waren defekt. Warum hat er sie nicht repariert? Die dazu notwendigen Ausrüstungsgegenstände trug er bei sich. Wenn er schon geflüchtet war, wollte er sicherlich auch überleben. Die Situation im hochalpinen Gebiet machte es für den einzelnen auf der Flucht notwendig, einsatzfähige Waffen bei sich zu haben, um zu jagen und sich vor Raubtieren oder Verfolgern zu schützen. Warum also diese Anhäufung unbrauchbarer Gegenstände, deren Reparatur doch bestimmt nicht aufgeschoben wurde, wenn es um die eigene Sicherheit ging?
Unserer Meinung nach läßt der Zustand der Waffen auch die

von uns angeführte Schilderung zu, daß es sich bei ihnen um rituelle Symbole handelte (S. 125, 198 u. 234), die nicht hergestellt worden waren, um der Gewaltanwendung zu dienen.

Beispiel: Die Mumifizierung
Selbst Spindler spricht hier von einer unerklärlichen Anhäufung von Besonderheiten: »Die Beschreibung verschiedener Mumifizierungsvorgänge an menschlichen Körpern läßt auch für die Erhaltung der Mumie aus dem Gletschereis am Hauslabjoch Erklärungen finden. Die hier aufgeführten Fallbeispiele lehren indes, daß es sich selbst weltweit gesehen um einen einzigartigen Sonderfall handelt. Für einzelne Momente finden sich zwar durchaus Gegenstücke. Die Bündelung einer nachgerade unglaublichen Fülle von Zufällen, die allein auf natürlichen Einwirkungen beruhen, erheben den Fund aus den Ötztaler Alpen jedoch zu einem säkularen archäologischen Ereignis« (S. 179).
Wir haben auf S. 231 dargestellt, daß der HO-MU-MIR-O gezielt mumifiziert wurde und 70 Jahre lang kontrolliert unters Eis gebracht worden ist, damit der Körper die Zeit bis heute unversehrt überstehen konnte.
Auch die Autoren Michael Heim und Werner Nosko argumentieren in ihrem Buch »Die Ötztal-Fälschung« gegen eine natürliche Konservierung durch den Gletscher (S. 83 – 93), da zu viele Ungereimtheiten bei einer derartigen Hypothese entstehen.
Die einmalige Lebensechtheit der Mumie, die nicht nur von den Archäologen bewundert wird, haben wir Gris' Freitod zu verdanken. Durch ihn waren die MIR-O-MA gezwungen, die Sterbeumstände nicht zu verändern. Sie mußten spontan auf die vorgefundene Situation reagieren und wurden so durch die äußeren Gegebenheiten daran gehindert, den Leichnam rituell einzubalsamieren und zu bestatten.

Beispiel: Die Rückentrage und die Birkenrindengefäße
Diese Gegenstände gehörten *nicht* zu Ötzis Ausrüstung. Renate kann sich nicht erinnern, sie damals in den Bergen bei sich ge-

tragen zu haben. Sie gehörten nicht zur Ausstattung des HO-MU-MIR-O. Sie müssen erst nach seinem Tod zur Fundstelle gelangt sein durch die Leute, die sich über Jahrzehnte intensiv um seinen Leichnam und dessen dauerhafte Konservierung bemühten.

Unsere Annahme wird bestärkt durch die Beschreibung Spindlers: »Der auffallend desolate Zustand der Rückentrage läßt sich damit erklären, daß die Funddeponie an und auf dem Felssims deutlich, und zwar rund sechzig bis achtzig Zentimeter, höher liegt als die Leichenfundstelle« (S. 108). Auch das erste Stück Birkenrinde wurde »rund zwanzig Meter südlich des Leichenfundplatzes« (S. 31) entdeckt. Offensichtlich stammte es aus einer Eisschicht, die eher erwärmt wurde als der Leichnam selbst. Wären die Birkenrindengefäße für Ötzi wirklich so überlebenswichtig gewesen, wie es auf den ersten Blick den Anschein haben mag, so hätte er sie sicherlich unmittelbar am Körper aufbewahrt, nicht aber an zwei verschiedenen Stellen »auf dem Felssims wenig südlich der Stelle, an der die Teile des Rahmenwerks der Rückentrage gefunden wurden« (S. 112) und »knapp zwei Meter südsüdwestlich vom Kopf der Mumie« (S. 114).

302

Letzte Meldungen vor Redaktionsschluß

(Juli 1994)

Der britische Gen-Experte Bryan Sykes hat Ötzis DNA untersucht und kommt zu dem Schluß: Das Erbgut »stammt von einem Nordeuropäer. Nicht nur das, sondern in ganz Nordeuropa gibt es Angehörige des Eismenschen – auch im heutigen Deutschland.« (»Hamburger Abendblatt« vom 18. Juni 1994.) Unsere Aussage, daß Ötzi vom Mittellauf des Rheins stammt, deckt sich mit dem wissenschaftlichen Untersuchungsergebnis.

»Die Welt« vom 13. Juli 1994: »Der als Ötzi berühmte Steinzeitmann ... war mit seinen vermutlich 30 Jahren körperlich ein Wrack. Der Mann, der vor rund 5300 Jahren in der Jungsteinzeit lebte, wurde vom Leben rauh behandelt. Wie die Wiener Zeitung ›Standard‹ berichtet, haben neueste Untersuchungen ergeben, daß Ötzi gebrochene Rippen, ein gebrochenes Nasenbein und erfrorene Zehen hatte. (...) An Langzeitschäden wurden bei Ötzi degenerative Veränderungen der Wirbelsäule diagnostiziert, ferner eine ungeklärte Wucherung im Rückenmark, Hüftgelenksarthrose, massive Abnutzungserscheinungen an Halswirbelsäule und Sprunggelenken, Verkalkungen in den Blutgefäßen und starke Abnutzung der Zähne.«

Wir freuen uns, daß die Wissenschaftler damit fortfahren, unsere Aussagen Schritt für Schritt durch Forschungsergebnisse zu belegen.

Danksagung

Renate Spieckermann dankt allen Menschen, die ihr zugehört und sie ernstgenommen haben in einer Phase, in der sie noch nicht wußte, wie sie mit den eigenen Erinnerungen umgehen sollte. Durch die Offenheit der anderen, die sich jeder Wertung ihres anfänglichen inneren Chaos enthielten, wurden ihre Ängste aufgefangen und wurde ihr Mut gemacht, den seltsamen Ereignissen auf der Spur zu bleiben.

Ihr besonderer Dank gebührt neben ihrer Mutter ihrem Sohn Armin, der immer für sie erreichbar war, und ihrer Freundin Urte Dehn, die ihr Verständnis und Einfühlungsvermögen entgegenbrachte. Auch dem Reiki-Meister Paul Esselborn fühlt sie sich sehr verbunden. Er war der erste Mensch, der wußte, wovon sie redete, und der sich sofort bereit erklärte, sie auf den Spuren ihrer Vergangenheit zu begleiten. Bei Dr. Walter Leitner vom Institut für Ur- und Frühgeschichte in Innsbruck bedankt sie sich ebenfalls recht herzlich für seine Zeit und Aufmerksamkeit, die er ihr schenkte.

Burkhard Hickisch bedankt sich bei all den Menschen, die an seiner Arbeit Anteil genommen haben und zugänglich waren für dieses Thema.

Sein besonderer Dank gilt seiner Frau Annette für ihren Blick für das Wesentliche bei der Durchsicht des Manuskripts sowie Susanne Schaedla-Ruhland für ihre nicht nur fachspezifische Beratung und Virginia Schmidt für ihren »Kontrapunkt«.

Unser gemeinsamer Dank gilt unserem Lektor Hermann Hemminger für seine Begeisterungsfähigkeit. Er erkannte die Bedeutung des Stoffes vom ersten Augenblick an. Der Verlagsleiterin Frau Dr. Brigitte Sinhuber und ihrem Team danken wir für die Offenheit und Risikobereitschaft. Nicht zuletzt, aber dennoch zum Schluß, bedanken wir uns herzlich bei unserem Verleger, Herrn Dr. Herbert Fleissner, für die Veröffentlichung.